体操

TICAO

融媒体版

体育类专业系列教材

主　编：薛　勇　王奉涛
副主编：温　宇　陶明明
参　编：邱腾飞　吕　敏　梁　礼　余国超　匡梨飞
　　　　郭朝廷　樊庆岗　周　琳　李小芳　王乐乐

北京师范大学出版集团
BEIJING NORMAL UNIVERSITY PUBLISHING GROUP
北京师范大学出版社

图书在版编目（CIP）数据

　　体操／薛勇，王奉涛主编. —北京：北京师范大学出版社，
2024.7（2025.8 重印）
　　"十三五"体育类专业融媒体系列教材
　　ISBN 978-7-303-26171-0

　　Ⅰ．①体…　Ⅱ．①薛… ②王… 　Ⅲ．①体操－高等学校－
教材　Ⅳ．①G83

中国版本图书馆 CIP 数据核字（2020）第 144764 号

出版发行：北京师范大学出版社 https://www.bnupg.com
　　　　　北京市西城区新街口外大街 12-3 号
　　　　　邮政编码：100088
印　　刷：北京天泽润科贸有限公司
经　　销：全国新华书店
开　　本：787 mm×1092 mm　1/16
印　　张：16.75
字　　数：310 千字
版　　次：2024 年 7 月第 1 版
印　　次：2025 年 8 月第 2 次印刷
定　　价：49.00 元

策划编辑：冯祥君　　　　　　　　责任编辑：岳　蕾
美术编辑：焦　丽　李向昕　　　　装帧设计：焦　丽　李向昕
责任校对：段立超　　　　　　　　责任印制：赵　龙

编写说明

本教材根据 2003 年教育部颁发的《全国普通高等学校体育教育本科专业课程方案》和 2004 年颁发的《普通高等学校体育教育本科专业各类主干课程教学指导纲要》之《体操类课程教学指导纲要》的精神，在"西南区体育教材教法研究会"的相关专家的指导下，结合西南地区高等学校体育教育专业发展的实际情况进行编写，对丰富西南地区体操教学教材、进一步深化高校体育教育专业教学改革、提高教学质量、培养适应素质教育需要的体育人才做出了应有的贡献。

本教材针对体操教学的特殊性和西南地区的实际情况，进行有效的融合；对新时代体育教育专业体操课程目标，进行了再认识；教材内容方面吸收了国内同类教材的优点和新成果，同时也借鉴了国内外体操教学的先进经验。本教材整体框架由理论层面到操作层面，认真贯彻了学以致用的原则，着重阐述了体操教学有关方面的基础知识、基本技能和技术，注重学生专业基础理论的积累和实践能力的培养。在基础类体操内容上主要选择了队列队形、徒手体操、轻器械体操以及身体素质训练，在竞技类体操内容上主要选择了易于普及的技巧和跳跃、双杠、单杠项目，还增加了幼儿基本体操的内容，旨在推动全面健身，促进幼儿体育教学活动，增进健康形体塑造。

全书共分为十三章。各章负责人分别是：第一章"体操概述"、第二章"体操术语"，陶明明。第三章"体操健身原理与方法"，温宇。第四章"体操教学原则"，吕敏。第五章"体操的保护与帮助"，余国超。第六章，"体操教学课的组织与体操教学方法"，郭朝廷。第七章"队列队形练习"，温宇。第八章"徒手体操"，余国超。第九章"轻器械体操与专门器械体操"，樊庆岗负责统稿，其中轻器械体操棍操由薛勇负责编写、拍摄，绳操由王奉涛负责编写、拍摄，实心球操由樊庆岗负责编写、拍摄，旗操和哑铃操由余国超负责编写、拍摄。第十章"器械体操"，薛勇。第十一章"幼儿基本体操"，梁礼。第十二章"体操教学身体素质训练"，邱腾飞。第十三章"体操比赛的组织与裁判"，匡梨飞。

全书由贵州民族大学体育与健康学院薛勇完成统稿定稿工作。技术动作示范主要由贵州师范学院、贵州民族大学、华侨大学等院校的学生完成拍摄。

本教材邀请了贵州民族大学、贵州师范学院、华侨大学、云南民族大学、贵州师范大学、黔南民族师范学院、湖南师范大学、贵州大学、中国人民解放军陆军勤务学院等院校中具有丰富教学经验和一定教材编写水平的教师联合编写，同时邀请了原贵州民族大学体育与健康学院的郭颂教授作为编写顾问。本教材的最终出版得力于北京师范大学出版社的各位老师的指导与大力支持，在此表示衷心感谢。

参与编写本教材的还有罗曼丽、周琳、李小芳、王乐乐等老师，在此一并致谢。

由于时间仓促，编写人员水平有限，书中难免有不妥之处，敬请广大师生批评指正。

编者

2024 年 3 月 10 日

目　　录

第一章
体操概述

査看视频

内容提要

本章主要从体操的概念、体操发展简况、体操的内容与分类、体操运动的特点与价值等几个方面对体操运动进行概述。

教学目标

1. 初步了解体操运动的发展历史、特点与价值。

2. 掌握体操的概念、内容与分类。

3. 培养对体操运动的发展历史、内容、分类及价值的全面认识能力。

第一节　体操的概念

一、体操概念的产生与流变

"体操"一词的产生和发展经历了一个较为漫长的过程。"体操"（Gymnastics）一词来源于希腊语 Gymnastike，由 gymnós（裸体）演变而来。相传古希腊人多是赤裸身体进行锻炼的。古希腊人将锻炼、运动竞技及游戏的一切身体活动，如走、跑、跳、投掷、攀登、摔跤、舞蹈、骑马和军事训练中的游戏等统称为 Gymnastike。在西方，这种涵盖所有运动方式的体操概念沿用了许多世纪。

进入 19 世纪，欧美各国相继出现众多新的体育项目，建立起"体育是以身体活动为手段的教育"这一新概念。于是，在一个相当长的时期内，"体操"和"体育"两词并存，相互混用。在我国，从 19 世纪中叶到 20 世纪初，也以"体操"一词来指称近代体育，如当时学校的体育课被称为"体操科"，这一称呼一直沿用到 1922 年。

19 世纪末到 20 世纪初，由于体育运动的发展，特别是生理学家、医学家和体育学家对体育运动本质和价值的深入研究和科学分类，"体育"一词逐步代替了"体操"，用来指身体运动形式，并被人们普遍认同和接受。而体操则在内容、方法上区别于其他身体运动形式，成为具有自身特点的、独立的体育运动项目。

二、体操概念的分类

根据概念所包含的内容范围，可将体操概念分为广义的体操和狭义的体操。

（一）广义的体操

广义的体操是指通过徒手、持轻器械或在器械上完成不同类型与难度的单个动作、组合动作或成套动作，充分表现人体控制能力和肢体动作美感，具有特定艺术要求的体育运动项目。广义的体操所包含的内容十分丰富。

（二）狭义的体操

狭义的体操专指竞技体操，包括男子六个项目（自由体操、单杠、双杠、吊环、跳马和鞍马）和女子四个项目（自由体操、平衡木、高低杠和跳马）。生活中，人们习惯于用"体操"来称呼竞技体操。

第二节　体操发展简况

一、我国体操发展简况

（一）以健身防病和观赏娱乐为主的我国古代体操

体操在我国有着悠久的历史。根据文物和史料记载，我国古代体操可归为两类。

第一类属于强筋骨、防疾病的体操，其中较典型的是古代医学名著《黄帝内经》中的"导引养身术"，把身体活动和呼吸活动作为健身防疾病的方法。长沙马王堆出土的一幅西汉时期的帛画"导引图"（图 1-2-1），描绘了不同性别和年龄的人做直臂、下蹲、收腹、弯腰、深呼吸等四十多种动作。由此可见，早在两千多年前，中国已有了与现代医疗体操相类似的健身手段。东汉末期，著名医学家华佗模仿虎、鹿、熊、猿、鸟的动作，创编了"五禽戏"（图 1-2-2）。南宋洪迈《夷坚志》中最早提到了"八段锦"，其动作就类似于现在的徒手体操。

图 1-2-1　"导引图"资料图

图 1-2-2　华佗创编的"五禽戏"资料图

第二类是反映在古代歌舞、戏剧、杂技中以及流传于民间的技巧运动。出土的西汉乐舞杂技陶俑中，就有手倒立、后手翻、桥、空翻等动作。唐宋以后，技巧运动有了进一步发展，出现了双人和集体动作，并有许多复杂的翻腾动作与杂技表演结合起来。到了清代，还有了木制单杠和近似吊环的器械，至今仍保留在某些杂技团中。

受传统养生思想的影响，我国古代体操以身体保健为目的，动作方法以徒手动作为主；广泛借用武术技巧动作，形成了具有较高观赏性的娱乐活动形式。由于缺乏完备的体操概念和体系，也没有体操专项器械，所以未出现体操项目的发展。

(二)鸦片战争后至中华人民共和国成立前的体操发展

1949年以前，体操在我国发展缓慢。现代器械体操于1840年鸦片战争后传入中国，当时体操运动十分落后。1908年在上海成立了第一所体操学校，教学内容主要是徒手体操和兵式操。

1948年在上海举行了一次全国运动会，其中有体操表演，项目只有单杠、双杠和跳箱，运动员人数很少，技术水平也很低。

(三)中华人民共和国成立后的体操发展

1949年中华人民共和国成立后，党和政府对体育运动和人民体质非常关心，体育运动得到重视，体操才得到了广泛深入的发展。

1951年11月24日，国家体委(1998年改组为国家体育总局)公布了第一套成年人的广播体操。中央人民政府于1954年3月1日发出《关于在政府机关中开展工间操和其它体育运动的通知》，1954年、1955年，国家体委又先后公布了第一套少年广播体操和儿童广播体操。六十多年来，国家体委(国家体育总局)已经推广了23套适合不同人群锻炼的广播体操。广播体操的发展极大地推动了学校体育和群众体育的发展，对增强人民体质、促进人民身心健康和丰富人民文化生活具有深远意义。体育工作者深入现场，根据不同工种的劳动特点，创编和推行了各种生产操。学校体育是整个国民健康教育的基础，体操成为各级学校的体育教育中一个重要的组成部分，中小学体育教学大纲中有体操教材，学生有计划地学习和掌握体操的基础知识、技术和技能。1954年全国普遍推行的"劳卫制"，对体操在学校的开展起了很大的促进作用。1979年教育部和国家体委联合颁发试行《学校体育工作暂行规定》，为青少年一代身心健康成长和增强人民体质、实现四个现代化做出了积极贡献。

与此同时，我国的竞技体操也日益得到发展。1953年在北京举办了第一次全国田径、体操、自行车运动会，参加体操比赛的运动员少，项目不全，水平不高。同年9月，苏联体操队来华访问表演，对我国体操运动的发展起了重要的推动作用。从1955年开始，我国每年都举办全国性的体操比赛,运动员逐年增加,技术水平不断提高。1956年国家体委颁布了裁判员和运动员技术等级制度,并评选了一批运动健将,培养了一批裁判员和教练员,这为提高我国体操技术水平创造了有利条件。

1955年,中国体操队首次出国访问。1958年,我国第一次参加了第十四届世界体操锦标赛,取得了男子团体第十一名、女子团体第七名的成绩。四年后,在第十五届世界体操锦标赛上,我国体操男队一举获得团体第四名,并获得鞍马第三名;女队获得团体第六名。可以说,这个时期我国体操已进入了国际水平行列。

由于国际体联的原因,1964年我国退出了国际体联。1978年,我国在国际体联的合法席位得到恢复。

(四)改革开放后的体操发展

1977年我国恢复了高考制度,体操运动也逐渐恢复。乘着改革开放的春风,我国体操事业发展日新月异,取得的成就举世瞩目。1979年第二十届世界体操锦标赛上,我国体操队重放光彩,男队获团体第五名,女队获团体第四名,并获得高低杠冠军,在中国体操史上写下了光辉一页,以雄健的步伐跨入了20世纪80年代。

在1981年举行的第二十一届世界体操锦标赛上,我国体操队获得男子团体第三名和女子团体第二名,并获得男子自由体操和鞍马冠军。1982年我国体操队首次参加第六届世界杯体操比赛,获得全能和五个单项的金牌,创造了男子体操竞赛史上罕见的奇迹。1983年,在第二十二届世界体操锦标赛上,我国女队位居团体第五名,而男队获团体第一名,首次战胜实力最强的苏联队。1984年,在美国洛杉矶举行的第二十三届奥运会上,我国体操队夺得男子团体亚军、女子团体第三名,李宁独得自由体操、鞍马、吊环三块金牌,楼云和马艳红分别获得跳马和高低杠金牌。1985年,在加拿大举行的第二十三届世界体操锦标赛上,我国男、女队分别获得团体第二名和第七名。1986年,在北京举行的第七届世界杯体操比赛上,李宁获得全能第一名(与科罗廖夫并列),并获吊环、鞍马两块金牌。1987年,在第二十四届世界体操锦标赛上,我国男队获团体第二名、女队获团体第四名,楼云获自由体操和跳马两块金牌。

进入20世纪90年代,我国体操事业在国际上取得了重要突破。其中,1996年亚特兰大奥运会上,李小双获得男子体操个人全能金牌,成为我国第一位奥运会体操个人全能冠军。

2000年以来,我国体操在机遇与挑战中不断发展前进。2008年北京奥运会体操男子个人全能比赛中,杨威获得金牌,成为我国第二位奥运会体操个人全能冠军。

改革开放四十多年来,我国体操的发展历史就是由起点低、基础差,经过一代代人的不懈努力，水平从低到高、实力由弱到强逐步发展起来的历史。实践证明，坚持中国共产党的领导，坚持中国特色社会主义道路，结合我国体操发展的具体国情，走自己的体操事业发展道路是非常正确的。但是，为了开创我国体操运动发展新局面，并对世界体操的发展做出更多贡献，我们还需要不断努力和创新。

(五)新时代我国体操发展需要理念创新

2008 年北京奥运会对我国群众体育和竞技体育影响深远。北京奥运会的举办使得全民健身理念广泛传播并深入人心，也促进了大众体操的全面发展，如学校体操教育得到进一步重视，各级各类大众体操赛事纷纷开赛。北京奥运会上，我国竞技体操取得了历史最好成绩。但是，随着主力队员的陆续退役，以及国外竞争对手的不断崛起，近年来，我国竞技体操实力波动较大，取得的成绩也不甚理想，并逐渐暴露出了一些短板。因此，转变和创新我国体操发展理念，对于保持我国竞技体操高水平、高质量的持续发展具有极其重要的意义。考虑到当前我国体操发展困境，我国体操运动应当以创新、协调、持续、开放、共享等理念为指导，着重创新我国体操发展思路，协调体操区域发展，均衡体操项目发展，完善我国体操后备人才培养体系，保障体操运动持续发展，加强与国外交流合作，深化开放交流层次，借鉴国外发展成果，让人民共享体操发展成果。

二、世界体操大赛简况

世界竞技体操曾有三大国际比赛，即奥运会体操比赛、世界体操锦标赛、世界杯体操比赛。

(一)奥运会体操比赛

1896 年，国际体操联合会在欧洲体操联合会(1881 年成立)的基础上成立。同年，在希腊雅典举行的第一届奥运会上开始了最早的国际体操比赛。从此，奥运会每隔四年举行一届，但由于两次世界大战的影响，第六届(1916 年)、第十二届(1940 年)、第十三届(1944 年)的比赛未能进行。从第一届的比赛项目来看，除体操外，还有田径、游泳、举重、射击、自行车、网球、击剑、古典式摔跤等项目。参加比赛的主要是欧洲的一些国家。第九届(1928 年)开始有女子竞技体操比赛。第十一届(1936 年)和第十五届(1952 年)才分别确定竞技体操比赛项目，男子有自由体操、鞍马、吊环、跳马、双杠、单杠六项，女子有跳马、高低杠、平衡木、自由体操四项，并采用团体、全能和单项三种比赛形式。2024 年，第三十三届奥运会体操比赛在法国巴黎举行。

(二)世界体操锦标赛

世界体操锦标赛由国际体操联合会组织，是规模最大的世界体操比赛，始于 1903 年。

前六届比赛每两年举行一次，从第七届起改为每四年举行一次。由于两次世界大战，曾中断两次，从 1979 年后又重新改为每两年举行一次。2002 年后，除奥运会之年不举办世界体操锦标赛外，每年举行一次，即每四年举办三次。我国分别于 1999 年在天津和 2014 年在南宁举办过世界体操锦标赛。到 2023 年，体操世锦赛共举行了 52 届。

（三）世界杯体操比赛

世界杯体操比赛始于 1975 年，有参赛资格的只限于在上届世界体操锦标赛上获全能前十八名和单项前六名的运动员，只进行自选动作的全能和单项比赛，故被称为世界上最优秀运动员的比赛。2008 年 5 月，国际体联于南非开普敦的会议上决定，因没有国家承办新一届的比赛，自 2009 年 1 月开始，暂停举办任何体操世界杯有关的赛事。

现代国际竞技体操的特点是动作难度逐渐加大，动作高度准确、美观、熟练。女运动员除了保持女子技术特性外，还在向"男性化"方向转化，这就更加推动了新技术的研究。竞赛规则的不断修改和竞赛制度的科学安排，使得创新的高难度动作和新颖独特的编排的发展日新月异，也使得动作的完成质量达到了一个新的水平。

第三节　体操的内容与分类

一、体操的内容

体操的内容是丰富多样的，根据体操的练习形式和对人体产生的主要作用，可划分为下列内容。

（一）队列队形练习

包括原地动作和行进间动作，有图形行进、队形变换、散开和靠拢等。队列队形练习可以让练习者形成身体的正确姿势，培养其严格的组织纪律性与迅速、准确、协调一致的良好作风。队列队形指挥是体育教师必须掌握的一项基本技能。

（二）徒手体操

徒手体操是根据人体各部位的解剖特点，由举、踢、摆、振、蹲、转体、绕环、屈伸、跳等一系列徒手动作，以不同的方向、路线、速度、幅度、频率和节奏，按照一定的程序所组成的身体练习，包括单人动作、双人动作和多人动作。徒手体操动作简单，不受场地和器材条件的限制，易于推广，具有广泛的群众性，可使四肢和躯干灵活，动作协调，对于改善和提高中枢神经系统机能、促进血液循环、加速物质代谢、预防疾病、振奋精神等，都有积极的作用。

(三)轻器械体操

轻器械体操是在徒手体操的基础上，通过手持体操棍、实心球、哑铃、跳绳、火棒和其他轻器械进行的身体练习。青少年儿童经常进行轻器械体操练习，可促进身体正常发育，发展力量、灵活性、弹跳力和协调能力。

(四)专门器械体操

专门器械体操是指在肋木、爬绳(竿)、体操凳等专门健身器械上进行的身体练习。该练习可增强体质，发展力量，提高韧带的灵活性和悬垂、攀登等能力。

(五)器械体操

器械体操是指在单杠、双杠、吊环、鞍马、高低杠和平衡木上进行的单个动作、组合动作和成套动作练习。练习者充分利用身体的力量和器械的条件，在支撑、悬垂及腾空条件下，通过身体的摆动、屈伸、空翻、转体及静止姿势，完成类型各异、复杂多变、协调优美的动作。该练习可提高身体素质，增强各器官功能，培养不畏艰难、勇敢果断的意志品质。

(六)技巧运动

技巧运动包括翻腾、平衡、抛接等类型动作，对发展力量、灵巧、柔韧、速度、空间定向，提高前庭分析器的功能以及培养顽强意志都有良好作用。其中，翻腾动作在自由体操中占有重要地位，也是各项器械体操的基本练习和其他项目的辅助练习。

(七)跳跃

跳跃包括一般跳跃和支撑跳跃。支撑跳跃是在一般跳跃的基础上发展起来的，可以发展腿部力量、弹跳力以及上肢和肩带肌群的力量，锻炼动作的准确性、灵巧性、果断性，对提高肌肉的爆发力有特殊的作用。

(八)艺术体操

艺术体操是由徒手或持轻器械，在音乐伴奏下做出各种舞蹈动作的身体练习。徒手练习是重要的基础，包括走、跑、跳、转体、平衡，身体各部分的摆动，以及绕环、屈伸等。轻器械有绳、圈、球、棒、带等。艺术体操的练习可以发展柔韧、协调、灵巧等身体素质，锻炼健美的体态，培养节奏感，提高音乐素养和表现能力。同时，艺术体操也是实施美育的重要手段。

（九）实用性体操

实用性体操包括走、跑、投掷、攀登、爬越、爬行、平衡、越过障碍等。练习者可借此掌握日常生活中所必需的基本技能，并学会在各种环境下运用这些技能。

（十）健美操

健美操包括大众健身操和竞技健美操。健美操融体操、舞蹈和音乐于一体，既可以徒手，也可以使用健美器械。在节奏明快、旋律优美的音乐伴奏下做健美操，能使练习者消除疲劳，增强体质，以达到健身、健美、健心的目的。国内外也称其为"节奏体操""有氧体操""身体娱乐""迪斯科操"等。健美操是深受青年学生和广大群众喜爱的一种身体锻炼项目。

大众健身操以增进健康为目的，可为社会不同年龄层次的人所采用，根据练习对象的需求进行创编，动作简单易学，节奏稍慢，时间长短不等。目前我国大众健身操运动开展得非常广泛，对于各种成套的动作练习、场地、人数、内容、动作名称、节奏快慢等没有固定的标准，可以根据练习者的需要进行编排。

竞技健美操是在音乐伴奏下，通过难度动作的完成，展示运动员连续表演复杂和高强度动作的能力。竞技健美操竞赛项目包括男子单人、女子单人、混合双人、三人（性别不限）、集体操、有氧舞蹈、有氧踏板操及啦啦操等。

（十一）蹦床运动

蹦床运动是体操、跳水等运动的辅助训练手段，也是竞技运动项目之一，同时，在休闲体育娱乐活动中也深受广大儿童和青少年的喜爱。蹦床练习能够发展弹跳力和灵敏性，着重训练控制身体的能力，有效地锻炼前庭分析器的功能，培养勇敢顽强的意志品质。

二、体操的分类

（一）基本体操

基本体操能增进健康，增强体质，促进身体全面发展，形成正确的身体姿态，提高身体的工作能力，培养良好的组织纪律性。基本体操的内容有队列队形练习、徒手体操、轻器械体操和专门器械体操等，具有广泛的群众性和针对性强的特点。

（二）竞技性体操

竞技性体操是竞技体操、技巧运动、艺术体操等的总称，是国内外体育竞赛项目，有特定的竞赛规程和评分规则。这类体操动作难度大，具有全面性、复杂性、准确性、惊险性和艺术性的特点。它对人的体能、技术和意志等方面提出了更高的要求。

1. 竞技体操

竞技体操比赛常被称为体操比赛。男子有单杠、双杠、跳马、吊环、鞍马、自由体操六项，女子有跳马、高低杠、平衡木、自由体操四项。分团体赛、个人全能赛和个人单项决赛三种比赛形式，均以自选动作进行比赛，成绩由"D"分（难度分）和"E"分（完成分）两部分组成。世界体操比赛的动作难度组别和分值由国际体操联合会技术委员会制定。基层群众性体操比赛项目可多可少，要根据实际情况来组织，国内儿童、少年的比赛项目可酌情安排。

2. 技巧运动

技巧运动最早叫垫上运动。20世纪50年代后，由于该项运动的内容已大大超出过去"垫上"的范围，因此逐渐被"技巧运动"这个概念所代替，成为独立的比赛项目。技巧比赛有男子单人、女子单人、男子双人、女子双人、男女混合双人、女子三人和男子四人七个项目。在大型比赛中，技巧运动只进行自选动作比赛，根据难度、组织编排、完成情况、印象和完成动作的时间五个因素来评分。比赛形式分为团体比赛、全能比赛和单套比赛。

3. 艺术体操

艺术体操，国际上又称韵律操，是女子特有的一个比赛项目。世界艺术体操锦标赛规定的轻器械有绳、圈、球、棒、带五种，每届锦标赛使用的器械都有具体规定。比赛分团体赛和个人赛，团体赛每队六人参加，集体完成动作，个人赛包括全能赛和单项赛。

4. 蹦床运动

蹦床比赛设有三个项目：蹦床（又称网上）、小蹦床和单跳。比赛有规定动作和自选动作，以单人及同步两种比赛形式计算成绩，分别进行个人和团体比赛。大型蹦床赛事主要是世界蹦床锦标赛，截至2023年，已举办了37届。1997年9月国际奥委会第109次全体会议决定，正式接纳蹦床运动为2000年奥运会的比赛项目。

（三）实用性体操

实用性体操的内容有生产操、运动辅助体操、医疗体操和实用体操等。这类体操练习的作用不同，练习方式和方法也不同，其目的在于促进健康，提高工作能力、运动能力和实用能力。

1. 生产操

生产操是根据不同工种、生产劳动的特点，劳动条件，劳动者的年龄、性别等具体情况而编成的专门性徒手体操。在工前、工间和工后做操，可预防和治疗生产劳动过程中身体局部活动过多导致的职业病，或是减少和消除生产劳动对身体产生的一些不良影响，从而增进健康和提高工作效率。

2. 运动辅助体操

运动辅助体操是为了发展某些专门的身体素质或学习某个动作、改进和提高技术所采用的一些专门体操练习。这种体操可根据项目的需要和运动的特点选择内容，安排在课前、课中、课后均可，也可在早操时间专门练习，在教学训练中被广泛采用。

3. 医疗体操

医疗体操是体操与医疗卫生相结合，有针对性地配合各种医疗措施，通过体操锻炼来治疗疾病和创伤以及预防疾病的一种辅助方法。例如，一些大关节严重损伤或骨折的患者，以及一些处于手术后的恢复阶段的病人，均需配合医疗措施做各种体操练习，以增强力量，扩大活动范围，促进机体恢复原有功能。

4. 实用体操

这种体操的任务，除了增强体质、锻炼意志、培养作风之外，还包括让练习者掌握一些实用技能，如攀登、爬越、负重、搬运和在小的支撑面上通过，以及某些器械练习等。它具有直接为消防、武警、部队训练服务的特点。

(四)团体操

团体操是教育和宣传体育运动的有效手段。它是以体操为主体的群众性表演项目，内容有队列队形变换、体操动作和艺术装饰等。团体操是根据体操总的任务和体操发展而发展起来的，已形成独立的较完整的理论体系。

我国和世界上许多国家，在大型体育运动会上或重大节日庆典中经常进行大型团体操表演。它通过刚健优美的徒手体操、轻器械体操、舞蹈和技巧动作，队列队形变换，各种各样的组字、图案和造型，再配以音乐、服装、道具、背景等艺术装饰，构成表演的整体，反映预定的主题思想，是一种有效的宣传教育手段。它可有几十、几百以至成千上万人参加，可在运动场、广场、室内以及在游行队伍中进行表演。

第四节　体操运动的特点与价值

一、体操运动的特点

(一)丰富多样的内容形式便于群众开展

体操运动内容丰富、形式多样,便于练习者根据不同的练习需要,不同的年龄、性别、身体条件、训练水平以及不同的器材,因人因地制宜,选择不同的项目和动作进行练习,以达到促进健康、增强体质的目的。尤其是基本体操便于推广,能很好地满足广大社会群众和学校青少年的锻炼需要。

(二)全面而有重点的身体锻炼效果

实践表明,体操运动对练习者的身体形态、素质和机能都有良好的锻炼效果。合理地选择练习项目和内容,坚持锻炼,可以全面塑造良好体态,提高运动素质,增强各运动器官、内脏器官和神经系统机能,促进人体全面发展。练习者还可着重锻炼身体的某些部位,或发展某种身体素质,进一步提高身体全面发展水平。

(三)教学训练中广泛运用保护与帮助

体操教学训练中存在一定的运动安全风险,保护和帮助不仅是一种安全措施,而且是一种重要的教学手段。对于防止受伤、加速掌握动作、提高运动水平、培养团结互助的思想品德,都具有非常重要的作用。现代体操运动技术之所以日新月异地向前发展,与不断改进保护措施是分不开的。

(四)动作编排和表演具有较高的艺术美感

不论是单个动作还是成套动作,体操教学训练和比赛都要求动作协调、幅度大、节奏强、造型美观大方。自由体操、艺术体操、广播体操以及团体操表演等都配以音乐伴奏,加上运动员的健美体形,以及轻快活泼的动作、优美舒展的姿态和稳健高超的动作技巧,可以带给观众艺术美的享受,给观众留下美好的印象。

(五)与时俱进的创新性是发展动力

创新是体操运动不断发展的不竭动力,是体操运动永葆活力的生命之泉。单个动作创编、成套动作编排、音乐服装选配，以及时代主题展示等，都是依据体操运动规则，在创新基础上实现的。体操运动不是脱离时代发展的僵化的运动项目，而是植根于时代特征和人民需要，随着人的认识水平和创新能力的提升而不断发展的。

二、体操运动的价值

（一）社会建设价值：促进社会文明和谐

文明和谐是社会发展的理想状态，在社会建设上，体操运动的发展能够有效提高社会文明和谐发展程度，推动社会文明和谐发展进程。社会的文明和谐发展，离不开人的精神文明与和谐人际关系的发展。实现社会文明和谐发展，就要在提高人的精神文明与构建和谐人际关系上做出行动。体操运动的学习和练习过程本身就是一种思想、道德、情感等精神层面的教育过程，同时也是团结、协作、互助等和谐人际关系的构建过程。体操运动具有较强的趣味性，能够给人以身心愉悦的美好体验，可以塑造人的品格，提高人的道德水平，增强人的情感体验，进而融洽个体、群体关系，提高社区和谐水平，从而推动和谐社会建设。

（二）健康促进价值：增进身体健康水平

体操是把提高身体活动能力、增进健康作为直接目标的身体运动。体操中的各种基本练习、韵律体操练习、实用性体操练习等，都是发展身体活动能力的有效方法。体操中开发身体活动的练习，主要是根据走、跑、跳等各自运动时的律动特征，从不同角度进行变化、发展，从而成为提高人体基本活动能力的有效手段。体操练习还可塑造健美的形体，通过改变围度来改善身体各部分的关系，使之协调发展。体操对塑造健美的体形具有独特的功效，体操中的许多内容都是塑造健美体形的有效手段。体操中的有氧体操练习及垫上腹背肌练习等可以起到减脂的效果，双杠、单杠等练习可以促进上肢肌肉的发达，跳跃、踢腿等练习可以促进下肢肌肉的发达；体操基本训练中的把杆练习等可以使身体更加匀称，使人的体形更加健美，对培养良好姿态、纠正不良姿态具有重要作用。

（三）心理教育价值：促进意志品质进步

体操练习对培养良好的意志品质有着特殊的作用。例如，体操练习较多利用器械，动作变化各异，所以在练习中往往需要克服器械障碍及自身体重才能完成身体动作，因此容易产生恐惧感，这就要求练习者必须克服恐惧心理，树立战胜困难的信心，表现出勇敢、果断的意志品质。体操学习和练习过程就是强化意志品质的教育过程，可以使人们在锻炼身体的同时培养良好的意志品质。体操运动还可以培养人的健全人格和心理。体操主要是依靠身体动作展现力量、美感的运动，表现欲和表现力是从事体操运动必需的素质。长期的体操练习可以使人变得积极、自信、乐观，可以培养出积极的表现欲和良好的表现力。练习体操是非常辛苦的事情，特别是竞技体操，难度大、训练周期长，对人的性格和心理都是极大的考验。体操训练过程也是良好的挫折教育过程，可以让练习者在不断的挑战、失败过程中，逐渐学会吃苦耐劳，敢于面对挑战，勇于接受失败。体操训练还可以教会练习者在失败中总结经验教训，促进练习者心智的成长。特别是在竞技体操大运动量、高难度的动作训练过程中，练习者的抗压能力可以得到极大的提升。

(四)观赏娱乐价值：丰富群众文体生活

竞技体操具有难、美、新等观赏价值，给观众以惊险美的享受。而大众体操则适合不同人群参与，具有广阔的群众基础，可丰富人民群众的文体生活。国家体育总局大力推广全民健身操舞运动，每年各省市都会举办大赛，吸引了数以万计的各年龄段的参与者，这在塑造参与者的品格、提高其道德水平、增强其情感体验，以及加强人员交流、和谐人际关系、丰富业余文化生活等方面，都具有积极作用。我国竞技体操的发展成就，鼓舞和激发了国人的爱国热情。大众体操的推广，为广大人民群众提供了健身娱乐途径；赛事的举办，为群众提供了自我展示和出彩的舞台。可以说，体操运动的发展正在不断满足人民的精神需要、健康需要和对美好生活的向往，这也是发展体操运动的价值所在。

思考与练习

1. 叙述体操的概念并做简要解释。

2. 为贯彻我国的教育方针和体育方针，体操应完成哪些主要任务？

3. 论述体操运动的特点。

4. 简述体操的主要内容与作用。

第二章
体操术语

查看视频

内容提要

本章主要从体操术语的概念、体操基本术语、器械体操和技巧术语、体操术语运用的要求等几个方面对体操术语展开论述。

教学目标

1. 初步了解体操术语的概念、体操术语运用的要求。
2. 掌握体操基本术语、器械体操和技巧术语。
3. 培养体操术语运用技能。

第一节 体操基本术语

一、体操术语的概念

体操术语是指用专业的词汇及表达方式描述或记录体操动作的专门用语。它有着悠久的历史，随着体操运动的发展而发展。正如恩格斯所说，"一门科学提出的每一种新见解都包含着这门科学的术语的革命"。我国是某些体操内容最早创立的国家之一,自古以来就流传着一些具有中国特色的体操术语,如"前扑""拉拉提""回笼""拿大顶"等。这些术语与现代的体操动作术语相比,更具有简练、形象的特点。因此,这类术语至今仍在我国体操教学训练中使用,并在运用中发展。

体操术语来自实践又指导实践,它是体操教学、训练、科研交流不可缺少的工具。正确地运用体操术语,不仅有助于理解和掌握体操技术,提高教学与训练效果,而且对于普及和提高体操技术、开展体操竞赛、促进体操科研、丰富和发展体操理论都具有重要的意义。

二、动作方向术语

(一)徒手动作的方向术语

1. 基本方向

以人体站立时为参照系,分前、后、左、右、上、下六个基本方向。胸对的方向为前,反之为后;左侧所对的方向为左,反之为右;头顶所对的方向为上,反之为下。四肢向人体中线运动称向内,离开中线运动称向外。人体与地面约成平行时,胸对地面称俯,背对地面称仰。(图 2-1-1)

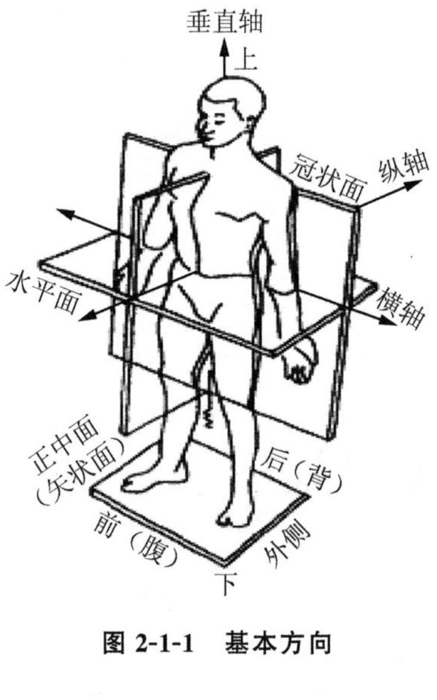

图 2-1-1　基本方向

2. 中间方向

两个基本方向之间成 45°角的方向,分前上、前下、侧上(左、右)、翻下(左、右)、前侧等。如前和上之间称前上,前举与上举之间的举称前上举,以此类推。斜方向三个基本方向之间构成的中间方向，分前侧上、前侧下、后侧下等，如前、侧、上之间称前侧上（前斜上），依此类推。

（二）人对器械的方向术语（图 2-1-2）

图 2-1-2　人对器械

1. 人体轴

（1）纵轴：通过身体重心上下的连线称纵轴，又称垂直轴。

（2）横轴：通过身体重心左右的连线称横轴，又称冠状轴。

（3）肩轴：通过两肩的连线称肩轴。

（4）前后轴：通过身体重心前后的连线称前后轴，又称矢状轴。

2. 器械轴

器械最长工作部分两端的中心连线称器械轴。比如，单杠、双杠、高低杠杠面两端的中心连线，平衡木木面两端的中心连线，跳马和鞍马马面两端的中心连线，吊环两握点间的假设连线等。

3. 人体与器械的关系

（1）正：肩轴与器械轴平行的姿势为正。

（2）侧：肩轴与器械轴垂直的姿势为侧。

（3）前、后：胸向器械为前，背向器械为后。身体倒置（倒立或倒悬垂）时则相反。

（4）左、右：左肩侧向器械为左，右肩侧向器械为右。

（5）内、外：人体在双杠或高低杠的两杠之间为内，人体在双杠或高低杠之外为外。此外，身体绕纵轴胸向器械内转体时称"向内转"，反之为"向外转"。

（6）远、近：器械远离人体的部位为远，器械靠近人体的部位为近。比如，做双杠杠端屈伸上动作时，做动作的一端为近端，相对的另一端为远端。

（7）纵、横：人体前后轴与器械轴成平行时为纵，人体前后轴与器械轴成垂直时为横。比如，跳箱（跳马）纵向置于体前为纵箱，横向置于体前为横箱。

（8）斜：人体前后轴与器械轴约成 45°角时为斜。比如，做跳箱的斜进直角腾跃动作时，前进的方向即为斜。

三、动作相互关系术语

1. 接：单个动作之间必须连续完成时用"接"。比如，技巧侧手翻接鱼跃前滚翻。

2. 经：在完成动作过程中，必须经过某一特定部位时用"经"。比如，做双杠倒立前滚翻动作，必须经过肩倒立再做前滚翻。

3. 至：在完成动作过程时，肢体达到某一特定状态时用"至"。比如，徒手体操中两臂经体侧至侧上举。

4. 成：在动作完成后，肢体形成某一特定的结束状态时用"成"。比如，双杠杠端跳上成支撑；单杠上单腿向前摆成骑撑。

5. 同时：单个动作中，身体不同部位要在同一时间内完成时或两个动作要在同一时间内完成时用"同时"。比如，徒手体操左脚向前一步，同时直臂后振；单杠骑撑时后腿前摆同时转体180°成支撑。

6. 依次：单个动作中身体某些部位相继做同样性质动作时用"依次"。比如，侧手翻时两手依次撑地侧翻，两脚依次着地。

四、器械握法术语

1. 正握：两手虎口向内握。

2. 反握：两手虎口向外握。

3. 扭臂握：前臂旋内，拇指向外握。

4. 反扭握：一手反握，另一手扭臂握。

5. 正反握：一手正握，另一手反握。

6. 交叉握：两臂交叉握。

7. 深握：靠近掌根腕关节处的握法。

8. 合握：五指并拢的握法。也称全握或钩握。

9. 窄握：两手距离小于肩距的握法。

10. 宽握：两手距离明显大于肩距的握法。

11. 内握：掌心向外，从双杠内侧握杠。也称从内握。

12. 外握：掌心向内，从双杠外侧握杠。也称从外握。

第二节　器械体操和技巧术语

一、基本动作术语和基本技术术语

(一)基本动作术语

1. 支撑：手、臂或身体某些部位撑在器械上，肩轴高或平于器械轴的动作。支撑又分单纯支撑和混合支撑两种。

(1)单纯支撑：只用手或身体某部位撑在器械上的动作，如双杠支撑摆动。

(2)混合支撑：用手和身体其他部位同时撑在器械上的动作，如单杠骑撑。

2. 悬垂：手、臂或身体某(些)部位悬挂在器械上的动作(肩轴低于器械轴)。悬垂又分单纯悬垂和混合悬垂两种。

(1)单纯悬垂：只用手或身体某部位悬挂在器械上的动作，如单杠悬垂、吊环十字悬垂。

(2)混合悬垂：用手和身体其他部位同时悬挂在器械上的动作，如单杠后倒挂膝上动作中的挂膝悬垂。

3. 上法：整套动作或联合动作中按技术要求做的第一个上器械的动作，如双杠短振屈伸上、单杠慢翻上。

4. 下法：整套动作或联合动作中按技术要求做的最后一个离开器械的动作，如双杠前摆直角挺身下、单杠支撑后摆挺身下。

5. 上：身体由较低部位升至较高部位的动作。包括由悬垂转为支撑，如单杠慢翻上；由较低支撑转为较高支撑，如双杠挂臂前摆上；由较低悬垂转为较高悬垂，如单杠引体向上，等等。

6. 下：身体由较高部位降至较低部位的动作。其中肩部由上而下做弧形运动的称"倒下"，如技巧直立向前倒下成屈臂俯撑；肩部由上而下做垂直运动的称"落下"，如双杠手倒立慢落下成肩倒立；身体从器械上到地面上的动作称"下"，如双杠支撑后摆挺身下，等等。

7. 摆动：在悬垂或支撑中，身体做钟摆式运动的动作，如单杠悬垂摆动、双杠支撑摆动。

8. 摆荡：身体和器械一同摆动的动作，如单杠大回环时，由悬垂开始做前后摆荡动作以起摆。

9. 振浪：通过髋关节有节奏地屈伸而加速摆动的动作，如单杠大回环时的"鞭打"技术。

10. 极点：身体摆动到最大幅度而回摆的那一点，如双杠支撑前摆时，肩角角度要尽可能达到极点。

11. 挥摆：单腿向左或右做钟摆式并还原的动作，如鞍马支撑左右挥摆。

12. 摆越：腿从上面或下面越过器械的动作，如单杠骑撑时，后腿向前摆越转体180°成支撑。

13. 腾越：整个身体腾起从器械上越过的动作，如跳箱（跳马）屈体腾越。

14. 屈伸：通过髋关节的弯曲和伸展，使身体重心向上、向前上或向后上方等移动的动作，如双杠长振屈伸上、单杠屈伸上等。

15. 弧形：由支撑或悬垂开始，通过髋关节的屈伸使身体重心沿抛物线轨迹运动的动作，如单杠支撑后倒弧形下。

16. 回环：身体绕器械轴或握点连线转动一周或一周以上的动作，如单杠支撑后回环、单杠向前大回环等。

17. 转体：绕身体纵轴转动的动作，如原地跳转体180°。

18. 转肩：手握器械，肩关节做旋转的动作，如吊环前、后转肩。

19. 腹弹：利用髋关节的急速屈伸，经腹部弹杠使身体后摆的动作，如单杠支撑后回环时通过腹弹进行后摆。

20. 绷杠：利用髋关节的急速屈伸，并借助杠的反弹力使身体腾起的动作，如高低杠高杠支撑大摆接低杠绷杠下。

21. 手翻：用手（或头手）支撑地面或器械，并经过头部翻转的动作，如技巧后手翻、侧手翻等。

22. 空翻：身体在腾空中，做经过头部翻转的动作，如技巧后空翻、单杠直体后空翻两周下等。

23. 空翻转体：空翻一周同时绕身体纵轴转体的动作，如单杠直体后空翻转体720°下、吊环直体后空翻转体360°下等。

24. 旋：空翻二周同时绕身体纵轴转体的动作，有前旋、后旋、屈体旋、直体720°旋等。

25. 倒立：在支撑中，头在下、脚在上的一种倒置身体的垂直静止动作。

26. 平移：进行移动时，身体的横轴与器械轴平行。

（二）基本技术术语

1. 梗头：是指头颈部正直上顶、下颏内收的技术。如后空翻时的梗头技术。

2. 低头：是指头部前屈的技术，如技巧倒立前滚翻时的低头技术。

3. 抬头：是指头部后屈的技术，如双杠肩倒立时的抬头技术。

4. 顶肩：是指手在支撑和推离时，肩胛骨外展或上回旋，用以加固、提高支撑位置及加大推撑力量的技术，如技巧前手翻时的顶肩技术。

5. 跟肩：是指上体前跟，肩部向前加速移动的技术，如单杠后挂倒膝上时，当身体回摆时肩部主动向前移动技术。

6. 推手：是指手在支撑的一瞬间，伸前臂肌群和屈腕肌群，以短促有力的收缩做推离支点的技术，如技巧前手翻动作的推手技术。

7. 含胸：是指两肩和胸内收，稳定身体重心，利于动作翻或转的技术，如技巧前滚翻的含胸技术。

8. 挺胸：是指两肩和胸外展，防止身体前翻，使动作更富美感的技术，如单杠支撑后摆挺身下的挺胸技术。

9. 立腰：是指腰腹部肌肉适度收缩，脊柱伸直上立，做短暂固定的紧腰技术，如双杠肩倒立的立腰技术。

10. 提腰：是指髋关节前屈，使腰部上提的技术，如技巧手倒立时的提腰技术。

11. 提臀：是指髋关节前屈，使臀部由较低位置上至较高位置的技术，如双杠支撑慢起手倒立时的提腰、提臀技术。

12. 送髋：是指腿前摆加速时，使髋部向前上做远离支点的动作，用以加大摆幅的技术，如双杠挂臂屈伸上时的送髋技术。

13. 制动腿：是指腿加速摆动后，做腿的瞬间减速动作，用以提高身体重心的技术，如双杠前摆上的制动腿技术。

二、器械体操和技巧术语的结构

按结构术语的要求，器械体操和技巧术语一般由开始姿势、动作方向、动作形态、动作做法和结束姿势五个部分构成（表 2-2-1）。

表 2-2-1　器械体操（含支撑跳跃）和技巧术语的结构

项目	动作术语	结构部分与排列顺序				
		开始姿势	动作方向	动作形态	动作做法	结束姿势
技巧	助跑前手翻	助跑	（向）前	（直体）	手翻	（成站立）
双杠	前摆上	（挂臂撑）	（向）前	（直体）	摆上	（成支撑）
单杠	支撑后回环	支撑	（向）后	（直体）	回环	（成支撑）
跳马	分腿腾越	（助跑）	（向前）	分腿	腾越	（成站立）

注：表中括号内容在表述时可省略。

第三节　体操术语的运用

一、记写和运用术语时的几点要求

(一)常见体操术语省略规则与内容

体操术语的省略是为了便于记忆和记录，而省略是有其自身规律和要求的。不同类型的体操术语有其特定的省略条件和省略规则，如表 2-3-1 所示。

表 2-3-1　常见可省略的体操术语类型与内容

体操术语类型	省略规则	动作全称举例	省略内容	动作简称举例
基本体操	基本姿势术语	直腿绷脚尖前踢	如直臂、直腿、绷脚尖等基本姿态要求	前踢腿
徒手体操	四肢移动路线较短	两臂经体侧至平举	说明动作路线的术语	两臂侧举
技巧动作	动作做法和形式相同时	蹲摆腿手倒立	动作做法和形式	手倒立
器械体操	常规动作做法	单杠正握悬垂	单杠、鞍马、平衡木的"正撑""正握"；双杠的"侧撑""内握"	单杠悬垂
鞍马	双腿全旋时	环上双腿全旋	"腿""双腿"	全旋
空翻和空翻转体	基本动作做法	团身后空翻	"团身"	后空翻
纵轴翻转体度数	有时可省略180°	双杠前摆上转体180°成支撑	"180°"	双杠前摆上转体成支撑

(二)开始姿势

通常在动作开始时加以说明。在记写动作时，要指明第一个动作的开始姿势。对下面动作的开始姿势，则不必指明，因为前一个动作的结束姿势就是后一个动作的开始姿势。

(三)动作方向

以开始运动时与身体的方向来确定。在做摆越、腾越、全旋等动作时，其方向是以开始运动时身体与器械的方向确定的，如跳马(箱)身体向右方向做的斜进直角腾越，称斜进向右直角腾越；鞍马支撑时顺时针方向做的全旋，称向左全旋，后撑时顺时针做的全旋，则称向右全旋。

单杠由支撑开始单腿向前摆越时，可省略"向前"两个字，因为支撑开始腿只能向前摆越。其他情况下必须指明方向。

（四）动作结束姿势

结束姿势与开始姿势相同的一般可以省略结束姿势，如双杠支撑前摆屈伸。必然的结束姿势一般也可以省略，如双杠挂臂屈伸上、单杠挂膝摆动上、技巧前手翻等。

二、徒手体操术语的记写

（一）每拍动作的记写

一般从下到上，按下肢、上肢、上体和头的顺序记写。每拍记写：开始姿势，除第一个动作外，其余动作的开始姿势可省略；动作部位，凡全身参与动作的可省略；动作方向，以开始运动时与身体的方向而定，当上、下肢所经过的为通常最短的路线时可省略路线术语；动作形态，属于基本身体姿势要求的和不强调身体形态的可省略；动作做法，这是构成术语的关键，一般不能省略；结束姿势，除最后一个动作外，一般可省略。

（二）每节动作的记写

每节动作由若干拍数组成。记写时，应按每节动作的序号、名称、拍数、预备姿势、节拍动作和结束姿势的顺序记写。每节记写：当后一拍动作完全按原路线回到前一拍动作的结束姿势时，可用"还原"二字代替后一拍动作的记写；当后若干拍动作与前若干拍动作完全相同时，可用"×至×拍，同×至×拍"的文字代替后若干拍动作的详细记写。

（三）记写一节徒手体操的范例

以第九套广播体操第一节伸展运动（四个八拍）为例。（图 2-3-1）

第一节：伸展运动（4×8 拍）

动作要领：

预备姿势：身体直立。

第 1 拍：左脚向侧一步（与肩同宽），同时两臂侧平举（五指并拢，掌心向下），头左转 90°；

第 2 拍：右脚并于左脚同时半蹲，双臂屈臂于胸前含胸低头（握拳，拳心相对）；

第 3 拍：腿还原成直立，双手伸至侧上举（五指并拢，掌心相对），抬头挺胸，眼看前上方；

第 4 拍：还原成直立；

第5拍至第8拍动作同第1拍至第4拍，但方向相反。

图 2-3-1　伸展运动

注：上述记写范例是根据结构术语的记写要求，详细、准确地用文字说明节拍动作，同时配以形象、直观的图解说明。这种记写法主要用于编写规范教材、测验动作和比赛动作等方面。在编写教案时，一般只需用文字标明节序、名称、拍数，再配以简单的单线条或双线条的动作图解即可。

三、器械体操和技巧术语的记写

（一）各结构部分的记写

1. 开始姿势，是指由什么姿势或动作开始，如直立、助跑、垂悬、支撑、倒立等。在组合或成套动作中，除第一个动作需要指出开始姿势外，其后面动作的开始姿势可省略，因为前一个动作的结束就是后一个动作的开始。单杠、高低杠、吊环等项目从悬垂开始的动作，可将"悬垂"二字省略。双杠、平衡木从侧撑开始的动作，可将"侧撑"二字省略，或改为支撑。单杠、吊环、鞍马、高低杠和平衡木等项目动作的正撑、正握的"正"字可省略。

2. 动作方向，是指人体或人体某一部分运动的指向，它是由开始运动时身体与器械的方向确定的，如向前、后、左、右、上、下等。在不强调动作方向或可以向任何方向完成动作时，动作方向可省略；动作做法中已含方向的，动作方向可省略；仅有一个方向做的动作，动作方向可省略；双杠、平衡木侧的方向做的动作，或单杠、高低杠、鞍马正的方向做的动作，"侧"和"正"的方向术语可省略。

3. 动作形态，是指做动作时人体的形状，如团身、屈体、直体、分腿等。属于体操基本形态要求的可省略；不强调身体形态的动作，动作形态可省略；凡团身完成的动作为该项目同类动作中最简单或最基本的动作形态时，"团身"二字可省略；凡对动作形态有特定要求的分腿、屈腿、屈臂等则要指明。

4. 动作做法，是指完成动作的主要方法，如摆动、回环、屈伸、弧形、腾越、转体、滚翻、手翻、空翻等。动作做法是体操结构术语的核心，一般不可省略。只有其中次要的、惯例性的动作做法有时可省略。

5. 结束姿势，是指完成动作后的姿势、位置或部位，如站立悬垂、支撑、挂臂撑、倒立等。与开始姿势相同的结束姿势可省略。

（二）单个动作的记写

1. 结构记写法，是以体操结构术语为依据，准确地描述动作的结构及其本质特征，是一种规范的、全国统一的体操动作记写法，如单杠骑撑前回环就是骑撑（开始动作）＋前（动作方向）＋回环（动作做法）等结构的完整记写。

2. 简化记写法，是一种对体操动作结构术语的简式记写方法。

3. 命名记写法，是经国际体操联合会批准的，以某国、某地、某运动员名字命名的体操动作的记写法，如日本手倒立、阿拉伯屈体前空翻、吊环李宁正吊等。

4. 形意记写法，是我国长期实践遗留下来的，用形象、意象、通俗的词语记写体操动作的方法，如猫跳、回笼、下蛋、小翻等。

5. 图解记写法，是用图像（单线图、双线图、实体图、轮廓图、照片图、影视片图）和符号记写体操动作的方法。

（三）成套动作的记写

成套动作的记写采用完整记写法和缩简记写法。

1. 完整记写法，是根据体操结构术语记写的要求，用文字同时配以图解，详细、准确地说明成套动作的记写方法，主要用于编写规范教材、等级大纲和比赛套路等方面。常用的体操成套动作记写形式有下列几种。

（1）逗号连接式，是按成套动作的先后顺序，用逗号把相对独立部分或动作连接起来成为成套动作的一种记写形式。

（2）破折号连接式，是按成套动作的先后顺序，用破折号把相对独立部分或动作连接起来成为成套动作的一种记写形式。

（3）分行连接式，是按成套动作的先后顺序，把相对独立部分或动作分行排列起来成为成套动作的一种记写形式。

2. 缩简记写法，是根据体操教学、训练、裁判等不同的需要，浓缩简练、约定俗成的一种说明成套动作的记写方法，主要用于编写教案、制订训练计划、填写裁判员评分表等方面。

1. 何谓体操术语？正确运用体操术语有何意义？

2. 徒手动作有哪些方面的术语？

3. 人体对器械有哪些方面的术语？

4. 握器械方法的术语有哪些？

5. 器械体操和技巧有哪些基本术语？

6. 记写和运用体操术语时有哪些要求？

7. 举例说明器械体操和技巧术语的结构与记写方法。

第三章
体操健身原理与方法

查看视频

内容提要

本章主要介绍体操的基本健身原理，首先从器械体操、轻器械体操与专门器械体操、徒手体操等的健身原理来阐述，接下来对提高身体素质、发展基本活动能力、改善机能状态、塑造健美的体形、提高心理健康水平、增强社会适应能力、促进道德健康等体操的健身价值进行了说明，最后就如何制订体操健身方案进行了分析。

教学目标

1. 了解体操健身的基本原理。
2. 理解体操的健身价值。
3. 能够制订体操健身方案。

第一节　体操的健身原理

一、器械体操的健身原理

器械体操练习是练习者在体操器械上进行悬垂或支撑时，运用身体各关节的屈伸完成各种动作的运动。这种运动的特点是具有一定的竞技性、规范性和复杂性。器械体操通常包括单杠、双杠、吊环、鞍马、平衡木、高低杠等项目，它不仅是竞技体操的主要项目，而且在学校体育和部队军事训练中也占有重要的地位。器械体操对身体姿态有要求，长期训练可塑造健美的身体姿态。由于器械的结构特点，以及构成环境和空间的复杂性，器械体操练习是培养人勇敢、果断、顽强等意志品质，增强人的体质的一种有效手段。

单杠主要是动力性动作，使用单杠进行健身，可采用静止姿势和用力动作。经常进行单杠练习，能发展上肢、肩带、腹背肌肉的力量和柔韧性，提高身体的协调性及前庭器官的能力。做高单杠或低单杠的练习，能有效地、全面地和重点地锻炼身体。

双杠是广大群众所喜爱的器械项目。双杠动作繁多，变化复杂，由动力性和静力性两大类组成，而以动力性为主。使用双杠进行健身，可充分利用结构做各种练习。双杠练习主要发展人体上肢、躯干和肩带肌肉群的力量与柔韧性，提高身体的灵敏度和协调能力，并可作为一些康复性的治疗手段。

吊环区别于其他器械的显著特点在于它的握点是活动的。因此，在吊环上做各种摆动、转肩、回环、屈伸和用力动作时要保持环的稳定，控制人体的平衡，以及改变人体在器械上的相对位置，这就重点突出了肌肉的力量。同时，青少年喜欢在吊环上做一些摆荡和转体的练习，这不仅可以增强上肢肩带肌肉力量，还可以培养身体的协调用力和节奏感。

鞍马的特点是用两臂支撑来做动作，对支撑能力、准确性和协调性以及对身体姿态的控制能力要求高。由于两臂始终是用直臂顶肩推撑器械，一臂或两臂保持身体在运动中的平衡，因此这种身体的移动和重心的变化是其他器械难以比拟的。

平衡木是一项典型的平衡运动，因此，平衡木的练习主要是改善平衡器官的机能，提高动作的准确性和稳定性。

高低杠是女子锻炼的项目。高低杠练习对发展上肢推撑力、腰背肌肉力量、肩关节的柔韧性等都有良好的作用，同时练习者在器械上需要克服自身体重去完成动作，这样可以增进身体的协调性，增强各种运动器官的能力，特别是前庭分析器的平衡能力。

二、轻器械体操与专门器械体操的健身原理

轻器械体操是在徒手体操的基础上，通过手持体操棍、实心球、哑铃、跳绳和其他轻器械进行的身体练习。轻器械体操的练习形式多样，它的主要特点是在身体各部分运动的基础上充分利用器械条件，通过变化器械与身体各部位动作的配合，改变练习的强度、难易度和练习形式等，对人体施加影响。这类体操练习在增强肌肉力量和控制能力、提高关节灵活性等方面都有良好作用。

专门器械体操是指在肋木、爬绳（竿）、体操凳等专门健身器械上进行的身体练习。专门器械体操练习的特点是身体依附于器械上，通过变化移动的高度、远度、做法，以及附加条件如负重、辅助器械等，对身体施加影响。尤其对增强力量和速度，提高攀登能力，培养勇敢、坚毅的精神有良好的作用。

全民健身器械是为大众健身服务专门设计的器械，是我国落实全民健身计划的重要手段之一。常见的全民健身器械有：鞍马练习器、单杠、俯卧撑架、过山攀梯、腹肌板、伸腰展背器等。这些器械主要功能是增强上肢、躯干、下肢肌肉的力量和柔韧性，也可以实现身体各部位的康复。

三、徒手体操的健身原理

徒手体操是体操中最基本的练习和常见的健身形式。徒手动作的练习不受场地和器材条件的限制，经常做此类体操可使四肢和躯干灵活、动作协调，对改善和提高中枢神经系统机能、促进血液循环、加速新陈代谢、预防疾病和恢复机体功能等都有积极的作用。徒手体操在健身方面常见的内容有：广播体操、健身健美操、生产操、医疗体操等。

（一）广播体操

广播体操是一种典型的全身性徒手体操，它是通过音乐节奏和口令指挥进行的徒手运动形式。广播体操一般包括上肢、躯干和下肢等全身各部位的练习，由8～12节组成，含有屈、伸、举、振、转体、跳跃等各种动作。一套广播体操要求在4分钟左右的时间内使身体各个部位，各部分的关节、肌肉、韧带都得到锻炼。广播体操的主要特点是：其一，动作简单，易学易记，便于会操。其二，动作实用，活动部位全面，对锻炼身体作用明显。其三，时间短，节数少。科研人员通过对受试者的遥控心率测试发现，心率在扩胸和跳跃两节动作中出现两个波峰，跳跃运动时心率达到最高峰。其四，为适应不同情况的需要，

提供两套长度不同的音乐，一套为每节动作四个八拍、时间是 4 分 56 秒的音乐，另一套为每节动作两个八拍、时间是 2 分 28 秒的音乐，这样可使练习有选择余地。音乐与动作配合，富有美感，动作有力度，催人向上，具有感召力。

(二)健身健美操

健身健美操是融体操、舞蹈、音乐为一体，经过再创造，按照全面协调发展身体的要求而编制的徒手体操。目前，国内外流行着不同类型的健身健美操。例如，按不同年龄编制的系列健美操；培养姿态和塑造形体的健美操；锻炼身体各部位的健美操；按照不同性别编制的健美操；按照人数多少编制的单、双人或集体健美操等。这些健身健美操均可徒手或持轻器械进行练习。经常进行健身健美操练习，有益于肌肉、骨骼、关节的匀称与和谐发展，有利于形成正确的体态和优雅的体形。健身健美操属于有氧运动，坚持一定时间的锻炼，有助于改善人体内脏功能特别是心肺功能，促进新陈代谢，从而达到增强体质的效果。健身健美操还具有良好的心理和社会作用。练习者在音乐伴奏下进行健身锻炼，可以感受到愉快的情绪体验，从而调动精神力量和体力，进入一种良好的心理状态，产生向往和追求美的心理趋势并在同操同乐中沟通人与人之间的情感，发展正常协调的人际关系。进行健身健美操锻炼，首先要学会正确的动作，掌握动作要领，防止过早疲劳。开始训练时，动作幅度不要太大，否则易引起关节扭伤或韧带拉伤。正式练习前要做好准备活动，使身体各部分关节、韧带和肌肉活动开。锻炼结束后要做整理活动，使身体各部分逐渐转入安静状态。练习中的运动负荷控制主要包括锻炼动作的速度、力度、重复次数、组数、间歇时间等。初练者每次锻炼后，应以少量出汗、略感疲劳为宜，心率一般控制在 130 次/分左右。有了一定的锻炼基础后，可适当增加排汗量和疲劳感，心率最高可达 140 次/分。随着锻炼水平的提高、体质的增强，运动强度和运动量都可适当增加，心率最高可达到 150 次/分以上。

(三)生产操

生产操是根据不同的工种、职业，生产劳动的特点，劳动条件，劳动者的年龄、性别等具体情况而编制的徒手体操。生产操主要是为了预防和治疗生产劳动和工作中身体局部活动过多、负担过大、压力过重导致的职业病，或是减少和消除对身体、心理产生的一些不良影响，从而增进健康和提高效率。比如，办公室工作人员长期精神压力过大，长期伏案工作使颈椎、肩部负担过重，可编制办公人员操；根据电脑操作员颈部和背部过度紧张的特点，可编制电脑操作员操；根据长途旅行久坐不动、活动范围狭小等特点，可编制旅行操等。

(四)医疗体操

医疗体操是体操与医疗相结合的产物，它是通过专门的体操锻炼来治疗某一疾病和创伤以及预防疾病的一种好办法。例如，根据腰椎间盘突出症患者的疾病特征，可编制有针对性的康复体操。

第二节 体操的健身价值

健康是生命存在的正常状态，是人类期望和追求的目标。1989 年，世界卫生组织在对健康进行解释时曾指出"健康是一种在身体上、精神上的完满状态，以及良好的适应能力，而不仅仅是没有疾病和衰弱的状态"，人体的健康应包括身体健康、心理健康、社会适应、道德健康。这一定义打破了健康的传统医学模式，拓展了健康的认识空间，将以单纯生物学为基础的传统健康观推广到以生理机能为特征的身体健康、以精神情感为特征的心理健康和以社会实践为特征的行为健康，以及生存质量与生活状态的多维度评价。

一、增强身体健康

（一）提高身体素质

身体素质是指在日常生活及运动中所表现出来的各种机能，包括力量、耐力、灵敏、速度、柔韧。身体素质是构成体能的重要因素，是衡量体质状况的一个重要标志。身体素质不仅取决于肌肉本身的解剖、生理特征与生物化学成分，而且取决于肌肉工作时的能量供给、各组织的物质代谢、内脏器官的配合以及神经系统的调节功能。必要的身体锻炼，可以提高人的身体素质。由于体操的内容丰富、项目众多，锻炼的作用各有侧重，因此在各项体育活动中，体操对提高身体素质的效果较为明显。运用体操提高身体素质，练习者可以根据不同的目的、任务以及自身的身体状况选择不同的内容。例如，为了发展人体的柔韧性，可以选择柔韧性体操进行练习。所谓柔韧性体操，就是把发展身体的柔韧性，提高肌肉、韧带的伸展性、弹性，扩大关节活动范围作为直接目标的身体活动。柔韧性体操练习可以加大关节活动幅度，预防运动损伤的发生，还可以促进血液循环，减少疲劳；同时，柔韧性练习也是进行其他体育活动时的准备活动内容之一。总之，体操项目的特点决定了体操在提高身体素质中的重要价值。

（二）发展基本活动能力

人体基本活动能力是人类生存所必备的本领，人类从出生之日起就开始逐步掌握各种活动能力。随着现代文明的不断发展，人类的身体活动机会日益减少。例如，在现代生活中，人们以乘车代替走路、以坐电梯代替爬楼梯，减少了下肢运动的机会；家用电器的普及，减少了上肢和腰背部运动的机会。由于身体活动机会减少，身体活动能力减弱，各种文明病随之产生，从而影响到人类的健康。因此，开发多种活动方式、创造多种活动内容来提高人体基本活动能力已势在必行。

体操是把提高身体活动能力、增进健康作为直接目标的身体运动。体操中的各种基本练习、韵律体操练习、实用性体操练习等，都是发展身体活动能力的有效方法。体操中开发身体活动的练习，主要是根据走、跑、跳等各自运动时的特征，从不同角度进行变化、发展，从而成为提高人体基本活动能力的有效手段。例如，通过变化方向、速度、姿势、幅度、节奏等，创造出更多的练习方法，使人走得更远、跑得更快、跳得更高，使人的活动更轻便、敏捷、省力。这正是体操提高人体基本活动能力的价值所在。

(三)改善机能状态

体操练习可以改善人体机能状况，增强人的适应能力。所谓机能，是指组织细胞或器官等的活动能力。所谓适应能力，是指人体受到外界环境影响，在中枢神经系统支配下，不断调节机体，使之处于正常的稳定的机能活动状态。

体操练习对人体机能状况的改善，首先表现在提高人体前庭器官机能的稳定性上。前庭器官是人体的位觉与平衡器官，它的作用是感受人体在空间的体位变化，保持人体的平衡。体操动作类型多样，有转体、滚翻、倒立、悬垂、回环等。做这些动作时，身体在空间的位置会随时发生变化，这些刺激传到前庭器官，会反射性地引起肌肉紧张的变化，从而完成动作。长期进行体操练习，可以使前庭器官产生适应性变化，进而提高人体机能的稳定性。体操中的某些动作，要求人体具有较高的协调性、准确性，所以在完成动作时肌肉收缩性质复杂，这就对支配和调节人体运动的神经系统提出了较高的要求。因此，长期进行体操练习，还可以提高神经系统的调节机能。

进行体操练习，还可以改善心血管系统的调节功能。做体操中的某些动作时，由于离心力、重力作用，血流会进行重新分配。例如，做单杠大回环时，由于离心力对血流的影响，血液向下肢聚集；练习倒立时，血液会因重力作用向头部聚集。因此，缺乏训练者会出现面红耳赤、静脉扩张等体征。如果能长期进行这些动作的练习，便可以通过加压或减压反射机理来改善血管的收缩机能，从而调节血压与血流量，使之适应运动的要求。

(四)塑造健美的形体

健美的形体应包括健美的体形与良好的姿态。体形是指整体形态结构方面的指数以及各部分的比例关系，主要表现在人体解剖结构所形成的外观特征，它的实质是肌肉、骨骼和脂肪的组成比例和分布情况。健美的体形就是指身体整体的完善、和谐，各部分肢体的协调、均衡发展。体形美的标准男女有别，一般男子讲究身体魁梧，躯体呈倒三角形；女子讲究身体苗条，具有女子所特有的曲线美。此外，由于地域或人种的差别、民族风俗与传统观念的影响，不同地域的人们对体形美有着不同的要求。姿态是指人体处于某种姿势时的形态。姿势是指人在日常生活中处于静止或活动时身体各部分位置的相互关系。良好的姿态是指人体表现出各种姿势时的形态美，通常人们将坐、立、走的姿势视为人的最基本的姿势。我国古人将良好的姿态概括为：行如风、立如松、坐如钟、卧如弓。

人的体形具有一定的可塑性，因为人体的各项形态指标受遗传和环境影响的程度并不一致。例如，人体纵向指标受遗传影响较大，而横向指标（围度）受遗传影响较小，这样就可以通过改善营养构成和身体锻炼等手段，在纵向指标相对固定的情况下，通过改变围度来改善身体各部分的关系，使之协调发展。体操对形成健美的体形具有独特功效，体操中有许多内容是塑造健美体形的有效方法、手段。例如，形体美的关键是肌肉发达、身体匀称、线条优美，有氧体操练习及垫上腹背肌练习等可以起到减肥的效果；双杠、单杠等练习可以促进上肢肌肉的发达；跳跃、踢腿等练习可以促进下肢肌肉的发达；把杆练习等可以使身体更加匀称。长时间坚持体操锻炼，可以使骨骼、关节、肌肉和韧带发生一定的适应性变化，从而使人的体形更加健美。

人的姿态大多为后天所习得，即在日常生活、劳动、体育锻炼中形成。不良的姿态也是在日常生活、学习、劳动中无意养成的，但可以通过体育锻炼加以纠正。体操练习对培养良好姿态、纠正不良姿态具有重要作用。例如，双腿直立是人类区别于其他哺乳动物的一个重要特征，良好的站姿应挺拔、直立、重心高，而这也正是体操中站立姿势的最基本要求。体操中的韵律体操、徒手体操，体操基本训练中的把杆练习等，都是训练良好姿态的有效方法。目前，无论是国内还是国外的练习者，都广泛采用体操中的健美操、韵律体操、徒手体操、器械体操的内容来塑造健美的体形，培养良好的姿态。

二、提高心理健康水平

（一）促进学生的智力发展

人脑由大约150亿个神经元构成，大脑存储信息的容量相当于世界所有图书馆藏书的信息总量。目前，人的脑力资源的利用程度还非常低，人的智力发展潜力极大，而智力的发展有赖于大脑各区功能的充分挖掘。国外的许多研究材料指出，大脑各区功能的发挥依靠信息转化。体育活动可以使学生获取多方面的信息来充实大脑，经常从事体育活动有利于激发神经元的活性水平，挖掘大脑潜力。体操教学以体操健身知识、体操动作技术的传授与习得为主要形式，通过对健身知识的指导和对动作技术的练习达到健身的目的。学生在学习的过程中，需要排除室外学习的诸多不利因素的干扰，集中注意力，从整体到局部仔细观察教师的示范，熟记动作要领，形成正确的表象，并体会动作，在想象中与正确的动作进行比较，分析不足之处，在下一次的练习过程中进行调整，并在熟练掌握以后对动作进行拓展与创新。这一过程包含了智力的注意、观察、记忆、想象、思维与创新等因素，并且符合由感性认识到理性认识再回到实践的认识一般规律。因此，体操教学实质上是一门科学的智力开发课程。

(二)培养学生坚强的意志品质

体操健身是磨炼与考验人的意志品质的体育活动，是体现一个人是否具有坚强的意志品质的重要途径。在体操健身活动中，学生需要克服身心疲劳，消除厌倦、胆怯、慌乱等消极情绪，才能达到健身的目的。例如，有氧健身操不但能改善学生的心肺功能，还能培养学生吃苦耐劳的意志品质；支撑跳跃除了能发展学生的速度、力量、协调、平衡等身体素质，还能让学生通过身体活动来克服一个个困难，培养勇敢、果断等良好的心理品质。这种通过健身活动形成的意志品质如能迁移到日常的学习和生活中去，可以增强学生对学习、生活的自信，发展学生的个性。

(三)培养良好的情绪控制能力

当今大多数学生从小在赞美和宠爱中长大，无论是情感还是意志，都表现得较为脆弱。他们的依赖心理强、缺乏竞争意识，特别是缺乏困难和逆境的必要磨炼，一旦遇上不顺心的事，就容易无所适从、消极颓丧，产生过大的心理压力，不利于适应社会生活。现代社会是竞争激烈的社会，是变化迅速的社会，工作和生活中遇到挫折在所难免。对挫折的不良反应，常常是导致心理疾病的主要原因。有了对挫折的耐受能力，就可以应付各种挫折环境，及时疏导消极情绪，减轻和排除精神压力，防止心理失调。挫折承受能力主要体现为对挫折有正确的认识和态度，能够选择理智的反应方式，掌握情绪的调节方法。在体操教学过程中，学生经常会在多种因素的影响下动作失败。此时，教师应引导学生向困难挑战，在学生学习方法不当时授以学习技巧，在学生体力不支时及时调整，在学生困惑时指点迷津，在学生怯懦时给予精神上的鼓励和及时的帮助，以实现培养良好的情绪控制、调节能力的教学目标，促进学生心理的健康发展。

(四)发展学生的自我评价能力

新颁布的《义务教育体育与健康课程标准》(以下简称《标准》)在学校体育课程评价方面明确指出，课程评价是促进课程目标实现和课程建设的重要手段。《标准》把学生的态度、行为表现和体能、技能的进步幅度纳入评价范围，并让学生参与评价过程，以体现学生学习的主体地位，提高学生的学习兴趣。由此可见，学生的学习评价是体育课程教学中的重要环节，是体育教学改革的一项重要举措。体操运动的动作数量巨大、种类繁多，而且在不断地创新。学生在进行体操学习的过程中，所接触的运动技术动作比其他项目要多得多。在不断学习新的内容时，教师应引导学生每进行一次身体练习就对动作的完成情况做一次自我评价，使学生了解自己的学习结果。自我评价既能使学生提高学习热情，增强努力程度，激发学习动机，增进学习效率，又能使学生看到自己的不足，激起上进心，强化自我锻炼需求，进而提高学习的自觉性，为自我学习、自我锻炼奠定良好的基础。

三、增强社会适应能力

"适应"是一个来源于生物学的名词，用来表示能增加有机体生存机会的那些身体上和行为上的改变。皮亚杰认为，智慧的本质从生物学角度来说是一种适应。适应既可以是一种过程，也可以是一种状态。有机体是在不断的运动变化中与环境取得平衡的，社会适应是指个体为了适应社会生活环境而调整自己的行为习惯或态度的过程。在社会生活中，每一个个体都有自己独特的为人处世、待人接物的方式，都有人际交往、合作、友情、尊重、名誉及取得成就的愿望和需要。所有这些需要的满足都依赖于个体的社会适应，同时它们又能促进个体的社会适应。个体的社会适应包括一系列自主的适应性行为，通常表现为顺应、自制、同化、遵从、服从等具体的方式。经常参加体育活动的人，其社会适应能力会得到提高。体操锻炼对个体社会适应能力的培养具体表现在以下几个方面。

(一)促进学生自我观念的形成

自我观念是个体主观上对自己的身体、思想和情感等的评价，体育运动能促进自我意识的发展。在体育活动中，每个人都有展示自己的机会，个体的能力、修养、智力、情商等可以较为充分地表现出来。同时，体育给个体提供了体验控制感、成功感的情境，增加了相互间交往，从而有助于对自己形成比较全面的、正确的认识。调查表明，经常参加体育锻炼和运动竞赛的人比其他人有更强的自信心。

美国人本主义心理学家马斯洛认为，人类的需要可以分为五个层次，即生理需要、安全需要、归属和爱的需要、受到尊重的需要和自我实现的需要。其中，自我实现的需要是指个体希望最大限度地发挥个人自身潜能和才华，并且取得成就，是最高层次的需要。体操运动有一个重要的特点就是重复某一个身体练习动作，并在这个过程中不断地感受和体会对这一身体练习动作的理解和认识，以达到自我实现的目的。有一句广为流传的奥林匹克运动的名言"参与比取胜更重要"，它充分说明了体育运动更看重的是过程。而体育行为的本身就是自我实现的确认过程，人类只有在自我实现过程中才能更清醒地意识到自身的能力和价值。

(二)增进人际交往

人际交往是指在社会活动中人与人之间进行信息交流和情感沟通的联系过程,它反映了个人或团体满足其社会需要的心理状态。人际交往的发展变化取决于双方社会需要的满足程度。参加体操健身活动常会有双人练习与群体练习等,在这些练习中,学生之间的接触密切,随时会与熟悉或不熟悉的同学结为组合,进行对抗或合作的练习。通过这些练习,学生扩展了自己的交往范围,学会了互相协作与帮助,体验了被助与助人的快乐。人际关系是社会关系中最基本的关系,适应人际关系也是社会适应中最基本的适应。体操健身活动所提供的人际交往的时间与空间,有助于学生学会正常的人际交往,协调人际关系,与他人和睦友好地相处。

(三)体验社会角色

社会是一个由政治、经济、文化等因素构成的交互场所,每一个人在社会中都要扮演各种社会角色,在不同的场合以不同的身份与他人交往,能根据不同的社会环境进行相应调整,做出恰当的反应,这是社会适应能力良好的重要表现。社会学家认为,儿童在游戏中模拟父母的角色,就是在为将来所要承担的父母角色进行预期社会化。体育运动场合恰好能为人们学会承担社会角色提供优越的环境与适宜的条件。例如,在体操锻炼中,相互保护与帮助以及履行义务、对同伴负责等,能有效加强责任心。社会角色是完成社会活动的必要的社会形式和个人的行为方式,通过体育活动角色的学习,健身锻炼者可以懂得社会角色是与人们的某种社会地位、身份相一致的一整套权利义务的规范与行为模式,是人们对具有特定身份的人的行为的期望。这有利于人们懂得"做什么像什么"的社会意义,为将来更好地融入社会、适应各行各业的需要、干好本职工作打下思想基础。通过体育活动角色的学习,人们还可以体会到经过个人努力是可以成功扮演各种角色的,从而体会到人的主观努力是改变社会地位的重要途径。对于现代青年来说,这一点尤为重要。

四、促进道德健康

体操教学过程对学生道德健康的促进作用主要体现在以下几方面。

(一)增强规范意识

在人际互动中,由于个体或群体有不同的偏好和价值,容易出现兴趣上或利益上的冲突及协调问题。为了避免矛盾激化,使互动能够顺利进行,人们发明了一套社会文化规范,如社会角色规范、社会公平规范、社会道德规范等,来协调彼此的行为。人的社会化过程中,对规范的认识和遵守是必不可少的,遵守规范的意识也是人的社会适应性的基本内容。

从儿童时代人人都参加的各种游戏,到当今高水平的奥林匹克运动竞技,为了使活动得以进行，参与者都需要约定共同的活动规则。每个参与者必须自觉地遵守这些规定，才有资格与他人共享活动的乐趣或获得奖赏。在一定意义上，体育竞赛是社会竞争的一个缩影，人们在各种体育竞赛活动中，通过担任运动员、裁判员、观众等各种角色，逐渐领悟和内化竞赛活动的规则、规范意识，而这种意识将会迁移到其他社会活动中去，为今后参与社会竞争、遵守社会各种法规奠定良好的规范意识。体育竞赛是建立在平等、公平原则基础上的，它尊重每一个参与者在公开场合进行公平竞争的权利。这在培养人们竞争意识的同时，也使他们增强了平等、公平的意识。虽然目前社会生活中还存在许多不公正和不平等的现象，但只要参与社会竞争，就必须具有公平竞争意识。只有依靠真正的实力，才能立于不败之地。

（二）培养责任感

责任感是构成道德健康的重要内容。一个人如果不履行应尽的责任，违背自己的良心，将会产生内疚感、惭愧感，身心健康也会受到影响。可以想象，一个食不香、睡不安、惶惶不可终日者，何以谈健康！据测定，这类人很容易出现神经中枢、内分泌系统功能失调，其免疫系统的防御能力也会减弱，最终会在恶劣心态的重压和各种身心疾病的折磨下，或者早衰，或者早亡。

巴西著名医学家马丁斯研究发现，屡犯贪污受贿罪的人易患癌症、脑出血、心脏病和神经过敏症。相反，一个对自己行为一贯负责的人会产生一种道德崇高感，心情愉快，有助于身心健康。例如，在体操教学中，学生被安排轮流进行保护与帮助，承担保护与帮助任务的同学有义务对其他同学的动作成功和安全负责，当同伴在自己的帮助下顺利完成学习任务时，保护者和练习者一样会有成就感和愉悦感，这无疑有利于身心健康。相反，如果同伴因为自己的疏忽和不负责任而受伤，保护者会产生内疚感、惭愧感。

（三）养成关爱他人的良好思想道德品质

关爱他人特别强调对弱者的尊重和关心，因为弱者的利益是最容易受到漠视的。欺侮弱者的人会受到严厉的道义谴责，心绪不宁，在很大程度上影响身体健康。而给弱者以关爱和帮助的行为会使人有一种崇高感，也会给人一种身心境界高尚的自豪感，这些感觉对身心健康具有促进作用。因先天遗传和后天发育等诸多因素的影响，学生与学生之间存在着体育能力的个体差异，在体育教学过程中，特别是在以动作技术教学为主要内容的体操教学中，经常会出现"困难户"。教师进行正确引导，在班级形成互相关心、互相爱护、互相帮助的良好学习风气，创造和谐共赢的良好氛围，无疑会对学生的健康起到全面的促进作用。相反，如果对后进学生漠然视之或冷嘲热讽，不仅被欺侮的学生身心受到伤害，实施者也会因受到道义谴责而身心健康受损。值得一提的是，体育教学过程中的这种关爱教育的直观示范性比室内教学更明显，其教育意义也更加深远。

第三节 体操健身方案

一、健身方案的概念与类型

健身方案是体育教师或健身指导者根据健身者的健康、体力及心血管功能状况等制订的健身计划，包括运动种类、运动强度、运动时间、运动频率以及运动健身中的注意事项。健身方案是指导人们有目的、有计划和科学地健身的一种方法，具有目的性、计划性、科学性、针对性和普及性等特点。

健身方案的分类方法有很多，分类依据不同，结果也不同。以健身的目的为依据，可分为：(1)治疗疾病和康复机体；(2)预防保健和促进生长发育；(3)增强体质，激发活力，提高工作和学习效率；(4)丰富文化娱乐生活，调整心态，提高生活质量等。以锻炼的器官进行分类，可分为心血管系统健身方案、运动系统健身方案、神经系统健身方案和呼吸系统健身方案等。

二、体操健身方案的制订

体操健身方案的制订程序包括：了解健身对象的基本情况；确定体操健身的内容；确定体操健身的强度、时间、频率；对健身对象的身体机能及素质进行测试和分析；对健身方案进行优化等。

(一)了解健身对象的基本情况

了解健身对象的基本情况，包括了解其姓名、性别、年龄、病史及参加体育锻炼的情况等，并对其健康状况做出判断，以此作为制订健身方案的重要依据。在实施健身方案前，要对健身对象的体能进行测定，通过检测确定科学地进行体育运动的复合指标。通常采用的测定方法是12分钟跑，测定的数据要保留，以备后用。对于有特殊情况的人应区别对待，制订的健身方案要服务于个体的需要。

(二)确定体操健身的内容

体操健身的内容的选择，要依据健身的目的和练习者的实际情况来综合考虑。以培养人的基本姿态、发展人的心肺功能、帮助肥胖者控制体重为目的的健身方案，可采用徒手和轻器械体操为主要内容；以发展人的基本活动能力和安全事故自救能力为主要目标的健身方案，练习内容则以实用性体操为主体；以发展前庭器官为目的的健身方案，可选用技巧的翻腾类动作和单杠的回环类动作为练习内容；以发展力量为主要目标的健身方案，则以器械体操为首选内容；以发展弹跳和培养勇敢精神为目标的健身方案，练习内容则非跳跃类体操动作莫属了。从全面发展的观点出发，体育教师或健身指导者要根据健身者的身心发展特点，考虑到健身者的兴趣和锻炼的实效，合理安排体操健身内容，促进其健康水平的全面提高。

（三）确定体操健身的强度、时间、频率

根据健身对象的健康状况和运动能力来确定运动强度，这是健身方案的关键部分。要根据实际情况，对负荷强度进行量化，以获得最佳的健身效果。负荷强度与其他要素的合理搭配能更好地促进体操健身活动向科学化的方向发展。一般认为在进行体操健身时合适、有效的负荷强度是使锻炼者的心率维持在最大值（220－年龄）的 $60\%\sim85\%$，且脉搏的跳动是规则的。例如，一位 30 岁的锻炼者在体操健身时的最大心率为 $220-30=190$（次/分钟），采取心率在 $114\sim162$ 次/分钟的负荷强度是合理、安全而且有效的。高于或低于上述范围，应适当调整健身方案。方案设计除了要考虑健身对象的身体状况和健身项目的特点外，还要确定运动的时间。运动持续时间每次至少 30 分钟，每周增加 5 分钟。近年日本学者提出，在制订方案时，运动的时间最短是 5 分钟、最长是 60 分钟，健身频率以每周运动 $3\sim5$ 次为最佳，最基本的要求是每周运动不少于 2 次。

（四）对健身对象的身体机能及素质进行测试和分析

一个健身方案实施一段时间后，要对健身对象的身体机能及素质进行再测试，以检查健身方案的有效性。同时，要对再测试的数据与实施健身方案前的数据进行比较分析，并在此基础上对健身方案进行修改，使其更具科学性。

（五）对健身方案进行优化

同一个健身方案，练习者实施一段时间后会产生适应现象，具体表现在身体机能增强及动作技术熟练后更省力两方面。人体对原有健身方案适应后，其健身效果就会下降，因此对健身方案应适时进行修改，不断优化，使之与练习者的身心状态相吻合，以达到最佳效果。同时，应尽可能对各单项的健身方案进行优化组合，以利于练习者身心的全面发展。

三、体操健身的自我监测与评价

参加体操健身，必须合理安排运动负荷，因为运动负荷过小对身体的锻炼效果不大，运动负荷过大则会影响身体健康。用于检测运动负荷大小的方法，通常有主观感觉和客观检查两种。

(一)主观感觉

运动负荷合适时，锻炼者在工作、学习和劳动时体力充沛，有继续参加运动的欲望；锻炼以后虽略感疲劳，但不影响正常睡眠和饮食。有时，肌肉也有轻度酸痛，但经过一夜的休息，该现象基本会消失。而且身体的机能状况越好，疲劳恢复越快。运动负荷过大时，锻炼者次日起床后会感到萎靡不振、全身无力，甚至心情烦躁、情绪低落。极度疲劳时会出现吃不下、睡不好的现象，并且产生厌倦感。

(二)客观检查

客观检查主要是通过脉搏或心率变化来衡量运动负荷是否合适，测量的脉搏有晨脉、运动前和运动后一小时左右的一分钟脉搏。锻炼者如果运动负荷不足，运动后一小时以内即可恢复到运动前的水平；如果运动超负荷，有时经过一夜，到次日清晨脉搏仍不能恢复正常；如果运动负荷过度，恢复的时间会更长；如果运动负荷适度，每天清晨的脉搏将较为平稳，精神也会比较饱满。

思考与练习

1. 简述体操健身的基本原理。

2. 体操的健身价值有哪些？

3. 怎样制订体操健身方案？

第四章
体操教学原则

查看视频

内容提要

本章主要阐述了体操教学的五种原则，即积极性原则、直观性原则、因材施教原则、渐进性原则，以及巩固与提高原则。

教学目标

1. 了解体操教学原则的构成。

2. 掌握体操教学原则的内容。

3. 了解在体操教学中应用体操教学原则时应注意的事项。

体操教学原则是指根据一定的体操教学的目的和任务，遵循体操教学过程的规律而制定的对体操教学的基本要求，是指导体操教学活动的一般原理。体操教学原则是根据一定的客观依据提出的，不是随意编造的。体操教学原则是体操教学规律的反映，是体操教学经验的概括和总结，同时受体操教育目的的影响和制约。

本章根据以上客观依据并结合教材教学内容的设定提出了以下五个体操教学原则：积极性原则、直观性原则、因材施教原则、渐进性原则，以及巩固与提高原则。

第一节 积极性原则

学生是学习的主体，学生的学习应该是自觉、主动的。积极性原则是指体操教学活动中，教师充分调动学生学习的主动性、自觉性、积极性，使学生通过积极、主动的学习和思维过程，在协调融洽、相互促进的氛围中接受、理解、掌握和实际应用体操知识。

在充分调动和发挥学生主体地位的同时，教师的主导作用不应被忽视。因为教师与学生是教与学的关系，教师的教和学生的学是相辅相成、相互促进、相互协调的关系。只有将教与学的关系处理好，才能真正激发和调动学生学习的积极性。

体操教学中要贯彻积极性原则，应该注意以下方面。

首先，正确处理好师生关系，民主教学，创设和谐教学氛围。

正确处理好师生关系的首要条件便是师生平等。教师在体操知识和技能的传授过程中首先要尊重学生，将学生作为具有独立个性的人来对待，全面而客观地了解、认识学生，不能让学生被动学习和接受教师主导下的知识与技能。

教师和学生是主导与主体的关系。在平等、民主、和谐的氛围下进行教与学的活动，课堂氛围自然轻松、舒畅，这样的环境更能激发学生的学习积极性。学生喜欢学习、热爱学习，其创造性思维才容易被激发。教师在学生积极主动的学习中也能得到极大的满足感和成就感。因此，民主的教学、和谐的氛围增进的是师生协同的关系。

其次，"授之以渔"，提高学生学习和参与的主动性与积极性。

体操教学过程中，培养学生的独立思考能力，可以使学生真正获得学习的主动权。此外，需要培养学生掌握相关的学习方法。教师通过教授学习方法，能够让学生学会学习，使学生主动运用学习方法，积极地参与教学过程。

最后，合理制定和安排教学任务与内容，并适当增加鼓励性评价。

要根据学生的实际情况，制定合理的教学目标与任务，合理安排教学内容，不好高骛远，力求从实际情况出发，在学生力所能及的情况下进行适当难度的教学，使学生获得一定的成就感，以保证学生学习的积极性。

另外，在学生通过主观努力获得一定成绩时，教师应及时做出客观、公正的肯定性评价。这样，学生获得成就感的同时，不会因为教师过度夸大成绩而骄傲和放松，教师的赞许与肯定将成为一种认可与鼓励，有利于调动学生学习的积极性。

第二节　直观性原则

体操技术动作的学习由不会到学会、由简单到深入，通常要经历泛化、分化和动作自动化三个阶段。动作学习从不会到简单的模仿练习，是从视觉和听觉的直观感受所获得的外界刺激开始的。因此，直观性教学在体操技术动作学习中扮演着极其重要的角色，也有着特殊的重要意义。

直观性教学主要利用学生的感觉器官，在建立视觉、听觉等动作概念的基础上，通过触觉和肌肉本体感觉的反馈达到一定条件反射的建立。

视觉动作概念的建立主要依靠教师的直观性动作技术的示范、现代化多媒体技术手段的演示以及专门性教具的示范等。听觉动作概念的建立伴随着视觉观察，通过一定的语言、信号、节拍器及录音等方法和手段，使学生进一步感知体操技术动作完成过程中的动作要领、重难点、身体控制等，以建立更为准确、协调、优美的技术动作概念。触觉和肌肉本体感觉在学生技术动作概念的建立以及完成动作熟练化程度的改进方面有重要意义，其通过直观感受动作完成过程中的肌肉张力变化、教师保护与帮助下的身体接触等综合感知动作的完成情况。

直观性教学给予学生感性、具体、形象的知识，使繁复、抽象的概念及内容变得生动，结合动作学习规律，易于使学生形成概念，学习和掌握体操技术动作。可以说，直观性教学在体操技术动作学习的各个阶段均贯穿始终，对于学生学习体操技术动作具有极其重要的意义和价值。

体操教学中要贯彻直观性原则，应该注意以下方面。

首先，直观性教学应综合多种教学方法与手段。

体操教学中应利用示范、录像、挂图、信号、口令等多种方法与手段广泛刺激学生的视觉、听觉、触觉和肌肉本体感觉，使学生在学习过程中获得有针对性的直观感受，从而达到教学的效果。其中，直观性教学的方法、使用时机、使用数量必须考量其针对性和实效性。

其次，注意各学习阶段直观性教学的侧重点。

体操技术动作的学习遵循泛化、分化和动作自动化的形成规律。泛化阶段，大脑皮层兴奋过程扩散，动作紧张、不协调，错误较多，并伴有恐惧心理。此阶段应以视觉的示范法、演示法等直观性教学方法与手段为侧重点。分化阶段是动作改进与提高阶段，此时动作逐步趋于协调，错误逐渐减少，但技术仍不熟练、不固定。此阶段应以准确、到位的言语信号或口令指示等直观性教学方法与手段为侧重点。动作自动化阶段表现为大脑兴奋过程高度集中、技术熟练准确、肌肉放松省力，需进行重复练习和注意排除外界干扰。此阶段的直观性教学应侧重于录像回放、精讲多练等方法与手段，保持学生的肌肉本体感觉。

第三节　因材施教原则

因材施教原则是指在教学中要从学生实际出发，根据不同对象的具体情况采取不同的方法，进行不同的教育，使每个学生都能在各自原有的基础上得到充分的发展。

学生自我身心的发展，在一定的年龄阶段具有一定的稳定性和普遍性。但是每个人受自身先天生理素质以及后天生活环境和家庭教育的影响不同，再加上每个人自身努力程度的差异，因此同一个年龄阶段的个体存在差异性。在体操教学中，教师应该在普遍性教育基础上格外重视学生的个体差异，要做到对存在个体差异的学生采取有针对性的教学方法和手段，尽最大努力维护每一个学生对体操学习的热情。每个学生都有成才的潜质和潜力，教师唯有因材施教，才能使每个学生的个性得到全面而充分的发展。

体操教学中要贯彻因材施教原则，应该注意以下方面。

首先，全面而细致地了解学生。

全面而细致地了解学生是教师组织教学活动的前提，包括了解其个性特征、知识基础、学习能力、家庭教育背景以及身体和心理健康状况等。单单从教学内容的教授来看，教师首先需要了解绝大多数学生的知识储备以及学习能力情况，以便合理安排具有一定难度的教学内容。

其次，因材施教与统一要求相结合。

教学的组织与实施一般是按照统一规定的教育目的和教学计划来进行的，这就统一了要求。有了统一的要求，教学的组织与实施就有了共同的规格。针对少数学生的因材施教又在一定程度上维护了统一的要求，使学生得到充分发展。

最后，正视个体差异，注意区别对待。

一个班级中所有的学生不可能像工厂里生产的零件，规格完全相同。学生之间存在着个体差异，这些差异有些是先天的，有些是后天形成的，有些是生理的，有些则是心理的，还有些是家庭及社会方面的。这就需要教师在全面而细致地了解学生的基础上正视个体差异，在教学中注意区别对待、因材施教，并用发展的观点看待学生。

第四节　渐进性原则

渐进性原则是指以体育基础理论为指导，根据人们认识事物的规律、动作技能的形成规律及人体机能的适应性规律，按照一定逻辑结构安排教学进度，以保证教学内容、教学方法和练习负荷的科学性与系统性，并最终实现教学目标与目的。

体操教学中要贯彻渐进性原则，应该注意以下方面。

首先，教学内容的安排要有一定的逻辑性。

教学内容的安排一定要按照由简到繁、由易到难、由浅入深、由已知到未知的逻辑顺序进行，这也是教学的基本规律所在。学生知识与技能的形成也是循序渐进的，一定的逻辑结构表现为前一次课与后一次课的教授互为因果，其难度呈现出渐进式的提高，并最终实现教学计划。

其次，要合理运用教学方法。

教学的开展伴随着学生知识与技能的形成，结合运动技能形成的三个阶段，每个阶段都应该采用一种或多种教学方法。以体操技术动作手倒立前滚翻为例，泛化阶段需要运用示范法、讲授法、练习法并在帮助下完成，分化阶段需要运用示范法、纠错法、练习法等方法并在保护下完成。当然，在整个动作的学习过程中首先要有手倒立和前滚翻两个独立技术动作为基础，如此，程序教学法才能显现出来。

最后，学生的运动负荷要循序渐进。

运动负荷要由教师把控，教师在要求学生练习时一定要根据学生生理指标有所控制，练习密度和负荷的增加要遵循运动训练学的相关理论要求。

第五节　巩固与提高原则

体操知识的学习具有系统性，体操学习中新知识、新技能的获得依赖于已有知识和经验的习得与掌握。

根据人的认识规律和技能形成规律，学生是在理解和掌握基础知识和技能的基础上接受和学习新的知识与技能，使自身能力不断提高。通过已有知识与技能来促进新的知识与技能的习得，新的知识与技能的习得又能加深对已有知识与技能的感知与理解，是对已有知识与技能的复习与巩固。由此看来，巩固与提高是相辅相成、互相促进的关系。

知识与技能的习得伴随着一定的遗忘，体操知识与技能也不例外。根据德国心理学家艾宾浩斯的"遗忘曲线"和动作技能形成规律，只有对习得的知识与技能及时进行巩固性复习，才能减缓遗忘、加深记忆。体操技能达到动力定型后，只有进行反复练习才能保持动作完成的自动化程度。复习与巩固是加强学生技术动作学习的重要手段，也是学习水平进一步提高的有效保障。

体操教学中要贯彻巩固与提高原则，应该注意以下方面。

首先，教师要指导学生掌握记忆的规律和方法。

学生掌握知识与技能的过程也是记忆的过程，它首先建立在理解的基础上，在记忆的基础上加深理解，在加深理解的基础上记忆。另外，对于体操技术动作的记忆，教师要指导学生学会分类和比较。例如，前滚翻分腿起、前滚翻直腿起、鱼跃前滚翻、手倒立前滚翻等一系列动作均是以前滚翻为基础的向前的翻滚类动作。

其次，教师要指导学生及时复习。

记忆的过程是伴随有遗忘现象的，根据艾宾浩斯的"遗忘曲线"可知，遗忘的进程表现为先快后慢、先多后少。所以，新的知识与技能习得之后，要在尽可能短的时间内进行复习和巩固，以免大脑皮层刚刚建立起来的神经联系弱化和消失。

最后，尽可能多地让学生进行实践和练习。

教师指导下的重复练习一方面可以使学生加深对知识与技能的记忆，另一方面还可以使学生加深对知识与技能的理解。尽可能多地让学生进行实践和练习，目的是使学生在巩固所学知识与技能的基础上为下一步的学习和提高做好准备。

思考与练习

1. 简述体操教学原则的概念。

2. 体操教学原则的内容是什么？

3. 在体操教学中应用体操教学原则时需要注意什么？

第五章
体操的保护与帮助

查看视频

📖 **内容提要**

　　本章内容主要介绍保护与帮助的意义、种类、方法和运用，以及对保护、帮助者的基本要求。

📖 **教学目标**

　　1. 初步了解保护与帮助的种类以及特点。

　　2. 掌握在体操练习中如何正确地使用保护与帮助。

　　3. 培养保护、帮助者在保护与帮助中的应变能力。

第一节　保护与帮助的意义、种类及一般方法

　　在教学训练中广泛地运用保护与帮助，是体操运动区别于其他体育项目的一个显著特点。保护与帮助也是体操教学中不可缺少的重要教学手段。

　　保护与帮助是快速掌握技术动作、提高动作质量及避免运动损伤的必要手段与措施。保护是指在进行体操练习时，为防止伤害事故的发生而采取的一种安全措施。帮助是指给

练习者以助力、提示等，使其快速掌握技术动作、建立正确运动概念的一种教法手段。

一、保护与帮助的意义

保护与帮助能有效地减轻学生的恐惧心理，消除学生的顾虑，增强学生的学习信心；保护与帮助是缩短教学过程的有效手段，它能使学生快速地体会动作要领，尽快地建立动作概念；保护与帮助能保障学生的身心健康，当练习中发生意外时，可以使练习者免受伤害。因此，保护与帮助是体操教学的重要教学手段，是每个教师必不可少的基本功，也是每个学生必备的技能之一。

二、保护与帮助的种类及一般方法

在体操教学中，保护与帮助的方法有很多，分类也各有不同。一般来说，保护可分为他人保护、自我保护和利用器械保护，帮助可分为直接帮助、间接帮助和利用器械帮助。

（一）保护

1. 他人保护

他人保护是指练习者由于技术不正确或因意外而发生危险时，保护者及时采取的使其摆脱危险的安全措施。保护者常采用接、抱、挡、拦、拨、扶等手法，使练习者加快或减慢动作速度，改变身体位置，避免发生伤害事故。比如，练习者跌下器械时，保护者及时拦腰抱住练习者，防止其身体触地受伤。

2. 自我保护

自我保护是指练习者出现动作失败时，通过某种技巧来摆脱危险的一种保护方式。常用的自我保护方法一般有以下几种。

（1）利用运动惯性

在体操练习中利用惯性顺势曲臂团身、含胸低头，用滚动、下蹲等方法，避免头、颈直接接触地面，减小因冲击地面而造成的伤害。

（2）改变身体姿态或动作性质

及时地缩短旋转或回环的半径，调整落地姿势，使身体达到平衡状态，以避免身体剧烈碰撞而造成的伤害。

（3）停止练习

在做动作时，如感觉身体不适、忘记动作，或手滑、器械故障导致动作失去节奏等，应及时停止练习或跳下器械，避免造成伤害事故。

（4）紧握器械

在做器械练习时，如遇意外失败，应迅速采取紧握器械的方法防止意外发生。

3. 利用器械保护

利用器械保护是指使用各种保护器材，防止练习者因意外而发生危险时受到伤害的保护手段。例如，借助海绵包、海绵坑、护掌、垫子等器械设备，从而达到保护的目的。

（二）帮助

1. 直接帮助

直接帮助是指帮助者为了使练习者快速地建立正确的动作概念、更好地掌握动作技术、改进和提高动作技术质量而直接助力于练习者的方法。常用直接帮助方法有托、搓、顶、送、提、扶、挡等手法。不同的项目、不同的动作有不同的帮助方法，要根据具体动作的具体情况灵活运用。

（1）托

通过托腰部或臀部等部位，使练习者的身体重心升高或靠近器械轴，以便完成动作，如器械上的上法。

（2）搓

主要通过两手相向用力，帮助练习者的身体沿纵轴加速旋转。原地跳转360°等动作常采用这种手法。

（3）顶

主要通过顶肩，使练习者的肩角充分拉开，加大动作幅度或有利于支撑、推手和腾空。

（4）送

使练习者的身体重心远离器械轴，提高身体位置，从而增加动能，以获得较大摆动的手法。

（5）提

两手从上提拉练习者的腰髋两侧或拎提其上臂，助其抬起上体或超越器械的方法。常用于向后滚翻类动作。

（6）扶

帮助练习者稳定重心但不主动用力，以维持其身体平衡的方法。比如，跳马落地时扶腰或器械上的各种下法时的扶持。

（7）挡

是一种阻力性助力，在完成动作力量过大时起到减缓或制动的作用。比如，在做单杠支撑后回环时，若回环力量过大，用挡来及时制动。

2. 间接帮助

间接帮助是指帮助者不是直接加助力于练习者身上，而是采用信号、标志物或限制物等手段，使练习者掌握正确的用力时机和节奏，尽快掌握和完成动作的方法。

(1)信号

运用语言、呼声和掌声以及节拍器等提示用力的时机，加快或减慢动作的节奏。使用时，语言要准确，信号要及时、响亮。

(2)标志物或限制物

在练习中以棍、垫子、竿、手绢、旗帜等作为标志物或限制物，用于指示动作的方向和幅度，帮助练习者提高动作质量。

3. 利用器械帮助

利用器械帮助是指在体操教学中，某些动作由于时间、空间条件的限制，无法直接帮助完成，因此常采用高台、桌、保护带等专门的器械进行帮助，使帮助者直接作用于练习者。其最大特点是安全、可靠，有助于练习者消除害怕心理、正确体会动作要领、提高技术，从而缩短教学过程，最后实现独立完成动作。

第二节　保护与帮助的运用

保护与帮助是体操教学中一种极为有效的教法手段。合理地运用保护与帮助，既能使练习者克服紧张心理、消除恐惧情绪，又能增强练习者的学习信心，更有利于练习者建立正确的动作概念，预防伤害事故的发生，最后达到能独立完成动作的目的。

一、不同教学阶段保护与帮助的运用

根据动作形成规律，动作技术的形成主要包括三个阶段，即初步掌握动作阶段、巩固提高动作阶段、运用自如动作阶段，在各个阶段保护与帮助的运用也不尽相同。

1. 初步掌握动作阶段

这个阶段以帮助为主，目的是使练习者消除心理障碍，增强学习动力，初步体会并掌握技术动作。在此阶段常采用他人保护、直接帮助、利用器械保护与帮助等方法。

2. 巩固提高动作阶段

这个阶段主要是保护与帮助交替运用，使练习者强化动作记忆、提高动作质量、减小错误动作出现的概率，从而较好地掌握技术动作。在此阶段常采用自我保护、间接帮助、利用器械保护等方法。

3. 运用自如动作阶段

这个阶段以保护为主,直至脱离保护,使练习者能独立完成动作,而且完成的质量相对较高。在此阶段常采用自我保护、利用器械保护等方法,最后才能在脱离保护下完成。

二、保护与帮助在教学中的实际运用

(一)站位要合理

在体操教学中,教师要正确选择站立的位置,充分发挥保护与帮助的作用。所站的位置应根据各个项目的特点与具体动作的结构来确定,在既便于帮助又便于保护的地方,并且不妨碍练习者做动作,必要时也可以采用两人或两人以上的不同站位进行保护与帮助。

(二)时机要恰当

在体操教学中,掌握好保护与帮助的助力时机,必须符合动作技术的特点,只有不失时机、恰到好处地进行保护与帮助,才能起到良好的积极作用,使练习者顺利完成或掌握技术动作。过早或过晚进行保护与帮助,不仅会影响练习者动作的完成,而且可能造成一些人为的伤害事故。

(三)部位要准确

部位是指帮助者在实施保护与帮助时的着力点,部位准确与否直接关系到助力的作用发挥效果如何。如果部位准确,有时使用较小的助力也能取得良好的教学效果。反之,如果部位不准确,即便使用很大的助力也很难使练习者体会动作要领。因此,合理、正确的助力能够发挥帮助者的最大效应。在保护与帮助中,助力的着力点大部分在人体重心附近,具体应根据具体动作而有所区别。

(四)助力要适度

助力的大小应根据练习者掌握动作的情况而变化,一般在教学的初期应给予练习者较大的助力,随着练习者运动能力的不断提高而相应减小助力直至不施加助力,让练习者能在脱保的情形下独立完成动作。

(五)方向要正确

体操动作的正确完成与动作方向有着密切的联系,只有助力的方向与运动的方向一致,才能起到帮助的作用。在保护与帮助的过程中,忽视动作方向这一点不仅会影响动作技术的正确性,而且会直接影响到动作的完成。

(六)适时要脱保

在体操教学实践中,保护、帮助和脱保三者的相互转换是所有的保护、帮助者应掌握的基本技能。从帮助过渡到保护很容易掌握，而从保护过渡到脱保却不容易掌握。掌握合理的脱保时机是避免运动损伤的前提，脱保过早容易造成伤害事故，脱保过晚又容易使练习者产生依赖性而延缓完成动作的时间。

第三节　对保护、帮助者的要求

一、具有高度的责任感

体操教学中的保护与帮助不但是主要的教学手段，而且是保护练习者安全和预防运动损伤的一项重要措施。因此，在保护与帮助过程中要始终做到全神贯注、专心致志、耐心细致，不允许有任何疏忽麻痹。练习中出现危险时，要有舍己救人的精神，不惜一切、全力以赴，使练习者摆脱危险。

二、熟悉动作技术和规格

熟悉体操动作技术是正确运用保护与帮助的基础。体操动作技术有其特定规律，不同项目、不同类型的动作又有各自的特点。保护、帮助者应根据体操动作的不同特点和要求，熟悉每个动作的技术特点，掌握各类动作的技术特征和规律，这样才能准确、及时地在练习者发生危险时给予其保护与帮助，维护其安全。

三、掌握扎实的保护与帮助技能

保护与帮助是体操教学中的显著特点和基本技能之一，保护、帮助者应认真学习，努力钻研方法，从最开始的生疏、使不上力气、妨碍练习者做动作等，到经过反复实践练习最终掌握好这种技能，才能有效地实施保护与帮助。

四、了解练习者的情况

了解练习者的情况是为了较好地区别对待，为此首先要了解练习者自身情况，再根据练习者的思想状况、精神状态、动作技术的掌握情况等，有针对性地选择和运用保护与帮助的方法。保护、帮助者对练习者的动作方向、落地点、速度快慢、技术掌握的程度、反应灵敏度等都应非常清楚，只有了解其特点和真实情况，才能密切配合、因材施教，有效地避免伤害事故的发生。

思考与练习

1. 简述体操教学中保护与帮助的区别。

2. 试述双杠肩肘倒立技术动作的保护与帮助过程。

3. 在体操教学中，对保护、帮助者有哪些基本要求？

第六章
体操教学课的组织与体操教学方法

查看视频

内容提要

本章概括介绍了体操课的类型与结构及相对应的概念，并对体操课的基本分类和基本组成部分做了详细介绍，介绍了体操教学课的组织与实施及具体实操过程，阐述了常用的体操教学方法。

教学目标

1. 了解体操课的类型与结构的基本概念。
2. 掌握体操教学课常用的方法、组织和实施。
3. 培养学生在体操教学课上的示范、组织、实施等能力，为下一步授课提供理论指导。

第一节　体操课的类型与结构

一、体操课的类型

（一）体操课的类型的概念

体操课的类型是指根据教学的目的任务、教材内容、教学方法以及所要达到的教学效果而划分的若干课的类型。在体操教学过程中，完成的教学任务不同，因而有不同类型的课。教师可根据要解决的教学任务，恰当地选择和运用与其相适应的类型的课进行教学。每一类型的课都是实现整个体操教学系统必不可少的教学环节，这种教学环节对于提高课堂教学质量和保证全部教学工作的完整、系统有重要的意义和作用。

(二)体操课的类型的划分依据

体操课的类型繁多，其划分依据如下。

1. 教学任务。体操教学过程体现了多因素、多层次教学。学生掌握知识、学练技术是和他们的认识过程紧密相连的，要经过学习、理解、巩固和提高等阶段。每一阶段教学任务有多种，不可能以一节课来完成全面教学，需要借助不同类型的课来实施。

2. 教学内容。体操教学内容丰富、项目繁多，这决定了课的类型的多样性。例如，体操技术动作教学，动作难度不同，课的类型也不同。有时需要几节课才能完成复杂动作的授课任务，简单动作则一节课就能完成。通常一节课里要同时出现两个以上的体操教学内容，有新授内容和复习内容等。

3. 教学手段和方法。体操教学手段和方法的多样性，也决定了会有不同的课的类型。例如，专业理论的授课、技术动作的教学、教法的分析、教学实习等不同的课型，都体现出教师在传授体操理论、技术和技能时，由于教学方法和手段不同，而选用不同的课的类型。

可见，仅仅用一种课的形式进行教学，是不能完成教学任务的。至于具体采取何种课型，这要根据教学的实际需要，因为每种课的类型是受教学的客观规律制约的。

(三)体操课的常用课型

根据上述划分依据，目前高等学校体育专业体操课的常用课型有以下几种。

1. 理论课

这类课的主要任务是传授体操的基本理论知识，各年级的教学都可采用，但应选用多种教学方法，以提高授课的效果和质量。

2. 技术课

这类课是专门用来传授体操基本技术和技能的，是一种教学实践性很强的课型。课上教师要运用不同的教学手段和方法，使学生能熟练掌握动作技术，强化动作教法，达到会示范和教学的要求。

3. 复习巩固课

这类课的主要任务是进一步加深学生对已学习过的知识、技术和技能的理解和掌握程度，巩固和提高做动作的规范。这种课型多用于学完一个动作之后，或者在期中、期末的总复习阶段使用。

4. 教法作业课

这类课的主要任务是教师在学生参与课堂实际体会和操作的情境下，通过对具体动作技术及教法的分析使学生加深对所教动作实质的理解，并通过具体实践使学生把学过的基础理论知识与分析动作结合起来，提高学生实际运用和分析教法的能力。

5. 能力课

这类课的主要任务是让学生在现场亲自操作，把学得的知识、技术转化成基本教学能力，也可称为练习课或实习课。目前，高等学校体育专业的体操教学重视学生能力的培养。这种课型的优点，一是学生根据教师布置的任务进行练习和操作时，可以检查和了解自己掌握体操基本技能的情况。例如，发现有不足之处，教师可及时阐述有关理论，同时根据出现的问题做必要的示范，达到强化能力教学的效果，如培养学生的保护和帮助能力、队列指挥及领操能力等。二是可以使学生变被动学习为主动学习，符合学生基本教学能力形成的规律。

6. 混合课

这类课常被体操教学采用，它是在一节技术课同时完成两项以上的教学任务，也可称为综合课。由于体操项目繁多，教材内容多样，每周课时有限，因此这种课型很适合完成体操教学的任务。例如，一节课内有队列队形练习、徒手体操教学和双杠、单杠教学，还有一般和专项素质的训练等。教好这些内容，要求教师在组织混合课时对各项内容、练习时间以及使用的器材等都全面而合理地做好安排，使新授、复习教材内容以及课堂提问、检查教学等均按课的进程交替进行，从而保证教学计划的完成。

二、体操课的结构

（一）体操课的结构的概念及其实质

体操课的结构是指课的组成部分及各部分进行的顺序和时间分配。在体操教学中，往往运用的课型不同，课的结构就不同。即便是同一个类型的课，授课的年级和运用的教法不同，其结构也不尽相同。我们发现，高等学校体育专业体操课多年来一直沿用着由三个或四个部分组成的课的结构进行教学。这种"模式化"的教学存在一定缺点，主要是有的教师把三段或四段教学结构作为一节体操课的结构的唯一模式，从而限制了在这一领域里的进一步改革和创新，难以适应当前对体操专业人才的新需求。

三段或四段教学结构过去在体操教学训练中曾起过积极的作用，现在仍然在起着一定的作用。从当前教育的发展趋势分析，教学不仅要向学生传授知识和技能，而且要发展学生的智能和创造能力。因而"模式化"的教学结构应根据教学的实际有所改进，如从步骤、内容、范围、顺序以及时间上进行改进。这种改变一是由教学内容和教学过程的特点决定的，二是由具体的教学目的和任务决定的。可见，课的结构的实质是以推理形式建立起来的知识结构，既要求学生掌握结构性知识，也要求学生学会操作，在掌握教材内容的同时学会正确的思维方式和方法。这样不仅可以活跃教学过程，还能保证学生的智力发展，符合目前教育发展和培养人才的要求。为此，需要从教学过程的全局出发，并结合教学实践及其经验，对体操课的结构进行调整和改进。

(二)体操课的结构

课的结构应理解为一堂课教学内容安排的合理顺序、各练习之间的有机联系以及时间的分配，应根据一堂课中人体的工作能力和心理活动的变化规律合理安排，通常分为几个部分。虽然不同形式的课在具体结构上有所不同，但总的来说，都有一个开始或准备阶段，有一个基本过程，有一个结束阶段。

下面分别阐述不同形式的课的结构。

1. 选项课

选项课一般分为准备、基本和结束三部分。

(1)准备部分

这部分的任务是引导学生将思想集中到即将开始的课上，并使整个机体动员起来，逐渐进入工作状态，为基本部分做好身体、心理和技术上的准备。

准备部分多选择那些活动量不太大的或易于调节的内容，如队列队形练习、各种基本体操(包括健美体操)和走、跑、跳、舞蹈等。

准备部分应根据课的内容安排一些专门练习。可安排技术性的辅助练习，如练习支撑跳跃分腿腾越时，可做俯撑、收腹、提臀分腿、跳成分腿站立的练习；也可安排专门的素质练习，如柔韧性练习等。

准备部分应安排几分钟作为个人活动时间，由每个人根据自己的特点再做一些必要的准备。

为培养学生的音乐节奏感以及实施美育，准备部分可采用音乐伴奏。

(2)基本部分

这部分的任务主要是学习新教材，复习旧教材，掌握体操各项目的基本技术，发展相应的身体素质，促进运动能力的提高。

在每个部分的开始应做一些符合专项特点的专门练习，即专项准备活动。例如，做单、双杠时，应先上杠摆动几次；做技巧滚翻时，应活动头部和颈部；做手翻时，应活动手腕和脚踝，等等。

选项课的基本部分一般有几个教材，因此又可分为几个部分。

在安排教材内容时要注意以下原则：

①新教材在前，复习教材在后。体操动作技术复杂多样，因而必须使学生在体力比较充沛、大脑皮层处于良性兴奋的状态下学习新动作，这样才有利于动作技能的掌握。

②带有相当心理紧张性或一定危险性的教材，应放在体力和精力处于最佳状态时进行。根据心理学的规律，在课堂上，注意力在前半部分达到高峰，之后逐渐下降。因而此类教材一般应安排在课的前半部分，切忌安排在课要结束时，否则学生往往会因疲劳、注意力不集中而动作失误，甚至发生事故。

③要注意合理安排身体不同部位及不同性质的负荷。活动量大的项目与活动量小的项目交替；动力性的练习和静力性的练习交替；上、下肢项目交替，如跳跃项目之后应安排以上肢为主的单杠和双杠练习等。

④素质训练的安排应注意身体素质的特点。例如，速度练习、柔韧性练习宜安排在课的前面，静力性力量练习及体力支出较大的耐力练习应放在基本部分的最后等。

(3)结束部分

这部分的任务主要是使机体逐渐恢复到安静状态，内容主要为一些逐步降低负荷的走步、简单轻松的舞步、游戏，以及一些放松练习及按摩等。此时特别要注意保持躯干紧张姿势的那些肌肉群及手腕、腿部小肌肉群的放松。

2. 综合课

综合课的结构大体上也分为准备、基本、结束三部分，只是在各部分中不单单是体操的内容，还有其他内容。特别是基本部分往往包括几个不同项目的教材内容，其中体操的内容安排在哪一部分主要根据体操教材的内容及其他教材的性质而定，基本原则同前。

(三)体操课的基本组成部分

根据体操技术课的教学特点，教学的过程可以划分为若干部分，它们是彼此密切联系的统一过程；又由于体操课的教学任务不同，教师可以有选择地采用不同层次组合成不同结构的课，从而有效地发挥课的结构的作用。体操课的基本组成部分如下。

1. 组织教学

组织教学是保证体操教学工作正常而有秩序地进行的基本条件。教师的任务是做好课的组织教学工作，如稳定学生情绪、安定课堂秩序，向学生明确上课的内容和学习任务与要求，组织学生进行队列队形练习、做准备活动等。总之，使学生从心理上、生理上和物质上充分做好进行复杂而紧张的学习活动的准备，从而完成课的主要任务。

2. 讲授新教材

这是一节课的最主要的组成部分，其目的是使学生学习和掌握新知识、新技术。教师通过讲解、示范和让学生进行实际操作，使学生感知、领会、记忆，最后实现对新动作的知识和技术的学习与掌握。这部分教学要充分发挥教师的主导作用，并运用启发式教学方法，从引导学生再现学习新教材所必需的教法手段入手，逐步引导学生理解完成动作的重点、难点和关键所在，有效地掌握技术和有关的教法及保护、帮助的方法。只有这样，才能使学生成为学习的主人，进而发展学生的智能。

3. 巩固和提高新授内容

巩固和提高新授内容是体操技术课教学中不可缺少的环节。正是通过多次的重复练习，动作技术才能得到巩固，所以这部分课是学生获得牢固知识、技术和技能所必需的。

教师要有目的、有计划和有重点地对所学的内容采用多种多样的教法进行复习，鼓励学生提出问题，师生双方共同讨论分析，发现学生有错漏之处时应该及时补救和纠正，使学生通过复习来巩固、加深和强化对所学知识、技术和技能的理解和掌握。

4. 发展学生身体素质，培养能力

这是构成体操教学过程的重要部分，其目的是发展学生的身体素质，增强学生的体质，培养学生的意志品质。同时，在课的进程中使学生学会在不同的条件下运用已获得的知识、技术和技能，并且在解决教学问题和完成教学任务的过程中有目的地培养学生观察、分析和解决问题的能力以及创造能力等。

5. 教书育人

这是体操教学课的一个重要环节，学生学习全部教材内容的过程始终都要贯穿着教书育人的思想品德教育。教师不仅要传授业务，还要从教学实际出发，从感情上去影响学生，激发他们的学习兴趣和学习热情，培养他们的爱好。在教学中，教师要有目的地针对不同情况对学生进行个性培养，使学生学会自我肯定和自我表现，拥有正确评价自己的能力。

6. 有组织有计划地结束课

结束课的组织工作是教师通过恰当地总结实现的。教师一般不太重视这一部分，但实际上它是课堂教学的延续和补充。例如，在课结束之前，教师以简短的语言，对业务学习、课堂组织纪律、品质表现等情况，给学生做个小结，并布置课下作业。这种有目的的结束课把课上和课下联系了起来，有助于学生合理地利用课余时间进一步巩固知识和技能，也有助于培养学生独立运用知识和分析问题、解决问题的能力。

7. 进行课后总结

教师在上完一节课后，要认真、全面地检查和分析一节课的教学活动效果，并及时总结教学中的成功经验和失败教训。这样做不仅能不断地提高教学质量，而且对教师本身的业务水平及教学技艺的提高极为重要。课后总结还可以为下一节课打下良好的基础，体现出体操教学的系统性和完整性。

由于体操教材内容的不断充实和项目的增多，有些体操教学课的组织和结构已经打破了三段式或四段式的框架，目前这方面的理论与实践尚需进一步研究。总之，教师不管采用哪种课的结构，都必须明确各个环节的任务和它们之间的联系。还要注意，各个环节在一节课内并没有固定不变的顺序，要避免生搬硬套的"模式化"教学。只有这样，才能适应现代教学发展的需要。

第二节　常用的体操教学方法

体操教学方法指的是教师在体操教学过程中为了完成教学任务所采用的措施和办法，对于提高教学质量具有重要意义。正确地运用教学方法，能够调动学生学习的主动性、积极性和创造性，激发学生的学习兴趣和求知欲望。为了提高教学质量、实现最佳教学效果，教师应对教学方法进行精选。教学方法的选用是以教学内容、教学任务、作业条件和学生的实际为依据的，选用的教学方法是否正确直接关系到教学效果的好坏和教学质量的高低。

需要指出的是，教学法与教学方法是两个不同的概念。教学法所研究的问题是教学工作的各个方面，包括教学过程、教学原则、教学内容、教学方法等。教学方法包含在教学法之中，要受到教育目的和教学内容的制约，体育教学方法还要受学生体质和健康情况的制约。只有根据我国的教育目的和教学内容，充分考虑青少年身心发展的特点，才能正确地选择教学方法。教学方法是在教学实践中发生和发展的。在研究教学方法时，既要吸取古今中外行之有效的经验，又不能生搬硬套，而应创造性地去运用。构成体操教学方法的因素有三：一是语言，二是身体练习，三是器材设备。三因素构成了体操教学方法的整体，不能分割。

在选用教学方法时，要防止生搬硬套、千篇一律。现代体操教学不仅要求教师闻道在先、学有专长、知识渊博，还要求教师成为学生的开窍者和导航者。教学方法具有以下特点：第一，育人性。教学方法作用的主体和客体都是人，因此教学活动中不仅有知识经验的传授与学习，而且有思想情感的交流。特别是体操教学中的保护与帮助，容易加强教师与学生之间的情感。教师人格的感染和帮助他人成功的品质影响学生的成长，使学生受到良好的思想品德教育。第二，制约性。教学方法要受到教育目的、学科性质、教学内容和学生身心发展的特点及技能形成规律的制约。第三，多样性。教学方法要根据教学任务、学生的年龄和个体差异、学校的教学设备和教师本身的素质因素来采用。同时，教学方法因地因人而异，教师只有根据实际情况采用多样的教学方法，才能取得实效，达成既定目标。

体操教学方法很多，常用的有语言法、直观法、完整法与分解法、练习法等。

一、语言法

语言法，是指运用第二信号系统的条件联系，促进掌握动作技术的教学方法。语言法分为口头语言和书面语言，体操技术教学最常用的是口头语言。

口头语言的形式主要是讲解与讲述等，结合体操技术教学，还有口令、提示、口头评定、音乐伴奏、默诵与自我暗示等。

（一）讲解与讲述

讲解是指教师向学生说明或论证原理、概念，进行逻辑推理，使学生形成科学概念，同时向学生讲明学习任务、动作名称、练习方法和要求，是教学中广泛运用和不可或缺的重要方法。正确地运用讲解，必须符合一定的要求，采用有效的讲解方法，选择好讲解的形式，掌握好讲解的时机和位置。讲解时应少而精，突出重点、难点，有针对性。

教师在课堂上讲解动作技术，受两个方面的制约。一方面受本次课教学内容和教学任务的制约，讲解应围绕本次课教学内容、任务进行，防止离题太远、漫无边际、面面俱到，甚至一股脑地把动作的所有问题都讲给学生。这种讲解既不能揭示动作的要领，又会占用学生练习的时间，其结果是降低学生跃跃欲试的积极性，导致学生抓不住主要问题，收效甚微。另一方面受学生智力和接受能力的制约，讲解必须根据学生已有的知识经验进行，超出学生实际水平太多的讲解是不会收到预期效果的。为此，讲解要有针对性，要精讲、多练、不啰唆。精讲不是少讲，讲的内容是否精湛不是看讲了多少话，而是看所讲的信息是否有效。精讲要求教师三言两语就把动作要领讲得一清二楚，讲到点子上，一语道破关键所在。

讲解要求语气肯定、表达生动形象、比喻恰当、富有趣味，能使学生集中注意力，能调动学生学习的情绪，启发学生开动脑子进行思索，帮助学生加快对动作的理解，建立正确的动作概念。

讲解要做到不失时机、看准火候。例如，学生对动作有了实际感受和体会时，就会对动作有更深入的了解。教师应抓住这个时机对动作进一步分析，进行深入讲解或讲述。

讲解要正确运用术语，有时也可以用自己的语言来讲，唤起学生的学习热情和求知欲，使学生建立完成学习任务的信心和勇气。

讲述是教师向学生叙述事实材料，或描绘所讲对象。在体操教学中，讲述法是最常采用的方法之一。讲述是把动作的道理讲出来，使学生很快弄明白。要使讲解或讲述精确、扼要、简练、有感情、有说服力，并不是一件容易的事情。因此，每一位教师都应加强语言修养。

（二）口令、提示

口令应以《中国人民解放军队列条令》为准。口令是用简洁的语言，以命令式的方法，有效地指挥学生的活动。比如，队列队形练习、队伍的调动和做操等，都是在教师的口令指示下进行的。口令虽然简单，却是体操教师的基本技能之一。

提示有语言提示和手势提示之分。语言提示是指教师用简练的语言指导和提醒学生注意，如"抬头""推手""挺身""控制""坚持""停住""站住"等。手势提示是指教师用手势指导学生练习。手势起到无声语言的作用或定向作用，是体操技术教学不可缺少的手段。

（三）口头评定

口头评定是指教师用口头语言给学生评定成绩。评定成绩要恰当，要使学生信服，同时还应指出所做动作的不足之处和今后的改进方向，这对提高学习效果有很大意义。

（四）音乐伴奏

音乐伴奏是现代体操技术教学不可缺少的。音乐是艺术语言，用音乐的节奏和旋律指导学生练习，可以激发学生学习的兴趣，对提高动作的节奏感和美感都有很大作用。可用钢琴、节拍器或录音机等伴奏。

（五）默诵与自我暗示

在学生学习和掌握动作的过程中，教师除了让学生看、练之外，还应加上默诵。默诵就是用无声的语言在心里冥想动作，这种心理活动与肌肉的活动感觉是有联系的。它不仅在头脑中表达将要进行的动作，而且还能出现表达动作的形象。默诵一般是在做动作之前先想一想动作要领、用力大小和动作方向等，如在练习成套动作前，从开始动作到结束动作整个回想一遍，就像回忆电影场景一样，然后再进行成套动作的练习。

自我暗示是用无声语言警告自己的一种方法。有时候疏忽大意导致动作失败，或者对某些动作注意不够导致动作质量降低，甚至造成动作中断，那么再次试做时就可以暗示、警告自己回忆教师的指示与提示，如"快""稳住""停止三秒""拉开肩角"等。这样可以提高动作完成的质量，对巩固和改进技术动作有很好的帮助。

二、直观法

直观法是指在体操动作教学中，借助视觉、听觉、肌肉本体感觉等来感知动作的常用教学方法。它有助于学生了解动作形象、结构、要领、完成方法以及时间和空间关系，从而建立正确的动作表象。在学习动作过程中，视觉直观是对所学动作能清晰地分辨其形状、静动、方向、速度，以及身体各部分相互运动的时间、空间状态，但只能了解动作的外部形态。听觉直观是通过语言、声响刺激思维，帮助学生进一步认识、理解动作的技术，使学生不但懂得应该怎样去做，而且知道其道理。肌肉本体感觉是学生通过自己做动作，直接感知动作的用力大小、方向和时机，紧张与放松的协调配合关系等。因此，视觉、听觉、肌肉本体感觉是直观作用的三个重要方面。

随着体操技术的日益复杂、新技术的不断出现，在掌握动作过程中，对空间、时间的感觉能力要求越来越高，尤其是空翻转体、腾跃等动作。只有当学生对动作有了时间、空间的感觉能力时，其动作才会达到熟练和有把握的程度。对动作的时间、空间的感觉能力是伴随着动作的不断熟练而提高的，反过来，感觉能力的提高又会促使动作更加熟练和有把握。因此，体操技术教学应当重视培养学生的这种感觉能力。

课堂上还要注意培养学生的观察力。在体操技术教学活动中，除了观察教师示范动作、挂图、教学模型、标志物等之外，学生还要观察同伴的动作。教师应当指导学生学会观察。比如，教师做了正确动作后又做错误动作，让学生观察，而后叫学生对比，让学生明确什么是正确动作，错误动作错在什么地方。

有时教师叫出做了不同类型错误动作的学生，让他们分别做动作，全班同学观察，而后进行分析对比，找出错误的因果关系及改正的方法等，日久天长就提高了学生的观察力，也培养了学生分析问题和解决问题的能力。体操技术教学常用的直观方法有以下几种。

（一）示范

在体操技术教学中，教师做示范动作是很重要的。示范动作应是动作的典范。示范是最生动、最逼真的直观教学，正确优美的动作不仅可以使学生建立起正确的动作表象和概念，还可以引起学生学习动作的渴望心理，激发学生的积极性。因此，教师做示范动作对提高教学效果有重要作用。示范应做到以下几点。

1. 教师做示范动作力求做得规范、正确、轻松和优美，给学生留下深刻印象，使学生看完示范后就产生跃跃欲试之感。因此，教师要不断提高示范动作的质量。

2. 示范动作要有目的性。例如，在新授课中，为了使学生建立完整的动作表象，教师一般可先做一次完整动作示范。随着教学进程的深入，教师可做分解示范或重点示范、慢速示范等，这些示范可以加深对动作细节和技术关键的认识。课将要结束并转入学习新教材之前，为了培养学生的观察力和分析、解决问题的能力，教师要有计划地进行正误对比示范，组织学生观察，进行分析对比，加深对动作的理解，这是提高教学效果不可缺少的环节。

3. 要选择合适的示范位置。示范讲究示范面或示范方向，在竞技体操各项目教学时，通常是学生站在器械两侧，从侧面观察示范动作。所以，竞技体操教学最常用的是侧面示范。

徒手体操、轻器械体操和队列队形练习教学除了常用侧面示范外，还可采用镜面示范、背面示范等。在室外操场上授课时，还要注意环境、阳光和风向。

4. 要选择正确的示范方法。动作示范应准确优美，示范的位置应恰当，示范的方法也要合理。这样，既能给学生建立起正确、完整的动作形象，又能启发和动员学生练习，还能让学生模仿练习。体操教学中常用的示范方法有：(1)正面示范；(2)镜面示范；(3)侧面示范；(4)背面示范；(5)正误对比示范；(6)电视录像示范；(7)教具模型示范。

正确、有效的示范方法，有助于提高示范效果，缩短学生学习动作的过程。例如，显示绕横轴运动的动作路线，一般采用侧面示范；显示成套自由体操的动作连接以及运动方向和路线，可采用背面示范，领做效果更好。

(二)教具模型演示、图解和照片

演示是指利用实验、实验图表把事物发展过程显示出来，使人们有所认识和理解。

教具模型演示是客观事物的再现，用来弥补教师示范之不足。直观教具演示通常应配合教师的讲解，提醒学生注意不易看到的技术细节或关键点，提高教学效果。还可以利用放大的动作挂图、照片或幻灯片进行演示。

利用直观教具演示时，课堂组织要严密，讲解配合要及时，否则容易导致学生精神涣散，达不到预想的效果。

(三)多媒体教学

多媒体教学是现代化教学手段，是一种生动形象的直观教学，丰富了教学方法，其优越性大大超过直观教具。

教师示范动作不能显示出动作细节和关键的地方时，可组织学生观看体操技术电影、录像、电视或进行计算机演示等。教师无法对高难度动作做示范时，也可以利用这些手段。因为电影、录像和电视对动作细节和关键的地方可以放慢速度或定格放映，让学生仔细观察动作，加深对动作的理解，减少学习困难，帮助他们加速掌握动作。

观看体操技术电影、录像、电视能引起学生极大的兴趣和求知欲，因为电影、录像、电视是优秀运动员高超技术的再现，可以使学生开阔眼界、增长知识。为此，有计划、有组织地让学生观看体操技术电影、录像、电视是很有必要的。

(四)标志物

体操技术教学中常使用标志物，它起着定向作用。教师通过标志物给学生指出动作方向和高度，使学生的动作路线延长、动作幅度加大。标志物能引起学生的兴趣，激发练习动作的积极性，起到加速掌握动作和提高动作质量的作用。采用标志物应当是在学生能够独立完成动作的时候，过早是不利的。

(五)助力和阻力

助力和阻力是学生借助外力的帮助和对抗力的阻碍来完成动作。学生通过自身触觉、肌肉本体感觉直接体会用力的时机和大小，辨别空间方位，掌握动作要领。

教师通过助力和阻力帮助学生完成动作，既有消除学生害怕心理的作用，又会增加学生完成动作的信心和勇气。助力和阻力是帮助学生完成动作的有效方法。

教师给予学生助力和阻力要看准时机，用力大小、手法和步法都要紧密配合，其中任何一个环节运用不到位，都会影响学生完成动作。因此，每一位教师都必须具备这种技能和本领，否则就会影响教学效果。但是，教师的帮助应适可而止，否则学生容易养成依赖心理。助力和阻力通常是徒手的，也可以利用保护带、吊带。

(六)信息直观

体操教学的一切活动都存在着信息的交换。在技术课上，为了使学生顺利地完成动作，教师一般采用信息输出，学生通过听觉输入而获得各种信息。例如，教师用语言的指示、提示或击掌来指导和控制动作的速度、用力时机、方向和动作幅度，纠正动作错误，改进动作技术，提高动作质量等。

三、完整法与分解法

完整法是指对单个动作或成套动作完整地进行教授，从动作开始直到动作结束，不分部分或段落完整地教。这样不会破坏动作的结构和动作连接技术，能够让学生建立起完整的动作概念。

分解法可用于单个复杂动作，也可用于联合或成套动作教学。但是，将单个复杂动作分解来教，最后还是要应用完整法来教。对成套动作用分解法来教时，要先教会单个动作，然后教联合动作，直到教成套动作为止。教成套动作采用分解法，容易使单个动作之间脱节，导致连接技术遭到破坏，因此最后还必须用完整法来教。

在技术教学实践中，完整法与分解法通常是紧密配合、交叉使用的。具体先采用哪个方法，视学生情况和具体动作而定。运用这两个教学法，应注意以下两点：

一是在用完整法教难度较大的单个动作时，若该动作不能分开，那么教师就应先采用诱导性练习或辅助练习，为教这个动作打下基础，然后再教这个动作，这样有利于学生掌握。

二是当单个动作能分开教时，教师可采用分解法，但分解教学的时间不宜过长，否则会影响学生掌握完整动作。当动作不能分开教时，教师不可硬性分开教。

四、练习法

练习法是有目的、有计划地多次重复练习单个动作、联合动作和成套动作的方法。

练习法要求学生亲自进行实际操练，通过本体感觉、切身实践逐步掌握动作，所以练习法是学会、巩固和提高动作的重要方法。体操技术教学要突出一个"练"字，俗语说"熟能生巧"，就是这个道理。练习动作要防止蛮练，一定要遵照动作要领去练。每次课练习的时间、次数和运动量要根据学生实际情况而定，做到合理、恰到好处。

练要做到"练、看、想"三结合，一要扎扎实实地练动作，要巧练，不可蛮练；二要观察同伴动作；三要在练前和练后思索动作要领，不管是成功还是失败都要想想为什么，做到强化成功的体会、抵消失败阴影的干扰，与同伴交流体会、取长补短，这样才会大大加快掌握动作的进程。练习法是多种多样的，现将常用的练习法介绍如下。

（一）重复练习法

重复练习法通常是指不改变动作的结构，按动作要领反复进行练习的方法。应用重复练习法时要防止错误动作的重复，教师一旦发现错误应立即纠正，或者暂停练习，一定时间之后再练该动作。这样有利于掌握动作，因为错误动作一旦形成就很难改正。

重复练习又分连续重复练习和间歇重复练习，体操技术教学通常是二者结合运用，其收效较大。安排重复练习时，每个练习组应保持适当人数，一般是5～7人为一组，人数过少或过多都会影响练习的次数和效果。

（二）变换练习法

变换练习法是指在改变作业条件下进行反复练习。只有在学生能独立完成动作的情况下，为了巩固或提高动作才采用。可以升高或降低器械进行练习，或改变练习场地，或调整项目轮换顺序，或做测验性练习和评定成绩练习等。这些方法对提高动作技术水平有促进作用。

（三）测验法

测验法是检查教学质量的一种有效方法，通常是在期末考试前采用。通过测验，学生可以知道自己做动作的正确程度、自己的成绩以及今后努力方向等，教师也能进一步掌握学生的学习情况，达到改进教学、提高质量的目的。

在总复习阶段，教师除了采用测验法外，还可采用选择项目练习法，即将各考试项目器械全部布置好，学生可根据自己掌握各项目动作的情况自由结合成组，选择练习项目。其优点是学生可以摆脱教师的控制，充分发挥自学能力，弥补或加强自己较弱项目的练习，有利于全面提高动作质量。此时，教师的任务是有目的地观察或指导各组练习，对水平较高的组提出更高的要求，对水平较低的组可进行帮助、指导，使他们达到基本要求。

体操技术教学实践表明，无论是新授课、复习课还是提高课，教学任务都不是用单一的教学方法就能完成的，往往需要把几个单一的教学方法合理地组合起来，综合运用。实际上，这种方法可称为综合教学法。综合教学法在全国各体育院系的体操技术教学中已得到广泛应用。

综合教学法不是一成不变的，它是根据不同类型的课对几个单一的教学方法进行重新组合。也就是说，不存在用固定的一种综合教学法去教不同类型的课。为了保证最佳教学效果，教师必须在各种单一的教学方法的基础上广泛采用综合教学法。

为了提高教学质量、实现最佳教学效果、保质保量地培养合格的体育人才，还应做到以下几点：

首先，教师要准确地评价学生在身体素质、技术水平、心理品质和智力上的潜在差异，这是贯彻体操教学课程标准和纲要、培养体育人才的依据。

其次，教师要不断地提高政治思想水平和业务能力，钻研教材教法，把新知识、新技术更好地传授给学生，重视培养学生的能力，如实际操作能力、语言表达能力、组织教学训练能力、组织竞赛和裁判能力、科学研究能力等。

最后，学校应在现有的基础上逐步改善教学设施、更新教学手段、实现教学现代化，以适应现代体操教学的需求。

第三节　体操教学课的组织与实施

一、体操教学课的组织

体操教学课的组织是保证课堂教学正常进行的必要手段。教师通过不同的组织，使学生在课前集中注意力、课中不断思考练习、课后认真复习，以达到教学组织有序、技能学习快速高效的目的，并培养学生良好的学习习惯，避免意外事故的发生。体操教学课的组织应注意以下事项。

（一）场地、器械的布置

因体操教学课自身的特殊性，在教学过程中场地、器械的布置应合理、规范，遵循以下原则。

1. 有利于教学过程的进行

体操是一个技术性强、体能素质要求高的项目，体操教学课中技术的传授占很大的比例。场地、器械的布置要有利于教学过程的进行，便于教学中的讲解、示范、组织练习，便于教师观察学生练习的进度和掌握技能的程度，便于教师及时纠正和学生互相观摩。场地、器械的布置要相对集中，避免转场过多浪费时间、影响教学。

2. 有利于控制练习的密度与运动量

在教学过程中，除了基本体操外，大部分体操项目是个人练习，在做动作时学生依次进行，一个器械仅容许一人练习。这时需要充分利用其他场地，采用分组练习的方式，合理地控制好练习的密度和运动量。场地、器械的布置与运动量有着直接的关联，因此必须根据课中所需达到的运动量去布置。

3. 有利于消除安全隐患

授课前应检查场地、器械是否完好，使用的垫子的厚度和软硬度是否达标，所用器械是否可调节和便于固定，授课过程中使用的辅助器材是否恰当，课后使用的放松器材是否干净卫生等。此外，室内的通风和采光条件也应达到标准。

（二）练习的组织形式

根据教学的内容及任务，通常可采用以下组织形式。

1. 不同内容同时练习

将全班学生按内容分组同时练习，如队列队形、基本体操、器械体操分组同时练习。

2. 分组分内容同时练习

器械体操、技巧运动、跳跃等可以采用此种组织形式来练习，如用几个山羊分几组同时练习。这种组织形式比较理想，便于科学地安排教材内容，但需要有足够的场地和器材。

3. 分组轮换

分组轮换是组织教学的重要形式。体操动作需要不断地重复练习才能掌握，但是过长时间练习一个内容容易疲劳，分组轮换能够很好地消除疲劳，使大脑和身体得以恢复。在轮换的过程中可以根据内容灵活安排，既可以采取上肢、腰腹和下肢为主导交替进行，也可以根据体操动作实行单个动作与成套动作交替进行。分组轮换时可以采取等时轮换，即各组练习时间相同，这通常用于教学任务和教材分量相差不大的情况；也可以采取不等时轮换，即某一组的教学突出重点、难点的学习，安排时间可稍长一些，对于内容相对简单、易掌握的，则可以采取短时间轮换。

分组轮换应在教学前提出，教师可以统一指挥调动，也可以指定体育委员或各小组组长来实施。轮换的过程应有序进行，不得随意散漫、自由行动。

(三)队伍的调动

课堂教学中，还要根据教学活动的进行合理地调动队伍。队伍的调动是教学活动中采用的衔接手段，其内容包括由队列队形过渡到操练队形，由一个器械到下一个器械的转换，还有指挥位置的变换等。合理的队伍调动有利于教学内容的高效传授，能保证队伍秩序井然，做到整齐划一。

以下是体操教学中一般采用的队列队形。

(1)队列队形练习：通常是班横队或班纵队。

(2)基本体操、艺术体操(团体)：多为前后对正左右标齐的数列横队，并保持一定的间隔和距离。

(3)器械体操：一般可以由两列或数列横队排于器械的侧面或正前方。

(4)技巧运动：教师示范时，学生可排在垫子的两侧；学生练习时，可在垫子的一侧排成纵队或横队。

(5)支撑跳跃：示范或观摩时，队伍位于跳马的侧面；练习时，队伍列于起跑点，依次练习。

注意：在整个队伍调动中，应做到声音洪亮，口令清晰准确。

(四)体育骨干的使用

体育骨干俗称小教员，通常是班里掌握技能最快的学生，具备一定的管理和协调能力，在班里起到上传下达的作用，是教师的小助手、同学中的领头羊，也是上好体操教学课不可或缺的重要成员。

在体操教学课中，体育骨干有其特殊的作用。他们能协助教师组织好学生练习、进行保护与帮助，并能组织同学布置场地、器械，甚至能代替教师示范、协助教师搞好教学管理，因而是体操教学课上不可缺少的一支中坚力量。

要想让体育骨干发挥作用，教师必须在课前将体育骨干组织起来，先教会他们课上要学习的体操动作，演示保护与帮助的方法，让他们进行实际操练，指出练习中可能产生的问题及解决的方法。这样才能达到预期效果，保证课的正常进行，发挥体育骨干的作用。

二、体操教学课的实施

体操教学课的实施是指根据教学内容和任务完成教与学的过程，实施中应注意以下几点。

(一)加强思想教育

教师在进行正式授课前，应该进行常规性的思想教育，让学生从思想上高度重视学习的重要性，以鼓励的手段使学生产生学习的内在动力、树立正确的学习动机、克服学习过程中的重重困难并坚定信心。教师还要通过多种多样的教学内容及手段丰富课堂教学。体操练习往往会引起肌肉酸痛等不适，加上某些练习有一定危险性，这些都会影响学习动机，因而在课中应该采取多种方法。

1. 丰富课的内容，采用多种教学方法。丰富的内容能让学生产生愉快的情绪体验，引起新的探究活动，唤起学习动机。相反，单调的教学内容及方法容易使学生感到乏味、情绪低落，甚至厌烦。因此，教师在授课时可以通过改变练习的开始姿势、练习的结束姿势、动作的连接、动作的节奏和速度、练习的组织形式等，唤起练习的兴趣和动力。

2. 依据学生的能力和水平恰当地确定课的任务。体操动作并不是教师示范后学生马上就能独立完成的，而是要经过多次课的练习。教师应该根据学生的实际水平，有步骤地安排每次课所能完成的任务，使学生树立完成动作的信心，提高练习的积极性和主动性。

3. 启发学生的思维，激发学生的求知欲。教师不仅应告诉学生动作怎么做，而且要说明动作的原理。体操动作技术多样，有的还比较复杂，各类动作具有特殊的规律性。教师只有进行启发，才能引起学生的思维活动，让学生掌握规律、举一反三，促进动机的形成。

4. 及时实施美育。体操展示的是常人所不能完成的动作，教师应通过不断练习激起学生追求美的意愿和表现美、欣赏美的能力。

(二)运动负荷的安排与调节

课的运动负荷影响着课的效果，体操教学课运动负荷的调节有着与其他项目不同的特点。

1. 决定体操教学课运动负荷的因素

(1)练习的难度，即练习的难易程度。动作技术的复杂程度、对身体素质水平的要求以及练习时的心理负荷是决定练习的难度的主要方面。

(2)练习的次数，即完成动作的数量。即使练习的总数相同，如果试做次数和每次试做的动作数量不同，那么运动负荷也是不同的。

(3)练习的间隙，主要指每次练习后的休息时间。休息时间短则负荷相对大，休息时间长则负荷相对小。

(4)练习的质量，指练习所应达到的技术标准，如幅度、速度、力量、方向、路线、时间、节奏等方面的要求。

(5)练习的总时间，即上课时用于练习的总时间。

2. 调节体操教学课运动负荷的方法

根据上述因素，调节体操教学课运动负荷的方法有：

(1)改变练习的某些技术要素，如开始姿势、结束姿势、方向或连接，以改变练习的难度。

(2)增加或减少单杠、双杠、垫子及其他练习器材的数量，以增加或减少试做的次数。

(3)改变每次试做或上器械的次数，即一次上器械的连续做动作的数量或每组练习的数量。

(4)在试做间隙增加其他练习内容，以增大运动负荷。例如，做完单杠屈伸上，在地上加做一组腹肌练习。

(5)将动作编成小组合或成套进行练习。

(6)对动作提出特殊的质量要求，如对腾空的高度、远度的要求等。

(7)利用外力改变练习的负荷，如在做动作时施加助力或利用沙袋等做轻负重练习等。

(三)德育、美育的实施

体操教学课作为学校体育的一个部分，是全面贯彻教育方针的重要环节。在体操教学课上，教师除了让学生学习、掌握动作技术及有关知识，发展智力和身体能力外，还应不失时机地实施德育和美育。

1. 德育的实施

德育的目的是向学生进行共产主义道德教育，培养学生具有远大的理想、良好的品质和道德规范。教师在体操教学课中应特别强调下列方面的教育：

(1)通过队列队形练习和课堂常规教育，培养学生良好的组织纪律性。

(2)通过全班集体练习基本体操、健美体操，以及练习器械体操、技巧运动、跳跃时的相互保护、帮助和技术上的指点，进行集体主义观念教育，培养学生的集体主义精神和团结友爱、互相帮助等良好品德。

(3)通过练习，培养学生正确的学习动机，以及勇敢顽强、吃苦耐劳的意志品质。体操教学课除了有其他各项目共有的困难外，还有一些特殊的问题，如练习单、双杠可能磨破手皮，柔韧性练习会引起关节、肌肉、韧带的疼痛。在课上要注意这些问题，使学生具备良好的意志品质。

2. 美育的实施

美育是培养合格人才不可缺少的方面。体操是一个健与美相结合的运动项目，表演性强，特别讲究动作的质量和优美感，许多内容还可用音乐伴奏。所以，体操教学是向学生实施美育的较好途径。

在体操教学课中实施美育的主要目的是培养学生正确的审美观点，有意识地发展学生感受美、表达美和欣赏美的能力。

教师在体操教学课中实施美育的主要内容和方法包括：

(1)通过有计划、有针对性的身体发展练习和基本体操、队列队形练习，促进学生身体的正常、协调发展，使学生具有匀称的体形和优美的体态。

(2)学生在做练习时，应按动作技术的要求，力求高质量完成，特别是在动作的节奏、幅度、速度、方向和身体姿势上尽善尽美。例如，技巧的空翻动作力求做得高、飘，空中姿态优美，以展现动态和静态的动作美。

(3)通过编排基本体操、自由体操、艺术体操、小型团体操等，在动作设计、队形变化、服饰道具及伴奏音乐的选择等方面培养学生欣赏美、创造美的能力。

(4)通过组织表演和竞赛，给学生创造、表现、欣赏美的机会，提高学生的审美能力。

(5)利用各种机会将美育和德育结合起来，不仅培养形式上的、外表的美，而且培养内心的美即心灵美，以达到内心和外表的美的统一。

(四)课中人际关系的协调

融洽的人际关系、良好的课堂气氛是教学过程正常进行的必要条件。

根据科学家的研究，上课时的人际交往有着多种形式，而教师为相互交往的中心并促进所有成员双向交往的形式效果最佳。良好的课堂气氛应为"自然、和谐、欢乐、向上"。体操课应从这些共同要求出发，根据专项的特点调节人际关系，建立良好的课堂气氛。这有赖于师生双方的努力，但其中教师起着主动的作用。

为了达到这个目的，教师应注意以下几个方面。

1. 师生要有共同的目标和追求。个体和群体的目标要统一，以创造上好体操课的共同思想基础。为此，教师应采用各种方式说明上体操课的目的、任务及作用，启发和引导学生为完成课的任务而积极努力地学习，同时加强自身责任感，认真上好课，处处成为学生的表率。

2. 重视课内练习时的相互观摩、保护与帮助。相互观摩、保护与帮助是加强人际交往的重要手段，也是影响人际关系和课堂气氛的重要因素。教师不仅应教会学生正确地运用这些手段，更重要的是教育、引导学生形成集体主义观念，培养学生助人为乐、团结友爱的良好品质。只有这样，才能建立起良好的人际关系。

3. 要充分利用体操内容丰富、形式多样的特点，选择新颖的教法，以调动学生的积极性、调节学生的情绪、活跃课内的气氛。

4. 要注意处理好遵守纪律、严格要求与生动活泼、发展个性的关系，既要有必要的组织纪律和基本要求，又不可过于严肃、沉闷。教师要努力把体操教学课上得生动活泼、蓬勃向上。

5. 以表扬为主，力求激发学生的进取动机，对学生的正当要求和愿望应给予满足和支持，与课的任务不相一致的则要因势利导，切忌强制、压服。

思考与练习

1. 简述体操课的类型与结构的概念。

2. 常用的体操教学方法有哪些？请举例说明。

3. 体操教学课的组织与实施有哪些注意事项？

第七章
队列队形练习

查看视频

内容提要

本章着重介绍队列队形练习的内容、分类、动作要领及教法与要求。其中队列队形的练习内容以表格列出，同时对动作要领进行了重点阐述，以便快速理解和掌握队列队形练习的要领。

教学目标

1. 了解队列队形练习的意义和作用。
2. 掌握队列队形练习的内容和基本术语。
3. 熟练运用队列队形。

第一节　队列队形练习的意义、作用和内容

一、队列队形练习的意义和作用

队列队形练习是学校体育教学的组成部分，也是部队、民兵军事训练及大型体操表演的重要内容，同时还是体育教师必须掌握的一项基本功。队列队形练习能够促进学生身体

的正常发育，使学生形成正确的身体姿势；能够培养学生严格的组织性、纪律性和集体主义精神，以及"团结、紧张、严肃、活泼"的优良作风。在体育教学中运用队列队形练习，不仅能够快速有效地调动队伍，节约课堂组织的时间，增加课堂练习的密度，还能够培养学生的纪律性，有效地集中学生的注意力。教师运用集合队列和立正、稍息、向右看齐等队列口令后，学生的注意力能够更快速地集中到课堂之上；对每个队列动作的规范掌握都需要成百上千乃至成千上万次的练习，因而能够培养学生吃苦耐劳的品质。此外，熟练掌握队列队形还有助于完成教学任务，提高教学质量。

二、队列队形练习的内容

(一)队列练习的内容

队列练习是指全体学生做协同一致的动作，并严格按照《中国人民解放军队列条令》进行的操练。队列练习可以分为原地队列动作和行进间队列动作两大动作，在体育教学中运用广泛，几乎每节课都有使用。原地队列动作主要用于集合、整队，而行进间队列动作主要用于教学组织过程。无论是原地队列动作还是行进间队列动作，都是为体育教学服务，使学生更快进入课堂、更便捷地完成教学任务，是实现教学目标的重要手段。队列练习的内容如表 7-1-1 所示。

表 7-1-1　队列练习的内容

队列练习	原地队列动作	常规动作	立正、稍息、看齐、报数、集合、解散
		转法	向左转、向右转、向后转、半面向右(左)转
		队列变换	一列横队变二列横队及还原
			一路纵队变二路纵队及还原
			一列横队变三列横队及还原
			二列横队变三列横队及还原
			一列横队变二路纵队及还原
	行进间队列动作	步法及其互换	齐步、正步、跑步、踏步、立定
			齐步与正步、齐步与跑步互换
		转法	齐步、跑步向右(左)转
			齐步、跑步向后转
		转弯	横队右(左)转弯走和横队右(左)后转弯走
			纵队右(左)转弯走和纵队右(左)后转弯走

(二)队形练习的内容

队形练习是指在队列练习的基础上所做的各种队形和图形的变化。队形练习可分为图形行进、队形变换、散开与靠拢。队形变化在各类活动中常有出现，例如，常见的各级别体育赛事开场队形变化的表演，给观众带来赏心悦目的视觉盛宴，并且比赛层次越高，队形编排就越复杂，参与人数也越多。在体育教学中，课堂的教学组织也需要队形，例如，教师在讲授技术动作时，队形采用圆形，教师在中间示范，学生则围成一个圆圈，采用这种队形可以便于学生观察。作为一名体育教师，熟练掌握各种队形对于体育教学与课余体育训练具有重要作用。队形练习的内容如表 7-1-2 所示。

表 7-1-2　队形练习的内容

队形练习	图形行进	直线	绕场行进；错肩行进
		斜线	对角线行进；交叉行进；三角形行进
		曲线	蛇形行进；螺旋形行进
	队形变换	分队走、合队走、裂队走、并队走	
		一路纵队变多路纵队及还原	
	散开与靠拢	间距	要求间距、间隔的各种散开与靠拢
		梯形	梯形散开与靠拢
		弧形	弧形散开与靠拢

第二节　队列队形练习的基本术语

一、队列队形术语

1. 列：左右并列成一排为列。一般从右到左按高矮顺序排列。

2. 路：前后排列成一行为路。一般从前到后按高矮顺序排列。

3. 横队：由"列"组成的队形称横队。一般横队的宽度大于纵深。

4. 纵队：由"路"组成的队形称纵队。一般纵队的纵深大于宽度。

5. 间隔：相邻者左右之间的间隙叫间隔。一般为一拳（约 10 厘米），队队之间约为两步。

6. 距离：相邻者前后之间的间隙叫距离。一般为一臂（约 75 厘米），队队之间约为两步。

7. 排头：位于纵队之首或横队右翼者为排头。

8. 排尾：位于纵队最后或横队左翼者为排尾。

9. 基准：被指定作为看齐目标者称基准。被指定作为基准者应举手示意（除排头排尾外）。

10. 翼：队列左右两端叫翼。左端为左翼，右端为右翼。

11. 伍：成二列或数列横队时，前后重叠者称为伍。各伍人数相等时叫满伍，人数少于列数时叫缺伍。

12. 步幅：一步的长度（前后脚脚跟的距离）叫步幅。

13. 步速：每分钟所走的步数叫步速。

14. 步度：步速和步幅合称为步度。

15. 口令：在队列队形练习中，指挥者所发出的操练指令叫口令。

二、队列队形术语提示

队列练习是按照一定的队形做协调一致的动作，队形练习是在队列的基础上做各种队形和图形的变化，两者往往是不可分割的。因此，队列术语与队形术语也是密不可分的。在队列队形练习中，指挥者是否能选择适当的词句来向练习者讲解，在一定程度上取决于指挥者对于队列队形练习的名称、术语是否掌握和能否熟练运用。同样，练习者对指挥者的意图的领会程度，也要由练习者对指挥者所运用的名称、术语的理解程度来决定。如果练习者对于队列队形练习的基本名称、术语都能理解，而且动作都很熟练，那么队列队形练习就能更加顺利地进行。

第三节　队列队形练习的动作要领及教法与要求

一、队列练习

（一）原地队列动作（常规动作）

1. 立正

口令："立正！"

要领：两脚跟靠拢并齐，两脚尖向外分开约 60°；两腿挺直；小腹微收，自然挺胸；上体正直，微向前倾；两肩要平，稍向后张；两臂下垂自然伸直，手指并拢自然微屈，拇指尖贴于食指第二节，中指贴于裤缝；头要正，颈要直，口要闭，下颌微收，两眼向前平视。

2. 稍息

口令："稍息!"

要领：左脚顺脚尖方向伸出约全脚的三分之二，两腿自然伸直，上体保持立正姿势，身体重心大部分落于右脚（稍息过久，可自行换脚：先收回左脚，再出右脚）。学校体育课中常用两脚左右开立的稍息方式。

3. 看齐

口令："向右（左）看——齐!"

要领：基准学生不动，其他学生向右（左）转头，眼睛看右（左）邻学生腮部，前四名能通视基准学生，自第五名起，以能通视到本人以右（左）第三人为度。后列人员先向前对正，后向右（左）看齐。看齐时，要以碎步调整，至对正、看齐后不动。学生左右间隔为 10 厘米。

4. 报数

口令："报数!"

要领：横队从右至左（纵队由前向后）依次以短促洪亮的声音转头（纵队向左转头）报数，最后一名学生不转头。数列横队时，后列最后一名报"满伍"或"缺×名"。指挥员如对报数有特殊要求，应事先说明，如"1 至 3 报数"或"1、3、5 报数"等，学生即按要求及上述要领实施。

5. 集合

（1）横队集合

口令："成×列横队——集合!"

要领：指挥员应先发出"全体注意"的预告或信号，然后站在预定队形的中央前，面向预定队形成立正姿势，下达"成×列横队——集合"的口令。学生听到预告或信号，原地面向指挥员成立正姿势；听到口令，迅速跑向集合地点（在指挥员后侧的学生，应从指挥员后侧绕过）。基准学生站在指挥员左前方适当位置成立正姿势；其他学生按顺序依次向左排列，站成要求队形，自行对正、看齐，成立正姿势。（图 7-3-1）

（2）纵队集合

口令："成×路纵队——集合!"

要领：同横队集合方法，基准学生要站在指挥员前方（多路纵队时在右前方）适当位置，成立正姿势；其他学生依次向后排列，自行对正、看齐，成立正姿势。（图 7-3-2）

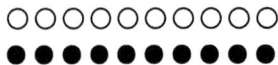

图 7-3-1 横队集合   图 7-3-2 纵队集合

6. 解散

口令："解散!"

要领：听到口令后，队列人员迅速离开原队列位置。

(二)原地转法

1. 向右(左)转

口令："向右(左)——转!"

要领：以右(左)脚跟为轴，右(左)脚跟和左(右)脚掌前部同时用力，使身体和脚协调一致向右(左)转90°，身体重心落在右(左)脚，左(右)脚取捷径迅速靠拢右(左)脚，成立正姿势。转动和靠脚时，两腿挺直，上体保持立正姿势。

2. 向后转

口令："向后——转!"

要领：按向右转的要领向后转180°。

3. 半面向右(左)转

口令："半面向右(左)——转!"

要领：按向右(左)转的要领转45°。

(三)原地队列变换

1. 一列横队变二列横队及还原

口令："成二列横队——走!"

要领：变换前，先报数。听到口令，双数学生左脚向后退一步，右脚向右跨一步，左脚向右脚靠拢，站到单数学生之后，自行对正、看齐。在学校体育课教学中，一列变二列常用两拍完成。

还原口令："成一列横队——走!"

要领：听到口令，双数(后列)学生左脚向左跨一步，右脚向前上一步，左脚向右脚靠拢，站到单数学生左侧，自行对正、看齐。在学校体育课教学中，还原动作常用两拍完成。

2. 一路纵队变二路纵队及还原

口令："成二路纵队——走!"

要领：变换前，先报数。听到口令，双数学生右脚向右跨一步，左脚向前上一步，右脚向左脚靠拢，站到单数学生右侧，自行对正、看齐。在学校体育课教学中，一路变二路常用两拍完成。

还原口令："成一路纵队——走!"

要领：听到口令，双数学生左脚向左后方退一步，右脚向左脚靠拢，站到单数学生之后，自行对正、看齐。在学校体育课教学中，还原动作常用两拍完成。

3. 一列横队变三列横队及还原

口令："成三列横队——走!"

要领：变换前，先1至3报数。听到口令，2数学生不动；1数学生左脚向左前方上一大步，右脚向左脚靠拢，站到2数学生之前；3数学生右脚向右后方退一大步，左脚向右脚靠拢，站到2数学生之后。自行对正、看齐。(图7-3-3)

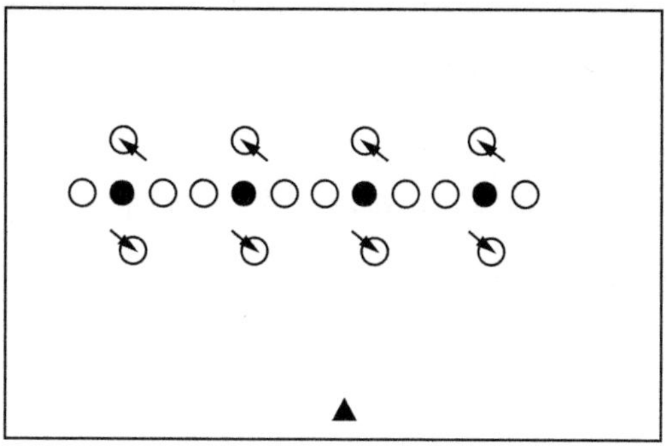

图7-3-3 一列横队变三列横队

还原口令："成一列横队——走!"

要领：听到口令，2数学生不动；1数学生右脚向右后方退一大步，左脚向右脚靠拢，站到2数学生右侧；3数学生左脚向左前方上一大步，右脚向左脚靠拢，站到2数学生左侧。自行对正、看齐。

4. 二列横队变三列横队及还原

口令："成三列横队——走!"

要领：变换前，先1至3报数，然后第一列向前1步，取好距离。听到口令，1、3数学生不动。前列2数学生右脚向右后方退一大步，左脚向右脚靠拢，站到两列1数学生之

间；后列 2 数学生左脚向左前方上一大步，右脚向左脚靠拢，站到两列 3 数学生之间。自行对正、看齐。（图7-3-4）

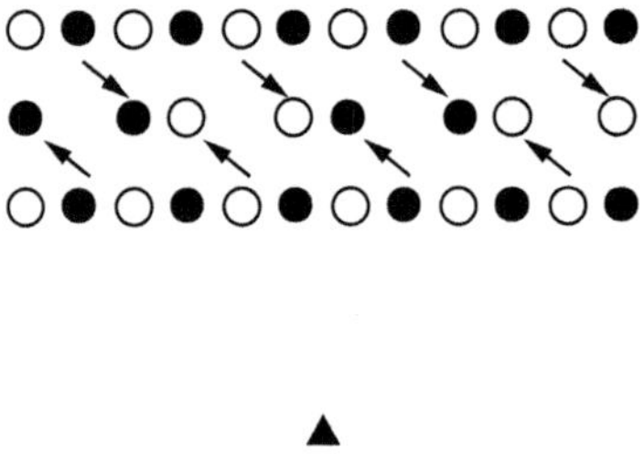

▲

图 7-3-4 二列横队变三列横队

还原口令："成二列横队——走！"

要领：听到口令，第一、三列学生不动。第二列单数学生左脚向左前方上一大步，右脚向左脚靠拢，站到第一列学生左侧；双数学生右脚向右后方退一大步，左脚向右脚靠拢，站到第三列学生右侧。自行对正、看齐。

5. 一列横队变二路纵队及还原

口令："向右成二路纵队——走！"

要领：变换前，先报数。听到口令，全体学生向右转，接着单数学生不动，双数学生按一路纵队变二路纵队的两拍法要领实施。

还原口令："向左成一列横队——走！"

要领：听到口令，全体学生向左转，接着单数（前列）学生不动，双数（后列）学生按二列横队变一列横队的两拍法要领实施。

二、行进间队列动作

（一）各种步法及其互换和立定

1. 齐步

口令："齐步——走！"

要领：左脚向正前方迈出约 75 厘米着地，身体重心前移，右脚照此法动作；上体正直，微向前倾，手指轻轻握拢，拇指贴于食指第二节。两臂前后自然摆动，向前摆臂时，肘部弯曲，小臂自然向里合，手心向内稍向下，拇指根部对正衣扣线，并与最下方衣扣同高，离身体约 25 厘米；向后摆臂时，手臂自然伸直，手腕前侧距裤缝线约 30 厘米。行进速度 116～122 步/分钟。

2. 正步

口令："正步——走！"

要领：左脚向正前方踢出约75厘米，腿要绷直，脚尖下压，脚掌与地面平行，离地面约25厘米，适当用力使脚掌着地，同时身体重心前移，右脚照此法动作；上体正直，微向前倾；手指轻轻握拢，拇指贴于食指第二节。向前摆臂时，肘部弯曲，小臂略成水平，手心向内稍向下，手腕下沿摆到高于最下方衣扣约10厘米处，离身体约10厘米；向后摆臂时，手腕前侧距裤缝线约30厘米。行进速度110～116步/分钟。

3. 跑步

口令："跑步——走！"

要领：听到预令，两手迅速握拳（四指蜷握，拇指贴于食指第一节和中指第二节），提到腰际，约与腰带同高，拳心向内，肘部稍向里合。听到动令，上体微向前倾，两腿微弯，同时左脚利用右脚掌的蹬力跃出约85厘米，前脚掌先着地，身体重心前移，右脚照此法动作。两臂前后自然摆动，向前摆臂时，大臂略直，肘部贴于腰际，小臂略平，稍向里合，两拳内侧各距衣扣线约10厘米；向后摆臂时，拳贴于腰际。行进速度170～180步/分钟。

4. 踏步

停止间口令："踏步——走！"

行进间口令："踏步！"

要领：两脚在原地上下起落（抬起时，脚尖自然下垂，离地面15厘米；落下时，前脚掌先着地），上体保持正直，两臂按齐步或跑步摆臂的要领摆动。踏步时，听到"前进"的口令，继续踏两步，再换齐步或跑步行进。

向前或后退口令："向前×步——走"或"后退×步——走"。

要领：向前移步时，应按单数步要领进行（双数步变为单数走）。向前一步时，用正步，不摆臂；向前三步、五步时，按照齐步走的要领进行。向后退时，从左脚开始，每退一步，靠脚一次，不摆臂，退到指定步数停止。

5. 立定

口令："立——定！"

要领：齐步和正步时，听到口令，左脚再向前大半步着地，两腿挺直，右脚取捷径迅速靠拢左脚，成立正姿势。跑步时，听到口令，继续跑两步，然后左脚向前大半步（两拳收于腰际，停止摆动）着地，右脚取捷径靠拢左脚，同时将手放下，成立正姿势。踏步时，听到口令，左脚踏一步，右脚靠拢左脚，同时将手放下，成立正姿势。跑步的踏步，听到口令，继续踏两步，再按上述要领进行。

（二）行进间转法

1. 齐步、跑步向右（左）转

口令："向右（左）转——走！"

要领：动令落在右(左)脚。听到口令，左(右)脚向前半步(跑步时，继续跑两步，再向前半步)，脚尖向右(左)约45°，身体向右(左)转90°，左(右)脚不转动，同时出右(左)脚按原步法向新方向行进。

2. 齐步、跑步向后转

口令："向后转——走!"

要领：动令落在右脚。听到口令，左脚向右脚前迈出约半步(跑步时，继续跑两步，再向前半步)，脚尖向右约45°，以两脚的前脚掌为轴向后转180°，出左脚按原步法向新方向行进。

转动时，保持行进时的节奏，两臂自然摆动，不得外张；两腿自然挺直，上体保持正直。

三、队形练习

(一)图形行进

1. 直线行进

(1)绕场行进

口令："绕场行进——走!"

要领：排头带领沿场地边线行进，每到一角，自行变换90°。(图7-3-5)

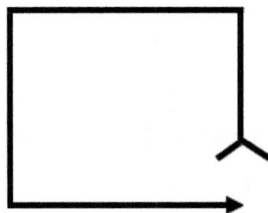

图 7-3-5 直线行进

(2)错肩行进

口令："从左(右)边——走"或"一路隔一路，从左(右)边——走"。

要领：两个一路纵队迎面相遇时，下口令从左(右)边走，听到口令，各路均从左(右)边行进，彼此互错右(左)后。(图7-3-6)间隔为一步的多路纵队迎面相遇时，下口令"一路隔一路，从左(右)边——走"，各路错开，从左(右)边行进。(图7-3-7)

图 7-3-6　错肩行进(1)

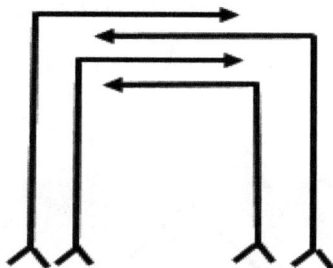

图 7-3-7　错肩行进(2)

2. 斜线行进

(1)对角线行进

口令:"对角线行进——走!"

要领:排头走近场地一角时发出口令,听到口令,排头自行转弯,面向相对一角行进,其余学生跟进。(图 7-3-8)

(2)交叉行进

口令:"交叉行进——走!"

要领:沿左右边线行进的两路,当排头走近场角时发出口令,听到口令,两路排头向内转弯面向相对一角,各自沿对角线行进,其余学生跟进;行至中点相交时,基准学生在先,依次穿插而过。行至另一场角,听口令行进或停止。(图 7-3-9)

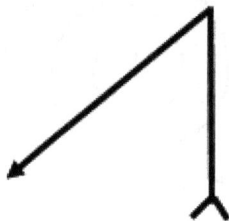

图 7-3-8　对角线行进

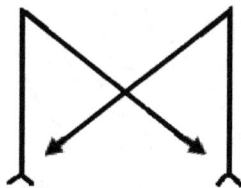

图 7-3-9　交叉行进

(3)三角形行进

口令:"成三角形——走!"

要领:一路纵队绕场行进,当排头走近一场角时,发出口令,听到口令,排头带领向另一边线中点(或标记)行进,到达该中点后再转向另一场角(或标记)行进,形成三角形。(图 7-3-10)

3. 曲线行进

(1)蛇形行进

口令:"成蛇形——走!"

要领：一路纵队行进，听到口令，由排头带领左后转弯走一段，再右后转弯走一段，如此循环往复，直至听到变换口令为止。（图7-3-11）

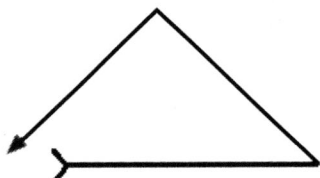

图 7-3-10　三角形行进

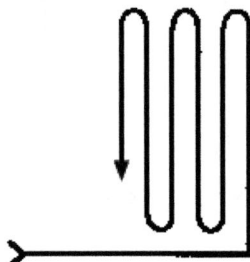

图 7-3-11　蛇形行进

（2）螺旋形行进

开口的螺旋形行进口令："成开口的螺旋形——走！"

要领：一路纵队行进，听到口令，排头带领向左弧形行进，当接近圆形时，即向内螺旋而进，至圆心后，排头自行右后转弯，沿队伍中间空隙相反方向走出来。（图7-3-12）

闭口的螺旋形行进口令："成闭口的螺旋形——走！"

要领：开始动作同开口的螺旋形行进，当排头走至圆心后，听到口令"立——定""向后——转""齐步（跑步）——走"，学生即按口令动作，以排尾为排头走出来。（图7-3-13）

图 7-3-12　开口的螺旋形行进

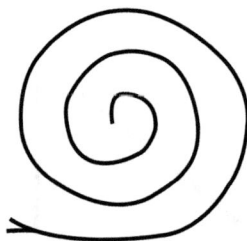

图 7-3-13　闭口的螺旋形行进

（二）队形变换

1. 分、合、裂、并变队

（1）分队走

口令："分队——走！"

要领：一路纵队沿场地中线行进，行至接近场地边线中点时下达口令。听到口令，单数学生左转弯走，双数学生右转弯走，分成两个一路纵队沿左右边线行进。（图7-3-14）

（2）合队走

口令："合队——走！"

要领：两队在某边线中点相遇，听到口令，左路左转弯走、右路右转弯走，并依次插进，合成一队行进。（图7-3-15）

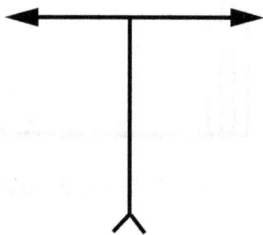

图 7-3-14　分队走　　　　　图 7-3-15　合队走

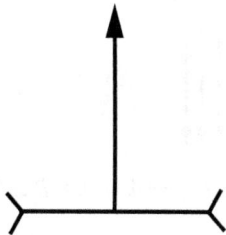

（3）裂队走

口令："裂队——走！"

要领：二路纵队沿场地中线行进，接近边线中点时下达口令。听到口令，左路左转弯走，右路右转弯走，裂开为两个一路纵队左右绕场行进。（图7-3-16）

（4）并队走

口令："并队——走！"

要领：两队在某边线中点相遇，听到口令，左路左转弯走、右路右转弯走，并成一个二路纵队行进。（图7-3-17）

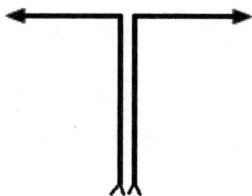

图 7-3-16　裂队走　　　　　图 7-3-17　并队走

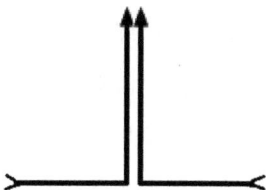

2. 一路纵队变多路纵队

（1）一路纵队变多路纵队

口令："成×路纵队，向左转——走！"

要领：一路纵队行进，听到口令，根据要求的纵队数，前×名学生同时向左转走，后面跟进的学生依次行进至同一地点，按规定路数同时向左转走。（图7-3-18）

（2）多路纵队变一路纵队

口令："成一路纵队，向左转——走！"

要领：听到口令，第一队学生同时向左转走，后面跟进的学生依次行进至同一地点，同时向左转走。（图7-3-19）

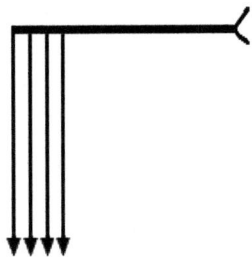

图 7-3-18 一路纵队变多路纵队　　　　图 7-3-19 多路纵队变一路纵队

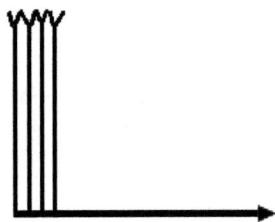

3. 散开与靠拢

以规定间隔、距离的散开与靠拢为例。

左右间隔两臂，前后距离两步散开与靠拢：

散开口令："以×××为基准，间隔两臂，距离两步(移步)——散开!"

要领：基准学生不动，其余学生散开(用跑步或移步)，自行对正、看齐，成立正姿势。

靠拢口令："以×××为基准，向中(左、右)看——齐!"

要领：学生按口令要求迅速看齐，以"向前——看"口令结束。

四、教法与要求

(一)教学重点

队列动作是队列队形练习的重点，个人动作又是集体练习的基础。教师在进行队列队形教学时，应突出重点，以常用的队列动作、行进的各种步法以及原地与行进间的转法为主要内容，严格要求，反复练习。例如，"立正""稍息"的整体要求，行进步法中的步幅、步速、摆臂要求等，均应严格按照《中国人民解放军队列条令》执行，达到动作规范的要求。

(二)口令及其下达

口令是队列队形练习时指挥员下达的口头命令，应做到清晰、准确、悦耳。

根据下达方法的不同，口令可分为短促口令、连续口令、断续口令和复合口令四种。

1. 短促口令：只有动令，发音短促有力，不论几个字，中间不拖音、不停顿，通常按音节(字数)平均分配时间。有时最后一个字稍长，如"立正""稍息""报数"等。

2. 连续口令：特点是分为预令和动令两部分，但预令拖音与动令相连。预令拖音的长短通常是根据人数多少而定，动令短促有力，如"向右看——齐""向后——转""齐步——走"等。在行进间，预令与动令之间的拖音(微歇)应符合行进节奏，如"立——定""向右转——走"。

3. 断续口令：特点是预令和动令之间稍有停顿，如"第×名，出列"。

4. 复合口令：兼有连续口令和断续口令的特点，如"以×××为基准，向中看——齐"。

(三)下达口令的基本要领

1. 发音部位要正确：下达口令用胸音或腹音。胸音(即由胸腔和大气管、胸骨振动产生的共鸣音)多用于下达短促口令，腹音(即由小腹向上提气的丹田音)多用于下达带拖音的口令。

2. 掌握好节奏：下达口令要有节拍，预令、动令和微歇要有明显的节奏，不急不拖，使队列人员能够听得清晰。

3. 注意音阶与音的强弱：除音量要使队列人员听得清晰外，还要注意音阶与音的强弱的变化。一般口令是由低音向高音发展，如"向右看——齐"。

4. 突出主音：对口令中的重点字要吐字清楚，音量适当加大，如"向左——转"要突出"左"字，"向前×步——走"要突出数字。

(四)正确运用教学方法

1. 教学程序：队列队形练习的教学程序，通常包括指出练习的名称，说明口令及其下达的方法，进行示范、讲解，指挥学生操练。

2. 示范与讲解：示范动作要清楚、熟练、准确。一般是先进行完整示范，再做分解示范。对复杂或难度较大的动作，可采用慢速示范、边讲边示范、重复示范等方式。讲解要配合示范，语言简明扼要，重点突出。对某些练习要特别注意讲解时机，如错肩行进时，应在排头走至两队接近时停下来讲解，对角线行进时，应在排头走近场地某一角时停下来讲解。有些练习，教师可站在排头位置带领学生完成，如蛇形行进、螺旋形行进等，在形成某一图案后停下来讲解，更便于学生接受。

3. 操练与纠正错误：操练时，对简单动作可直接进行完整练习，对较复杂的动作可先做分解练习，再做完整练习，如各种转法，可分成两步完成。初学行进间动作时，可先在原地进行分解练习。例如正步走，先在原地做摆臂定位练习(慢速或常规速度)，连续摆臂练习，腿的动作练习，臂、腿配合分解练习，然后做完整练习。操练中发现错误动作，应及时纠正，在多数情况下采用集体纠正的方法，有时也可根据不同情况采用分组纠正或个别纠正的方法。此外，分解练习也可以与完整练习交替使用。

(五)选好指挥位置

教师的指挥位置，原则上应选择全体或大部分学生能看得清楚、方便的位置。

1. 原地队列操练：横队时，要在队形正前中央等腰三角形的位置；纵队时，要在排头与排头呈小三角形的位置。

2. 行进间队列操练：横队时，要在队列的左前方；纵队时，要在队列的左侧中间偏前的位置。

3. 复杂队形变换：指挥较复杂的队形变换时，通常是在排头前方或队伍将要会合的位置。例如，并队走，应在排头将要转向新方向处；裂队走，应在队伍裂开处前方的位置。

4. 队列方向变换：队列方向变换，教师应改变位置，然后再下口令，如横队右转弯齐步走。

(六)合理利用场地

队列队形练习要在一定范围的场地中进行，场地大小应根据人数多少而定。一般来说，一个教学班(50人左右)至少要有相当于一个篮球场大小的场地。为了做图形行进与队形变换的教学，可将场地假定出一定的标记，如线、点、角等。

(七)严格要求学生

执行口令、服从指挥、严格纪律是做好队列队形练习、完成课堂教学任务的保证。因此，教师对学生必须严格要求，调动学生学习的自觉积极性，保证学生认真、规范地完成每一个练习。必须强调的是，教师要成为学生的表率，自身要精神饱满、态度认真，切实注意仪表风度，这样才能圆满、高质量地完成队列队形练习的教学任务。

思考与练习

1. 试述队列队形练习的口令的种类并举例说明。

2. 试述齐步走的动作要领。

3. 试述进行队列队形练习的教学时，讲解时机何时为好。

第八章
徒手体操

查看视频

内容提要

本章主要介绍了徒手体操的特点、作用、常用术语、内容以及创编的原则与方法，其目的是通过练习徒手体操增强练习者的体质，促进身体全面发展，提高身体工作能力。

教学目标

1. 了解徒手体操的特点和作用。
2. 理解徒手体操的术语。
3. 掌握徒手体操创编的原则、方法和内容，并学以致用。

徒手体操是在一定韵律和节奏的节拍下，徒手进行身体各个部位简单、对称或者非对称的动作练习，是体操最基本的内容之一。徒手体操分为单人动作、双人动作和集体动作，是根据人体各部位、各关节等结构特点，将有节奏的屈、伸、举、摆、振、绕、绕环、踢、蹲、转、跳、坐、卧、立、跪等诸多动作，以不同的方向、路线、幅度等，按照一定顺序编排起来，使练习者完成具有一定负荷强度的徒手练习。

第一节　徒手体操的特点和作用

一、徒手体操的特点

徒手体操主要有以下几个方面的特点：（1）形式多样，内容丰富；（2）动作较为简单，易于学习，不受天气、场地或器械条件的限制；（3）不受年龄、性别、健康状况等的限制，易于普及和推广，具有广泛的群众性。

二、徒手体操的作用

徒手体操简单易学，可以在节拍的伴奏下练习，也可以在原地或者行进间练习；可以作为较大运动量的锻炼之前的热身活动，提高关节的灵活性和身体各部位的柔韧性，防止运动伤害的发生，也可以作为专门的锻炼活动。徒手体操还具有较好的塑造健美体形、促进身体素质全面提高等作用，具体表现在以下几个方面。

1. 矫正身体姿态与形态，塑造健美体形，促进身体生长发育。

健美的体形包括健美的形体和良好的姿态。人的体形具有可塑性，徒手体操练习能够培养人体正确的行、走、坐、卧等姿态。规范的徒手体操练习还可矫正身体的不良形态，有利于身体各部位之间的协调，在改善身体机能水平的同时，可使人体骨骼、肌肉、韧带发生适应性变化，促进身体的生长发育，进一步让人体变得匀称、健美。

2. 促进身体素质的全面提高。

一定运动量和运动强度的徒手体操练习，可刺激身体机能状态发生良性改善，可促进身体机能水平的提高，可提升人体在运动中所表现出来的力量、速度、耐力、灵敏度、柔韧性等身体机能与素质。由于徒手体操具有形式多样、内容丰富的特点，因此练习者还可根据各自身体机能与身体素质的特点和不同的锻炼目的创编不同的内容，在全面提高身体素质的基础上，有所侧重地发展某一项或某几项身体素质。

3. 可作为各项运动的辅助性练习，有利于运动技能的掌握和提高。

竞技性运动项目往往伴随着剧烈的运动，运动量和运动强度的持续累积往往伴随着运动损伤的发生。徒手体操往往被用作剧烈运动前的准备活动，以增加关节的活动幅度，提高肌肉和韧带的伸展性和弹性等，在预防运动损伤发生的同时，进一步为运动技能的掌握和提高做好准备。

第二节　徒手体操术语及其结构

一、徒手体操基本术语

1. 立：指人体站立的姿势，如直立、并立、开立、点地立和起踵立等。

(1)直立：与立正相同，但五指伸直。

(2)并立：与直立相同，但两脚并拢。

(3)开立：两脚左右分开同肩宽。其他大开立、小开立、前后开立等应特别指明。

(4)点地立：一脚侧出脚尖点地，重心落在另一腿上的站立，如前、后点地立等。

(5)起踵立：两脚跟提起。

2. 蹲：指两膝并拢同时屈膝的一种姿势。成蹲时，一般指两腿并拢，全脚掌着地。

(1)全蹲：大腿与小腿夹角小于 45°。

(2)半蹲：大腿与小腿夹角约为 90°。

3. 跪：指膝盖与小腿前面着地，两腿并拢，上体与地面垂直。其他(如单膝跪立等)应特别指明。

4. 举：指四肢移动范围不超过 180°而停止在某一部位的动作，如前举、侧举、上举、后举、侧上举、侧下举、前(后)斜上举、前(后)斜下举等。做前举、上举、后举以及中间方向的举时，一般掌心相对；做侧举或侧下举时，一般掌心向下。

5. 振：指臂或躯干做快速用力而又有弹性的摆动动作，如两臂侧举后振。

6. 屈：指关节角度缩小或弯曲的动作，如两臂肩侧屈、上体前屈等。

7. 伸：指关节角度扩展或伸直的动作，如臂上伸、腿前伸等。

8. 摆：指四肢做匀速较放松的挥动并还原的摆动动作。做摆时，应指出极点的方向，如两臂侧摆。

9. 撑：指两手支撑在地上的姿势，如俯撑、仰撑、侧撑、蹲撑、跪撑等。

10. 劈腿：指两腿分开成 180°的一种姿势，如左右劈腿和前后劈腿等。前后劈腿时必须指明哪条腿在前，如右腿在前的前后劈腿。

11. 弓步：指一脚向某方向迈出一大步，膝关节弯曲成 90°左右，另一腿伸直，上体正直，如前弓步、侧弓步、后弓步等。做弓步时，一般为全脚掌着地。

12. 踢：指腿向各方向做加速摆动动作，如腿前踢等。

13. 跳：指脚蹬地使身体腾空的动作。做跳时，一般用双脚，方向朝上。如跳成开立、并立或左腿在前马步等。

14. 坐：指坐在地上或器械上的姿势，如直角坐、跪腿坐(有单腿和双腿之分)。

15. 卧：指人体在地面上躺着或趴着的姿势，如俯卧、仰卧、侧卧。

16. 倾：指身体偏离垂直面又不失去平衡的姿势。

17. 桥：指身体背向地面，手和脚支撑成弓形的姿势。

18. 转：指全身、上体和头绕人体纵轴转动的动作，如上体左转。

19. 出：指一脚迈出一步或半步的动作。向任何方向做出时，一般两脚距离与肩同宽，但半步或脚尖点地等应指出，如左脚前出，右脚尖点地。

20. 压：指四肢或上体做向下加力压的动作，如压肩、压腿等。

21. 绕：指身体某部位做大于 180°且小于 360°的弧形动作。绕的方向由动作的开始姿势与身体的关系而定。做绕时应指明结束姿势，如直立，两臂向内经上绕至侧举。

22. 绕环：指身体某部位做 360°或大于 360°的圆形动作。绕环的方向与绕的要求相同。例如，由直立或两臂上举姿势开始，可做两臂向前、向后绕和绕环，还可做两臂向内、向外绕和绕环；由两臂侧举姿势开始，做两臂向下绕和绕环、向上绕和绕环。

23. 波浪：指身体某部分相邻的关节按顺序做屈伸的动作，如手臂波浪、身体波浪等。

24. 平衡：指以身体某(些)环节支撑地面，保持一定时间的静止姿势，如单脚站立的俯平衡、侧平衡、扳腿平衡等。

二、徒手体操术语的结构

徒手体操术语一般由开始姿势、动作部位、动作方向、动作形式、动作做法和结束姿势六个部分构成。(表 8-2-1)

表 8-2-1 徒手体操术语的结构

动作术语	结构部分与排列顺序					
	开始姿势	动作部位	动作方向	动作形式	动作做法	结束姿势
两臂后绕至前平举	(直立)	两臂	(向)后	(直臂)	绕	前平举

动作术语	结构部分与排列顺序					
	开始姿势	动作部位	动作方向	动作形式	动作做法	结束姿势
跳成开立	（直立）	（两脚）	（向上）	（直体）	跳	开立

注：括号中的内容是可以省略的。

第三节　徒手体操的内容

按照人体的解剖特征和人体做动作时的运动部位，徒手体操的内容可以分为头颈动作、上肢动作、躯干动作、下肢动作和其他动作。徒手体操有单人动作、双人动作和集体动作三种练习形式，其中双人动作分为助力类动作、协同类动作和对抗类动作三类，集体动作分为多人配合同类动作和多人配合不同类动作两类。

一、单人动作

1. 头颈动作

（1）屈：前屈、后屈、侧屈。

（2）转：左转、右转。

（3）绕环：向左绕环、向右绕环。

2. 上肢动作

（1）举：臂前举、后举、上举、下举、侧举、前上举、前下举、侧上举、侧下举、侧后举、前（后）斜上举、前（后）斜下举等。

（2）振：臂上举后振、下举后振、侧举后振、胸前平屈后振等。

（3）摆：臂前摆、后摆、侧摆等。

（4）屈：臂胸前平屈、臂肩侧屈、臂腰侧屈、臂侧屈、臂侧上屈、臂侧下屈、臂侧举前屈等。

（5）伸：臂前伸、后伸、上伸、侧伸。

（6）绕和绕环：臂上举和下举开始做向前、向后、向内、向外的绕和绕环，臂侧举开始做向下、向上的绕和绕环，臂前举开始做向下、向上的绕和绕环，由某部位开始经另一部位的绕和绕环等。

3. 躯干动作

(1)屈：上体前屈、侧屈、后屈。

(2)转：上体向左转、向右转。

(3)振：上体前屈振、侧屈振、后屈振。

(4)倾：上体向前倾、向后倾、向左倾、向右倾。

(5)绕和绕环：上体前屈向左绕和绕环、向右绕和绕环。

4. 下肢动作

(1)举：腿前举、侧举、后举。

(2)踢：腿前踢、侧踢、后踢。

(3)屈：腿前屈、侧屈、后屈。

(4)伸：腿前伸、侧伸、后伸。

(5)蹲：半蹲、全蹲。

(6)跳：单腿跳、双腿跳(分腿跳、并腿跳、团身跳、屈体跳、弓步跳、交叉腿跳等)。

(7)弓步：腿前弓步、侧弓步、后弓步。

(8)绕和绕环：向前(后)绕和绕环、向内(外)绕和绕环。

5. 其他动作

(1)立：直立、前后开立、左右开立、点地立、起踵立、跪立、蹲立等。

(2)撑：俯撑、侧撑、仰撑、坐撑、跪撑、蹲撑、屈体立撑等。

(3)坐：分腿坐、直角坐、盘腿坐、跪腿坐等。

(4)卧：俯卧、仰卧、侧卧。

二、双人动作

双人动作是由两人相互协调配合所做的各种练习。根据两人练习时相互用力的情况，分为以下三种类型。

1. 助力类动作

即一人帮助另一人做动作。如两人相互拉肩、压肩、扳腿、体前屈等动作。（图 8-3-1、图 8-3-2、图 8-3-3）

图 8-3-1　拉肩

图 8-3-2　压肩

图 8-3-3　扳腿

2. 协同类动作

即两人相互协调配合做动作。例如，两人面对面左右开立，两手互扶肩，上体前屈做压肩练习；两人背对背各成弓步，两手相互勾握，做拉肩练习；两人并立，外侧臂上举并互握手，内侧臂下举互握手，同时向外侧做弓步互拉肩和体侧屈练习等。（图 8-3-4、图 8-3-5）

图 8-3-4　协同类动作（1）

图 8-3-5　协同类动作（2）

3. 对抗类动作

即两人相互对抗用力所做的各种练习。例如，两人面对面各成弓步，双手依次互推练习；两人面对面各成右（左）前弓步，左（右）手叉腰，右（左）手相互勾握，做互相推拉的练习等。

三、集体动作

1. 多人配合同类动作

多人站成一列横队或一路纵队，做动作相同且方向一致的练习。例如，多人站成一路纵队，后一人双手搭在前一人肩部，同时做体侧屈等动作。

2. 多人配合不同类动作

多人配合做不同类型的动作，并做出一定造型的练习。例如，多人站成一列横队，第一、第五人全蹲，第二、第四、第六人半蹲，第三、第七人直立，做出波浪形的造型动作。

第四节　徒手体操创编的原则与方法

一、徒手体操创编的原则

(一)明确的目的性

徒手体操的创编首先要考虑适用的对象的特点，使之具有鲜明的目的与特点。一般而言，如果适用对象为儿童或青少年，应选择轻松活泼、富有趣味性和节奏感强烈的动作；为企事业单位编制工间操或生产操时，应尽可能选择刚劲有力、节奏分明、富有朝气的动作；如果适用对象为老年人，应选择简单、幅度小、节奏慢、偏重舒筋活血等具有养生价值的动作；如果为学生创编广播体操，应根据各年龄段编制容易学习、具有锻炼价值的动作；如果编制体育课或者训练课的准备活动，则应选择促进关节、肌肉、韧带适应性变化和关节活动幅度提高的一般性或专门性准备动作。

(二)身体锻炼的全面性

整套徒手体操的编制要满足身体锻炼的全面性，即徒手体操的练习能使人体在体位、身体素质、肢体活动方向、各组织器官等方面得到全方位锻炼。具体而言，能够使人体的上肢、下肢、躯干得到锻炼，能够使力量、速度、耐力、灵敏度、柔韧性、协调性等身体素质得到锻炼，能够使关节、肌肉、韧带和内脏器官得到锻炼。

(三)动作的科学性

整套徒手体操动作的科学性表现在三个方面：运动负荷、运动节序和动作编排。首先，运动负荷的量与强度应符合人体生理承受能力和技能形成规律；其次，运动节序一般是从四肢运动到躯干运动再到全身运动，彰显出由局部到全身、由简单到复杂、由慢速到快速的过程；最后，动作的编排要有"文""质"之分，其中彰显姿态优美、协调柔和、朴实大方的"文"的部分编排约占四成，彰显力量、速度、耐力等素质练习的"质"的部分编排约占六成，"文质参半"亦属上乘。

(四)动作的创新性

无论是单个动作还是整套动作的编排，都要使动作方位、动作路线、动作幅度、动速度、动作速率、动作频率、动作节奏和身体姿态富有变化，不能千篇一律、单调乏味。

二、徒手体操创编的方法

（一）每节动作的创编方法

每节动作的创编首先要确定每节动作所侧重的锻炼部位，并在遵循徒手体操编排原则的前提下选择与之相对应的锻炼动作。例如体侧运动，锻炼部位侧重于身体的躯干部分，那么就需要有重点地编排一组能够使躯干向左和向右的屈伸动作。尽可能做到身体不同部位的相互配合，如上下肢的配合等；尽可能在一节动作中编排不同形式、类别和方向的动作，如定位或在前、后、左、右的移动中进行身体的屈伸、蹲立及肢体摆动等动作。

此外，一节动作通常设置四个八拍，创编中尽量使第三、四个八拍重复第一、二个八拍，第二个八拍与第一个八拍动作相同、动作方向相反。根据具体锻炼目的和任务，每节动作的创编在动作幅度、动作路线、动作速度与动作速率等方面还要有所变化和区别。

《论语·雍也》记载："子曰：'质胜文则野，文胜质则史。文质彬彬，然后君子。'"意思是说，一个人如果朴实多于文采，就未免粗野，而如果文采多于朴实，又有些华而不实，文采和朴实配合适当，这才是君子。徒手体操每拍动作的编排也应具有"文""质"之分，其中，"文"的动作要彰显姿态优美、协调柔和、朴实大方等，"质"的动作要体现力量、速度、耐力等素质练习部分。以第九套广播体操中的体侧运动为例，第一拍"左脚向侧一步比肩稍宽，同时左臂侧平举掌心向下，右臂胸前平屈，掌心向下"，体现"文"的动作；第二拍"下体保持第一拍的姿势，同时上体侧倾45°，左手叉腰，右手摆至上举掌心向内"，重在"质"的练习；第三拍"左腿并于右腿，同时半蹲左臂上举，右臂贴于体侧"，既有"文"又有"质"，但是偏重于"质"；第四拍"还原至立正姿势，同时左臂经侧还原至体侧"是为"文"。总体来看，整节体侧运动是"文质彬彬"的典型例子。

（二）整套动作的创编方法

1. 全面了解服务对象特点，明确创编目的与任务。

2. 确定徒手体操的难易程度与特点。

3. 确定编排节序与每一节的内容。

4. 确定每节动作的练习形式、类别和动作方向。

5. 按顺序逐节编写。

6. 配合音乐与口令，进行全套徒手体操的测试与修改。

7. 最终确定全套动作。

（三）动作记写方法

记写每节动作要包含以下五个方面：（1）动作名称；（2）节拍数；（3）预备姿势；（4）动

作说明；（5）动作要求。

实例（图 8-4-1）：

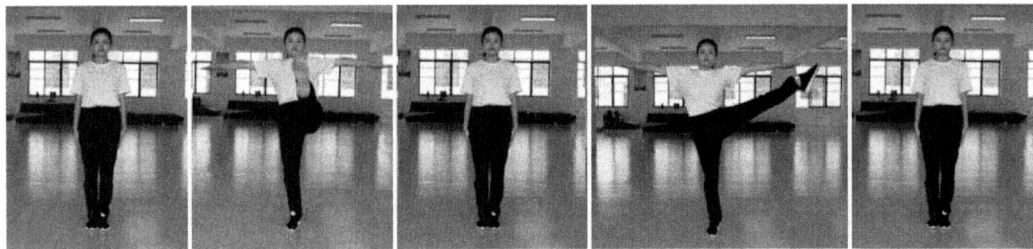

图 8-4-1　踢腿动作

动作名称：踢腿运动

节拍数：4×8 拍

预备姿势：直立

动作说明：

（1）1 拍：左腿前踢，同时两臂侧举。

（2）2 拍：还原成直立。

（3）3 拍：左腿侧踢，同时两臂侧举。

（4）4 拍：还原成直立。

（5）5—8 拍：同 1—4 拍，但出右腿做，方向相反。

动作要求：踢腿时支撑腿要伸直，支撑脚紧贴地面；两臂侧举要伸直。

思考与练习

1. 简述徒手体操的特点和作用。

2. 徒手体操的术语有哪些？

3. 徒手体操分为哪几类？其内容分别是什么？

4. 徒手体操的创编应遵循什么原则？

5. 徒手体操的创编方法是什么？

第九章
轻器械体操与专门器械体操

查看视频

内容提要

　　本章阐述了轻器械体操与专门器械体操的内容、特点、锻炼价值，并对具有代表性的几种轻器械进行了套路创编示例，还介绍了轻器械体操教学与组织的注意事项。

教学目标

　　1. 初步掌握轻器械体操与专门器械体操的创编依据、原则、要素等。

　　2. 掌握轻器械体操与专门器械体操健身的基本方法。

　　3. 培养学生自主创编、动作创新的能力。

第一节　轻器械体操的特点和作用

　　轻器械体操是体操的一个基本项目，它借助不同的轻器械，在徒手体操的基础上进行身体练习。不同的轻器械与器械、动作之间的变化，丰富了练习内容，增加了练习兴趣，促进了练习效果。常用的轻器械有绳、圈、球、棍棒、哑铃、彩带、彩旗、扇子、花环等。

轻器械体操器械简单，练习内容丰富，形式多样，独具特点。根据练习的目的选用轻器械，一般练习不受场地限制，运动量调整自如，适合不同年龄、不同性别和不同运动能力的人学习、操练。各种轻器械体操对身体的锻炼作用不同，利用器械动作变化改变练习的强度、难度和形式，能增强身体各关节的柔韧性、灵活性和神经对肌肉的控制，可以发展弹跳力、速度、耐力等身体素质，对人的生理和心理发展有积极作用。另外，还可以利用不同轻器械的特点和性能进行游戏，以提高练习兴趣，增强练习氛围，提高团队集体荣誉感。

轻器械体操不仅可以作为体育课和各项运动的准备活动、辅助练习、身体素质练习的内容，还可以用于各种形式的体育表演，以增加观赏性。

第二节　轻器械体操的内容

一、体操棍操

体操棍操是轻器械体操的主要内容之一，它是在徒手体操的基础上，用棍作限制物使用，以增加关节的柔韧性、灵活性和完成动作时肌肉的控制能力。改变握棍的位置，可以增强重力矩杠杆的作用，加大动作的幅度和强度，提高练习效果。利用体操棍做游戏，可以调节运动强度、提高练习者的兴趣。体操棍练习动作可分为单人动作、双人动作和集体动作。

体操棍为木质棍棒，一般长 1～1.2 米，直径 2～2.5 厘米，少年儿童用棍可稍短。如无专用棍，可用竹竿代替。（图 9-2-1）

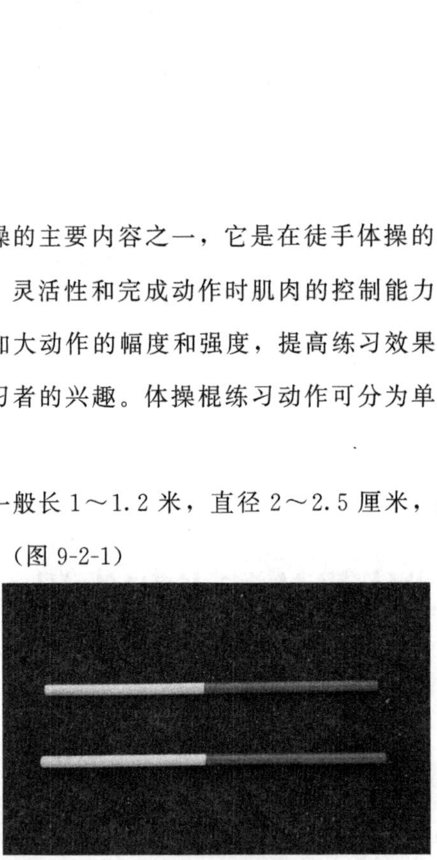

图 9-2-1　体操棍

（一）握棍的基本方法

握棍的基本方法有：正握、反握、正反握、交叉握、垂直握、单手握（握一端、握中间）、双手握（握两端、握一端、并握）等。

1. 正握：双手握棍与肩同宽，棍与地面平行置于体前，两手拇指相对。

2. 反握：双手握棍与肩同宽，棍与地面平行置于体前，两手拇指向外。

3. 正反握：双手握棍与肩同宽，棍与地面平行置于体前，两手拇指向同一个方向。

4. 交叉握：两臂在体前交叉下垂（指明哪一手在上），双手握棍，棍与地面平行置于体前，两手拇指向外。

5. 垂直握：双手掌心相对握棍，棍与地面垂直，两臂前举，两手拇指向上。

（二）持棍的基本动作

1. 持棍立正：身体呈立正姿势，右手拇指与食指握棍一端，其余三指贴紧棍身，使棍垂直靠于右肩前。（图9-2-2）

2. 持棍稍息：左脚侧出一步与肩同宽，同时右手压棍，使上端落下轻放于左脚尖前触地。（图9-2-3）

图 9-2-2　持棍立正　　　　　　　　图 9-2-3　持棍稍息

3. 持棍行进：与立正持棍方法相同，但在行进中，右手持棍不动，左臂自然摆动。

（三）持棍限制性动作

1. 横棍动作

（1）握棍两端，两臂同时或依次向前，向后转肩。（图9-2-4）

（2）握棍两端，单腿依次摆越过棍，或双腿同时跳过棍。（图9-2-5 ）

图 9-2-4　横棍动作(1)

图 9-2-5　横棍动作(2)

2. 竖棍动作

(1)体操棍竖直在地上，单手扶棍，同时用单腿摆绕过棍。（图 9-2-6 ）

图 9-2-6　竖棍动作

(2)体操棍竖直在地上，双手扶棍，然后保持身体正直，快速原地旋转 360°，再用双手扶棍。

(四)体操棍操分解动作

1. 单人动作

预备姿势：身体直立，两手体前正握棍。

(1)伸展运动(2×8拍,图9-2-7)

1拍,左脚侧出成开立,与肩同宽或略微稍宽,同时两臂体前屈,持棍于胸前下颌处。

2拍,两臂伸直,持棍上举,同时抬头向上看。

3拍,两臂持棍前平举,平视前方。

4拍,还原成预备姿势。

5—8拍同1—4拍,但方向相反。第二个八拍同第一个八拍。

图9-2-7 伸展运动

(2)下蹲运动(2×8拍,图9-2-8)

1拍,左脚侧出成开立,与肩同宽或略微稍宽,同时两臂持棍前举。

2拍,收右脚并于左脚,同时身体半蹲,两臂头上持棍上举。

3拍,左脚侧出开立,两臂持棍直臂上举,同时抬头向上看。

4拍,还原成预备姿势。

5—8拍同1—4拍,但方向相反。第二个八拍同第一个八拍。

图9-2-8 下蹲运动

(3)踢腿运动(2×8拍,图9-2-9)

1拍,左脚向前一步,重心前移,同时两臂持棍上举。

2拍,右腿前踢,两臂持棍经体前向右侧后摆。

3拍,动作同1拍。

4拍，还原成预备姿势。

5拍，左腿侧踢，同时两臂持棍向左侧，左臂侧举，右臂胸前平屈。

6拍，还原成预备姿势。

7拍，右腿侧踢，同时两臂持棍向右侧，右臂侧举，左臂胸前平屈。

8拍，还原成预备姿势。

第二个八拍同第一个八拍，动作相同，方向相反。

图 9-2-9　踢腿运动

(4)体侧运动(2×8拍，图 9-2-10)

1拍，左脚侧出成开立，与肩同宽或略微稍宽，同时两臂持棍上举。

2拍，保持下肢不变，上体向左侧屈振一次。

3拍，动作同2拍。

4拍，还原成预备姿势。

5拍，左脚向前一步成左弓步，同时两臂持棍上举。

6拍，上体用力向后屈振一次。

7拍，动作同6拍。

8拍，还原成预备姿势。

第二个八拍同第一个八拍动作相同，方向相反。

图 9-2-10　体侧运动

(5)体转运动(2×8拍，图 9-2-11)

1 拍，左脚侧出成开立，与肩同宽或略微稍宽，同时两臂持棍上举，抬头向上看。

2 拍，两臂持棍肩侧屈，将棍置于头后，同时上体向左侧转动约 90°，脚跟不能离地。

3 拍，动作同 2 拍，上体再转动一次。

4 拍，还原成预备姿势。

5—8 拍同 1—4 拍，但方向相反。第二个八拍同第一个八拍。

图 9-2-11 体转运动

(6)全身运动(2×8拍，图 9-2-12)

1 拍，左脚向前一步，重心前移，同时两臂持棍上举。

2 拍，右脚并于左脚，同时身体前屈持棍平行置于脚背。

3 拍，身体半蹲，两臂持棍前举。

4 拍，还原成预备姿势。

5 拍，左脚向前跨一步成左前弓步，同时右臂身后侧举，左臂胸前平屈，眼睛看右手。

6 拍，在 5 拍的动作基础上，双手持棍在体侧绕环一周，同时眼睛随右手移动。

7 拍，收左脚并于右脚，同时两臂由体侧经下成上举。

8 拍，还原成预备姿势。

第二个八拍同第一个八拍，动作相同，方向相反。

图 9-2-12　全身运动

(7)跳跃运动(2×8 拍，图 9-2-13)

1 拍，跳起两腿左右分开成开立，同时两臂胸前平举。

2 拍，跳起并腿成直立，同时两臂上举。

3 拍，动作同 1 拍。

4 拍，还原成预备姿势。

5—8 拍同 1—4 拍。第二个八拍同第一个八拍。

图 9-2-13　跳跃运动

2. 双人动作

双人动作根据练习者的不同需求可以分为协同性动作、对抗性动作、助力性动作。

(1)协同性动作：两名练习者同握一根体操棍，面对面或者肩并肩站立，可做体前屈、上举、侧举、体侧屈等动作。（图 9-2-14）

(2)对抗性动作：两名练习者面对面弓步站立，手持两根体操棍，两臂屈肘于腰间握棍，相互用力拉棍、推棍或者扭棍。（图 9-2-15）

图 9-2-14　协同性动作

图 9-2-15　对抗性动作

（3）助力性动作：两名练习者前后重叠站位，一名练习者弓步站立，两臂持棍上举。助力者一手握棍中部用力向后拉，一手顶着前面练习者的后颈部，帮助其改善肩部柔韧性。（图 9-2-16）

图 9-2-16　助力性动作

（五）体操棍游戏

1. 持棍游戏

两人一组，相距约 1 米，将棍竖直于地面，一人快速跑到指定位置后再迅速返回扶棍，完成后交替进行；所有人按照一路纵队有序排列，一人持棍由纵队排头将棍沿地面快速移动至队尾，经过每名同学时，每人依次跳越，直至最后一人完成，完成时间少的队获胜；所有人按照一路纵队有序排列，第一名同学双手持棍从头上（体后屈）将棍传递给第二名同学，第二名同学快速将棍经胯下（体前屈）传递给第三名同学，如此进行传递，直至队尾。

2. 定位棍游戏

将体操棍按照一定的方式、距离排列在地上，做各种跑越、跳越动作。

二、绳操

（一）跳绳基本方法

跳绳融合了各种流行元素，是一个集健身、娱乐、竞技、表演为一体的时尚运动项目。为了适应时代的发展，花样跳绳从单一绳具、机械的摇绳动作发展出了一次同时使用几十根绳具的复杂形式，有了比拼极限的速度竞技项目、观赏性极强的表演项目。

根据绳具特性，跳绳可分为单绳个人项目、车轮项目、三人交互绳项目、多人长绳项目。

跳绳的材质多种多样，最常见的有竹节绳、一体绳、钢丝绳等，初学者采用竹节绳效果最好。（图 9-2-17）

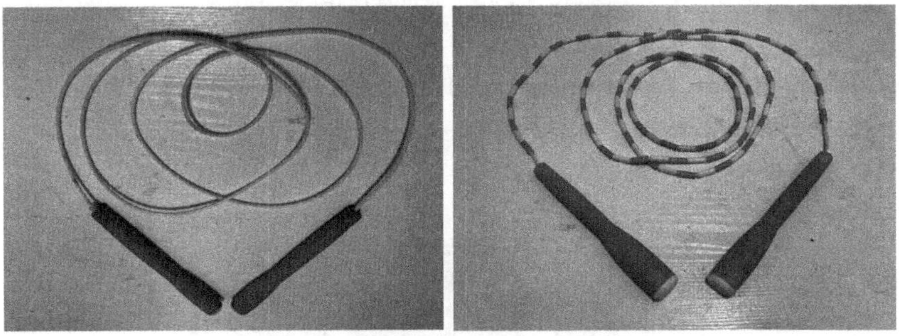

图 9-2-17　跳绳

1. 握柄的基本方法

拇指和食指捏住手柄中段，柄端顺势放于掌心，方便摇动手柄；拇指和食指捏住手柄时，两臂自然下垂，两手握柄在同一高度，手柄在同一直线上，绳头指向相反。（图 9-2-18）

2. 摇绳的基本动作

两臂自然下垂，大臂贴于身体两侧，拇指和食指捏住手柄，以手腕为中轴点，顺时针或逆时针向上挑起画圆。（图 9-2-19）

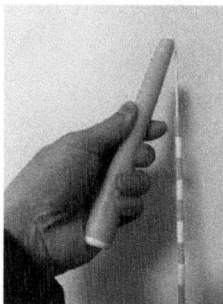

图 9-2-18　握柄的基本方法　　　**图 9-2-19　摇绳的基本动作**

（二）花样跳绳

1. 个人花样

个人花样是指跳绳者利用一根绳子向前、向后、向侧不同方向摇动，同时在绳中或绳外完成各种跳跃、力量、花样跳绳等动作，以此来展现个人良好的身体素质和高超的绳技。（图 9-2-20）根据单绳跳跃动作特点及国内外比赛规则，个人花样跳绳的内容包括步法花样、交叉花样、多摇花样、力量花样、花样跳绳花样、抛绳花样六个方面。

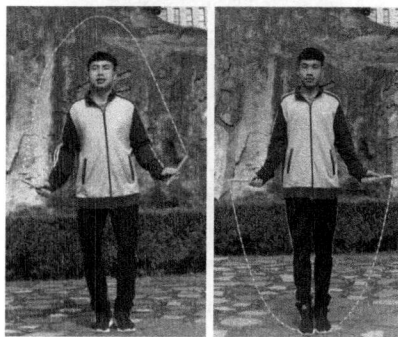

图 9-2-20　个人花样

（1）动作名称：直摇。

（2）动作做法

在基本摇绳姿势的基础上，两手持手柄向前向后摇动，当绳体接触到地面时，双脚并拢跳跃过绳，绳子绕过身体一周，一摇一跳的动作即为直摇。

（3）动作要领

手臂保持基本摇绳姿势，控制摇绳节奏；双脚并拢向上跳，落地向下只需前脚掌着地；

绳子打地一次就向上跳一次。

（4）教学提示

固定手型：摇空绳，两手各握一根短绳，脚并脚向上跳的动作；徒手跳：站在原地徒手模仿整个动作过程；单个动作练习：每次只跳一个动作就停下来，再重新开始；连续动作练习：初学者可以连续跳，1～2个八拍为一组，间歇练习。

（5）重点和难点

把握并脚跳过绳的时机和节奏。

（6）易犯错误和纠正方法

易犯错误：摇绳节奏无法与跳动节奏相匹配。

纠正方法：徒手摇绳练习，在摇动过程中膝盖随着节奏弹动；原地直腿跳动练习。

（7）动作价值

该动作是跳绳练习的基础，大量的练习能够培养良好的绳感。

2. 车轮跳

车轮跳，即中国轮，它是始终两人或两人以上相互配合，依次完成跳绳的一种新颖的跳绳形式。（图9-2-21）根据参加人数的不同，车轮跳可分为两人车轮、三人车轮、四人车轮等。根据国内外车轮跳绳规则，车轮跳的内容包括直摇、交叉、换位、力量及花样跳绳、抛绳等。

图 9-2-21　车轮跳

（1）动作名称：直摇。

（2）动作做法

两人双手持绳并排站立，假设左边的人为A，右边的人为B，首先A、B将内侧手（A的右手与B的左手）持的手柄相互交换，听到指令后两人同时用一只同侧手（A、B同时出左手或者右手）将置于最后面的绳子向上摇起，到达最高点时，再用另外一只同侧手将绳子向上摇起，并且两人依次跳过各自一方的绳子。

（3）动作要领

两小臂在体侧依次做圆周运动，并且贴近身体；在摇绳的过程中两手臂的夹角是180°，两人在跳的过程中同侧手的动作要一致。

（4）教学提示

徒手抡臂练习：原地徒手模仿整个动作过程；摇绳练习：两手各握一根短绳，由后向前依次抡动绳子，要求绳子打地的节奏相同；跳空绳练习：掌握摇绳的节奏后，试着绳子打地一次就跳动一次，速度尽量慢；踩绳练习：找到摇绳和跳绳的感觉后，先试着将摇起的绳子左右依次踩住。

（5）重点和难点

重点：掌握好摇绳和跳绳的节奏。

难点：在跳的过程中运用手腕发力。

（6）易犯错误和纠正方法

易犯错误：容易将绳子摇成同步。

纠正方法：多进行摇绳的练习，在摇绳的过程中体会绳子打地的节奏是否一致。

（7）动作价值

培养时间判断能力和动手腕能力。

3. 交互绳

交互绳是指使用两根绳子，在相同方向或相反方向上依次摇动，跳绳者在绳中完成各种技巧动作。（图 9-2-22）根据在项目中承担职责的不同，可将成员分为跳绳者和摇绳者，二者在完成动作的过程中是可以进行互换的。根据交互绳中完成动作结构特点及国内外比赛规则，交互绳的内容包括五个部分，即基本步法、力量、摇绳技巧、多摇、换柄。

图 9-2-22　交互绳

（1）动作名称：基本跳。

（2）动作做法

跳绳者可站在摇绳者任意一侧，进入绳中采用并脚跳，出绳时从任意一侧出。

（3）动作要领

跳绳者进入绳中，双脚积极跳过绳子，屈膝缓冲，前脚掌触地，节奏匀速。

（4）教学提示

进入绳中时要果断，之后一定要保持一定的节奏连续跳动。

（5）重点和难点

对时机的把握和对连续跳动节奏的控制。

（6）易犯错误和纠正方法

易犯错误：进入绳中时会直接踩到绳子；在绳中跳动时节奏不固定，忽快忽慢。

纠正方法：不进入绳中，在绳外跟随绳子摇动的节奏练习跳动的节奏。

（7）动作价值

培养时间判断能力和动手腕能力；培养在绳中的节奏感，为后期很多体操动作的完成做好准备。

4. 长绳

长绳是指使用超过 7 米的绳子，摇动手柄使绳子形成各种波浪，或使用多种不同规格的绳子组成绳网，跳绳者完成各种步法、花样跳绳、力量等动作。（图 9-2-23）长绳要求摇绳者和跳绳者节奏一致、齐心协力，考验团队的合作能力和配合的默契度。长绳的运动速度不会很快，多为组合型摇绳，对摇绳者的技术要求很高。如果摇绳者水平很高，跳绳者在绳中完成动作就会比较轻松。

图 9-2-23　长绳

（1）动作名称：绳网。

（2）动作做法

三组或三组以上的绳子一一对应，然后绳子和人交错。绳子相交于中点，统一向外起摇。待绳子稳定后，跳绳者找准时机跳进绳中，完成相应的动作后停绳，然后抓取绳子交叉处向上举高。与此同时，摇绳者迅速平均移动到跳绳者的四周，下蹲把绳子拉直即形成绳网。

（3）动作要领

起动摇绳和摇绳的节奏要一致。

（4）教学提示

组成绳网的绳子应稍长，长度为 6～9 米；绳子要相互交叉于一点。

（5）重点和难点

重点：起动摇绳和摇绳的节奏要一致。

难点：能熟练起动摇绳和控制摇绳的速度和幅度。

（6）易犯错误和纠正方法

易犯错误：摇绳的节奏混乱或没有节奏。

纠正方法：增加摇绳次数，增强节奏感。

（7）动作价值

培养团结协作精神和默契感；具有一定的观赏价值。

（三）绳操分解动作

第一节：伸展运动（2×8 拍，图 9-2-24）

预备姿势：绳子对折，左手握绳体，右手握两个手柄，将绳放于体前。

1 拍：左腿向前跨一步成弓步，同时双手握绳由前至上举。

2 拍：还原成预备姿势。

3、4 拍同 1、2 拍，动作相同，方向相反。

5 拍：左脚向左跨一步与肩同宽，同时双手握绳侧上举。

6 拍：右脚并左脚，同时屈膝半蹲，双手还原成预备姿势。

图 9-2-24　伸展运动

7拍：右脚向右跨一步与肩同宽，同时双手握绳侧上举。

8拍：还原成预备姿势。

第二个八拍同第一个八拍。

第二节：踢腿运动（2×8拍，图9-2-25）

预备姿势：绳子对折，左手握绳体，右手握两个手柄，将绳放于体前。

1拍：左脚向前跨一步，双腿直立，重心移至两脚之间，同时两臂经前至上举（拳心向前）。

2拍：右腿前踢至45°～90°（腿绷直），同时两臂经侧至下举。

3拍：右腿后伸，还原成1拍。

4拍：还原成预备姿势。

5—8拍与1—4拍动作相同，方向相反。

完成两个八拍。

图 9-2-25　踢腿运动

第三节：体侧运动（2×8拍，图9-2-26）

预备姿势：绳子对折，左手握绳体，右手握两个手柄，将绳放于体前。

1拍：左脚向左跨一步，同时双手握绳侧上举。

2、3拍：右脚并左脚，同时右脚向上抬，与左脚成三角形，右手向左侧举，头向左偏。

4拍：还原成预备姿势。

5—8拍与1—4拍动作相同，方向相反。

第二个八拍同第一个八拍。

图 9-2-26　体侧运动

第四节：全身运动（2×8拍，图9-2-27）

预备姿势：绳子对折，左手握绳体，右手握两个手柄，将绳放于体前。

1拍：左脚向左跨一步，同时双手握绳侧上举。

2拍：右脚并左脚，两臂上举，上体前屈，双手随身体侧下举。

3拍：脚上不变，成半蹲，同时绳子放于膝上。

4拍：还原成预备姿势。

5—8拍与1—4拍动作相同，方向相反。

第二个八拍同第一个八拍。

图 9-2-27　全身运动

第五节：提膝侧点（2×8拍，图9-2-28）

预备姿势：左手握绳体，右手握两个手柄，双手叉腰。

1拍：左脚向前提膝，大腿与地面平行。

2拍：左脚向右落下点地（左脚在右脚外侧）。

3 拍：还原成 1 拍。

4 拍：还原成预备姿势。

5—8 拍与 1—4 拍动作相同，方向相反。

第二个八拍同第一个八拍。

图 9-2-28　提膝侧点

第六节：提膝踢腿（2×8 拍，图 9-2-29）

预备姿势：左手握绳体，右手握两个手柄，双手叉腰。

1 拍：左脚向前提膝，大腿与地面平行。

图 9-2-29　提膝踢腿

2 拍：还原成预备姿势。

3 拍：左脚向前踢腿（45°～90°）。

4 拍：还原成预备姿势。

5—8 拍与 1—4 拍动作相同，方向相反。

第二个八拍同第一个八拍。

第七节：开合跳（2×8 拍，图 9-2-30）

预备姿势：双脚自然站立，将绳子对折后双手握绳，绳子置于体前。

1 拍：双脚跳起分开与肩同宽，同时双手握绳前平举。

2 拍：双脚收回并拢，同时双手由体前平举成体前平屈，将绳子置于胸前。

3—8 拍与 1、2 拍动作相同。

第二个八拍同第一个八拍。

图 9-2-30　开合跳

第八节：弓步跳（2×8 拍，图 9-2-31）

预备姿势：双脚自然站立，将绳子对折后双手握绳，绳子置于体前。

图 9-2-31　弓步跳

1 拍：双脚跳起前后分开与肩同宽成弓步，同时双手握绳经体前上举，绳子置于头顶。

2 拍：双脚收回并拢，同时双手由上举还原成预备姿势。

3、4 拍与 1、2 拍动作相同，方向相反。

5—8 拍与 1—4 拍动作相同。

第二个八拍同第一个八拍。

三、实心球操

在轻器械体操中，实心球是具有一定重量的一种器械，外表由有一定厚度的帆布、皮革及橡胶等材料制成，里面由棉、沙子、橡胶等材料填充。实心球一般重量为 0.5～2.0 千克，直径有 15 厘米、20 厘米、25 厘米等多种规格。应根据球的重量和练习人数采用不同的练习方法，防止运动伤害的发生。

（一）持球的基本方法

1. 单手持球：单手托球的下部，如体侧持球、肩上持球等。（图 9-2-32）

2. 双手持球：双手五指自然分开持球左右或上下两侧，如体前持球、胸前持球、头上持球等。（图 9-2-33）

图 9-2-32　单手持球　　　　图 9-2-33　双手持球

3. 下肢夹球：用脚、膝、腿内侧夹球，如直立两脚夹球、半蹲屈膝夹球等。（图 9-2-34）

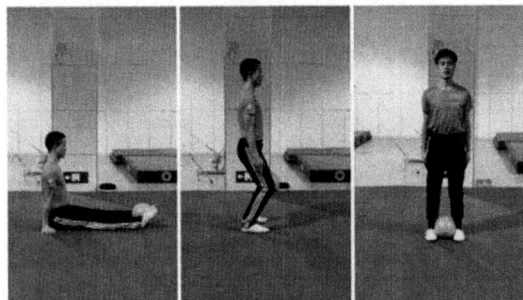

图 9-2-34　下肢夹球

4. 持球行进：右手持球在体侧固定，左臂自然摆动。

（二）传递球练习

1. 单人传递球练习：练习者一手将球在腿、膝、腰等部位传递给另一手。（图 9-2-35）

图 9-2-35　单人传递球练习

2. 双人传递球练习：练习者采用面对、侧对、背对、重叠站立的形式，通过腰、髋、头等部位将球进行传递。（图 9-2-36）

图 9-2-36　双人传递球练习

3. 多人传递球练习：多人按照一定的队形站立，经身体不同部位将球进行传递。

（三）抛接球练习

1. 单人抛接球练习：练习者可做单手抛接、双手抛接、单手抛双手接、体后抛体前接等形式的练习，可以采用原地、走动、跳起、转体、半蹲等形式。

2. 双人抛接球练习：练习者采用面对、侧对、背对、重叠等不同的站位，用单手或双手从头、胸、髋等部位进行抛接，也可用双脚夹球抛接。双人抛接球可以采用原地、走动、跑动、跳起等形式进行。

(四)实心球游戏

利用实心球的特点,可以进行搬运球接力、跳越或跑绕定位球接力以及传递球、抛接球游戏。

(五)实心球操分解动作

预备姿势:直立,右手持球。

第一节:上肢运动(2×8拍,图9-2-37)

1拍,两臂胸前平屈持球,同时左开立步。

2拍,两手持球两侧,由胸前向前伸直手臂。

3拍,由胸前直臂持球到头上直臂持球,同时稍抬头,眼看球。

4拍,收左脚,同时左手持球,两臂经侧还原成直立。

5—8拍与1—4拍动作相同,方向相反。

第二个八拍同第一个八拍。

图9-2-37 上肢运动

第二节:全身运动(2×8拍,图9-2-38)

1拍,左开立步,同时两手侧平举,手心朝前。

2拍,右手直臂持球不动,左臂由左经体前向右直臂摆动,同时上体右转90°,左手拍球,左脚尖侧点地。

3拍,上体左转180°,同时两手直臂持球下落经腹前至屈臂持球于左肩上,右脚尖侧点地。

4拍,左手持球,收左脚还原成直立。

5—8拍与1—4拍动作相同,方向相反。

第二个八拍同第一个八拍。

图 9-2-38　全身运动

第三节：踢腿运动(2×8拍，图 9-2-39)

1拍，两手屈臂在右肩上持球，同时左腿左侧摆约45°。

2拍，双腿并拢，屈膝半蹲，同时两手直臂持球体前下举。

3拍，伸直左腿，同时右腿后踢，高度约15厘米，两手持球直臂前上举。

4拍，左手持球，还原成直立。

5—8拍与1—4拍动作相同，方向相反。

第二个八拍同第一个八拍。

图 9-2-39　踢腿运动

第四节：体侧运动(2×8拍，图 9-2-40)

1拍，左开立步，同时两手侧平举，手心朝上。

2拍，上体右侧屈，左手直臂由左侧经上向右拍球，两脚全脚掌着地。

3拍，两手直臂头上持球，上体左侧屈，两脚全脚掌着地。

4 拍，左手持球，两手臂经侧还原成直立。

5—8 拍与 1—4 拍动作相同，方向相反。

第二个八拍同第一个八拍。

图 9-2-40 体侧运动

第五节：体转运动(2×8 拍，图 9-2-41)

1 拍，左开立步，同时两手胸前平屈持球。

2 拍，上体左转 90°，两脚不动。

3 拍，上体右转 180°，两脚不动。

4 拍，左手持球，还原成直立。

5—8 拍与 1—4 拍动作相同，方向相反。

第二个八拍同第一个八拍。

图 9-2-41 体转运动

第六节：腰腹运动(2×8 拍，图 9-2-42)

1 拍，退左脚一步，同时两手直臂胸前持球。

2 拍，上体后仰，两手直臂持球上举，同时稍抬头，眼看球。

3 拍，退右脚成开立步，同时体前屈体，两手直臂持球于两腿之间。

4 拍，左手持球，收右脚还原成直立。

5 拍，上右脚一步，同时两手直臂胸前持球。

6 拍，上体后仰，两手直臂持球上举，同时稍抬头，眼看球。

7 拍，上左脚成开立步，同时体前屈体，两手直臂持球于两腿之间。

8 拍，右手持球，收左脚还原成直立。

第二个八拍同第一个八拍。

图 9-2-42　腰腹运动

第七节：跳跃运动（2×8 拍，图 9-2-43）

1 拍，向右跳转 45°成右弓步，同时两臂胸前平屈持球。

2 拍，身体向左跳转还原，同时两手直臂腹前持球。

3 拍，跳成开立步，同时两臂胸前上屈持球。

4 拍，左手持球，跳成还原直立。

5—8 拍与 1—4 拍动作相同，方向相反。

第二个八拍同第一个八拍。

图 9-2-43　跳跃运动

第八节：整理运动（2×8 拍，图 9-2-44）

1 拍，左开立步，同时右手屈臂右肩上持球。

2拍，收右脚，右手持球，还原成直立。

3拍，左开立步，同时两手直臂体后持球。

4拍，收右脚，左手持球，还原成直立。

5—8拍与1—4拍动作相同，方向相反。

第二个八拍同第一个八拍。

图 9-2-44　整理运动

四、旗操

旗操是两手各持一面小旗做徒手体操类型动作。在练习中，两手甩旗发出的声音可以提高动作协调性和节奏感。旗帜用光滑的绸料或布料制成，规格一般为 40 厘米×40 厘米的正方形，旗面颜色一般为鲜艳的红色或黄色，旗杆由 50 厘米的木棍或塑料管制成。（图 9-2-45）

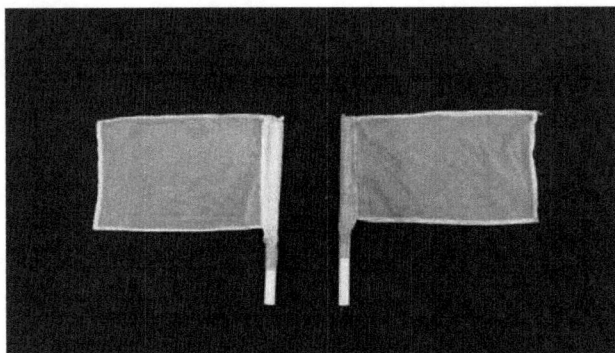

图 9-2-45　旗操用旗

（一）持旗方法

五指并拢，旗杆的底端位于食指、拇指和中指之间，旗杆紧贴虎口，两臂贴于体侧，旗杆贴住小臂。

（二）旗操分解动作

预备姿势：直立，两手持旗于体侧。

第一节：伸展运动（2×8 拍，图 9-2-46）

1 拍，左脚侧出成开立，与肩同宽，同时两臂持旗侧平举。

2 拍，左臂持旗上举。

3 拍，同 1 拍。

4 拍，还原成预备姿势。

5—8 拍与 1—4 拍动作相同，方向相反。

第二个八拍同第一个八拍。

图 9-2-46　伸展运动

第二节：扩胸运动（2×8 拍，图 9-2-47）

1 拍，左脚向前一步成前弓步，同时两臂持旗经前平举至侧举后振。

2 拍，两臂持旗经后下举至上举后振。

3 拍，两臂持旗前平举。

4 拍，还原成预备姿势。

5—8 拍与 1—4 拍动作相同，方向相反。

第二个八拍同第一个八拍。

图 9-2-47　扩胸运动

第三节：踢腿运动（2×8拍，图9-2-48）

1拍，左脚向前一步成后脚点地，同时两臂持旗上举。

2拍，右腿前踢，两臂持旗经体前至后举。

3拍，同1拍。

4拍，还原成预备姿势。

5—8拍与1—4拍动作相同，方向相反。

第二个八拍同第一个八拍。

图 9-2-48　踢腿运动

第四节：体侧运动（2×8拍，图9-2-49）

1拍，左脚侧出成开立，与肩同宽，同时两臂持旗侧平举。

2拍，右臂持旗上举，同时上体侧屈一次。

3拍，同1拍。

4拍，还原成预备姿势。

5—8拍同1—4拍，但方向相反。

第二个八拍同第一个八拍。

图 9-2-49　体侧运动

第五节：体转运动（2×8拍，图 9-2-50）

1拍，左脚侧出成开立，与肩同宽，同时左臂持旗侧平举，右臂持旗上举。

2拍，两臂持旗竖屈于胸前，同时上体向左转动90°，脚跟不能离地。

3拍，两臂持旗侧上举，同时上体向右转动180°，脚跟不能离地。

4拍，还原成预备姿势。

5—8拍与1—4拍动作相同，方向相反。

第二个八拍同第一个八拍。

图 9-2-50　体转运动

第六节：全身运动（2×8拍，图 9-2-51）

1拍，左脚向前一步，重心前移，同时两臂持旗侧平举。

2拍，右脚并于左脚屈膝半蹲，同时两臂持旗上举交叉。

3拍，保持半蹲，同时两臂持旗竖屈于胸前。

4拍，还原成预备姿势。

5—8拍与1—4拍动作相同，方向相反。

第二个八拍同第一个八拍。

图 9-2-51　全身运动

第七节：跳跃运动（2×8拍，图9-2-52）

1拍，跳成左右开立，同时两臂持旗侧平举。

2拍，跳起并腿成直立，同时两臂持旗上举。

3拍，同1拍。

4拍，还原成预备姿势。

5拍，跳成左脚在前的前弓步，同时两臂持旗前平举交叉。

6拍，同1拍。

7拍，跳成右脚在前的前弓步，同时两臂持旗前平举交叉。

8拍，还原成预备姿势。

第二个八拍同第一个八拍。

图9-2-52　跳跃运动

第八节：整理运动（2×8拍，图9-2-53）

1—4拍，原地踏步，同时两臂持旗经侧至上举。

5—8拍，原地踏步，同时两臂持旗经侧还原成直立。

第二个八拍同第一个八拍。

图 9-2-53　整理运动

五、哑铃操

哑铃通常分为木哑铃和铁哑铃。哑铃的一般规格为：握柄长11～12厘米，直径2.8～3.5厘米，中部稍粗；铃头呈圆形或菱形，直径7～10厘米。（图9-2-54）

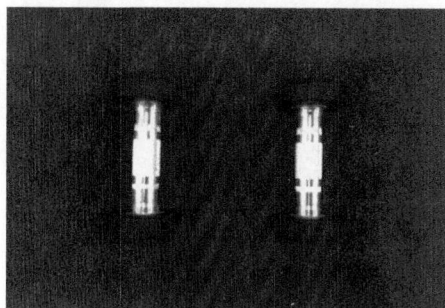

图 9-2-54　铁哑铃

哑铃的练习是两手各持一哑铃做徒手体操动作，利用两个哑铃相互碰撞的声音，使动作协调一致。哑铃的练习对培养动作协调性有良好效果。

（一）击铃方法

两手各持一哑铃，虎口相对或小指相对，使铃头相撞击，发出响声。

（二）哑铃操分解动作

预备姿势：直立，两手持铃于体侧。

第一节：伸展运动（2×8拍，图9-2-55）

1拍，左脚侧出成开立，与肩同宽，同时两臂持铃侧平举。

2拍，两臂持铃前平举，虎口相对，同时两铃相撞。

3拍，同1拍。

4拍，还原成预备姿势。

5—8拍与1—4拍动作相同，方向相反。

第二个八拍同第一个八拍。

图 9-2-55　伸展运动

第二节：扩胸运动（2×8拍，图9-2-56）

1拍，半蹲，同时两臂持铃胸前平屈后振一次。

2拍，左脚向前一步成前弓步，同时两臂持铃经前平举至侧平举后振一次。

3拍，两臂持铃前平举，虎口相对，同时两铃相撞。

4拍，还原成预备姿势。

5—8拍与1—4拍动作相同，方向相反。

第二个八拍同第一个八拍。

图 9-2-56　扩胸运动

第三节：踢腿运动（2×8拍，图9-2-57）

1拍，左脚向前一步成后脚点地，同时两臂持铃上举。

2拍，右腿前踢，同时两臂持铃经体前至后举。

3拍，同1拍。

4拍，还原成预备姿势。

5拍，左腿侧踢，同时两臂持铃侧平举，拳心向下。

6拍，还原成预备姿势。

7拍，右腿侧踢，同时两臂持铃侧平举，拳心向下。

8拍，还原成预备姿势。

第二个八拍与第一个八拍动作相同，方向相反。

图 9-2-57 踢腿运动

第四节：体侧运动(2×8拍，图9-2-58)

1拍，左脚侧出成开立，与肩同宽，同时两臂持铃侧平举。

2拍，右臂上举，上体左侧屈一次，虎口相对，同时两铃相撞。

3拍，同1拍。

4拍，还原成预备姿势。

5—8拍与1—4拍动作相同，方向相反。

第二个八拍同第一个八拍。

图 9-2-58 体侧运动

第五节：体转运动（2×8拍，图 9-2-59）

1拍，左脚侧出成开立，与肩同宽，同时两臂持铃前平举，两铃相撞。

2拍，上体左转 90°，同时两铃相撞。

3拍，上体右转 180°，同时两臂持铃侧平举。

4拍，还原成预备姿势。

5—8拍与 1—4 拍动作相同，方向相反。

第二个八拍同第一个八拍。

图 9-2-59 体转运动

第六节：全身运动（2×8拍，图 9-2-60）

1拍，左脚向前一步成前弓步，同时两臂持铃上举，两铃相撞。

2拍，两臂持铃经侧至左脚下相撞一次。

3拍，左脚并于右脚，屈膝半蹲，同时两手持铃伏于膝上。

4拍，还原成预备姿势。

5—8拍与 1—4 拍动作相同，方向相反。

第二个八拍同第一个八拍。

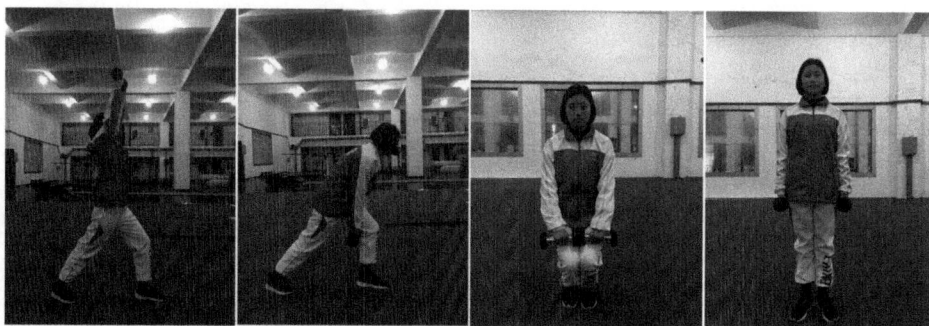

图 9-2-60　全身运动

第七节：跳跃运动（2×8拍，图 9-2-61）

1拍，跳成左右开立，同时两臂持铃竖屈于胸前。

2拍，跳起并腿成直立，同时两臂持铃上举。

3拍，跳成左右开立，同时两臂持铃侧平举。

4拍，还原成预备姿势。

5拍，跳成左脚在前的前弓步，同时两臂持铃前平举，两铃相撞。

6拍，还原成预备姿势。

7拍，跳成右脚在前的前弓步，同时两臂持铃前平举，两铃相撞。

8拍，还原成预备姿势。

第二个八拍同第一个八拍。

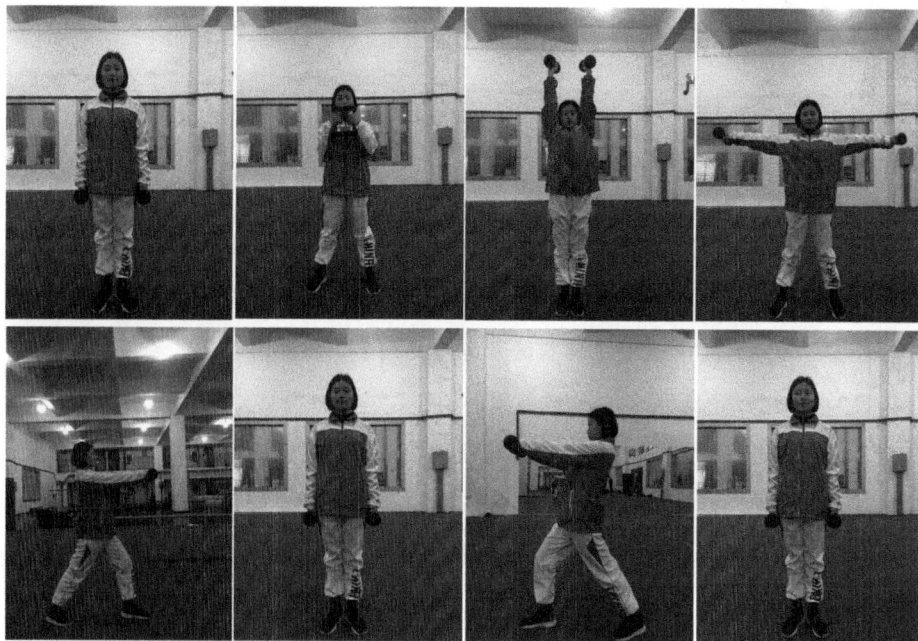

图 9-2-61　跳跃运动

第八节：整理运动（2×8 拍，图 9-2-62）

1—4 拍，原地踏步。

5—6 拍，左脚向侧一步成前弓步，同时两臂持铃经前平举至上举。

7—8 拍，还原成预备姿势。

第二个八拍与第一个八拍动作相同，方向相反。

图 9-2-62　整理运动

第三节　轻器械体操的组织与教学

一、轻器械体操的教学要求

1. 根据练习者的特点，充分发挥各轻器械的性能，科学选择轻器械。

在进行轻器械体操教学时，教师必须充分了解练习者的运动能力情况，根据教学任务和所选轻器械的特点，科学地选择轻器械及练习的内容、方法和手段。练习者应在熟练掌握徒手体操的基础上，配合轻器械完成不同的动作。

2. 要求练习者根据创编原则科学地创编动作，重视创新意识和创新能力的培养。

培养练习者的轻器械体操创编和组织教学能力是本节的主要教学任务，教学的开展要围绕练习者的应用实践能力进行。轻器械体操的单个技术要在创编的器械操中合理运用，需要练习者进行合作学习。

二、轻器械体操教学组织的注意事项

（一）重视安全教育

轻器械的种类较多，性能、规格也不同，练习过程中若使用不当、组织欠妥，容易发生运动伤害事故。在进行轻器械体操练习时，教师首先要进行练习安全教育，使练习者对各种轻器械的特点、使用中的注意事项有所了解，在思想上重视运动安全，还要加强练习纪律教育，严格按照要求进行操练。

（二）轻器械的摆放和取还合理

为了有效地组织教学，方便练习者使用轻器械，教师课前应根据教学的安排合理摆放轻器械。取还轻器械时，可以由练习者按照一定的队形依次取还，也可以由指定练习者一并取还。同时要注意，摆放和取还需以练习者的人数、练习场地及练习队形等具体情况为依据。

（三）练习队形的选用有利于练习效果

练习队形要根据所选用轻器械的特点、练习者的人数、场地及其他因素进行选择。练习者前后左右的间距要确保练习者安全、练习空间充足，有利于练习队形的变换，这样练习效果才有保障。

（四）加强成员协作

为了保证练习效果，教师在组织集体练习时要考虑到练习者的具体情况，不要让身高、体重和运动水平的差异影响到练习进度。需要发挥集体的团队精神，团队成员之间应互帮互助，加强协作。

（五）遵循技能学习规律

在轻器械体操教学过程中，教师要根据练习者的情况，依照不同轻器械的特点和性能进行有利于教学的创编，同时教师在动作示范和讲解中选用的教学方法要合理，教学手段要尽量多样有效，使练习者先掌握基本知识、基本动作。在此基础上，逐步提高教学难度，合理安排教学任务，提升练习者的技能掌握水平，培养练习者的轻器械体操创编能力。

第四节　专门器械体操

一、专门器械体操的特点和作用

专门器械体操是利用肋木、体操凳、爬绳(竿)等器械进行的各种身体练习，常用的是肋木和爬绳(竿)。专门器械体操的特点是身体依附于器械上，通过变化移动的高度、远度、做法，以及附加条件如负重、辅助器械等，改变动作对身体的影响。这类体操对于增强肌肉力量、耐力、速度，提高攀爬能力，培养勇敢、坚毅的精神等具有良好的作用。

二、专门器械体操的内容

(一)肋木练习

1. 发展身体各部位的练习

(1)上肢和肩带的动作：例如，面对或背对肋木站立，两手握住肋木臂屈伸、压肩；握住肋木下蹲拉肩，悬垂引体向上；一人在肋木上端悬垂引体，另有同伴在下托其脚帮助向上。

(2)躯干的动作：例如，面对肋木，手握肋木体后屈；背对肋木，手握肋木体前屈；侧对肋木，手握肋木体前、侧、后屈；肋木上悬垂收腹举腿。

(3)下肢和髋关节的动作：例如，面对、侧对或背对肋木站立，手握肋木做侧踢腿或前、后踢腿；面对肋木，做正、侧压腿，做两人配合的背人下蹲和起立。

2. 攀登练习

(1)直线攀登：直接上下攀登。可采用面对或背对肋木做：手脚依次按格或间格攀登，手脚交换跳动攀登，两手一脚或只用手攀登。

(2)斜线攀登：由肋木的一头开始，斜进向上攀登，然后斜进向下攀登至另一头。可面对肋木手脚依次按格或间格攀登。

(3)曲线攀登：由肋木的一头开始，用上、下曲线的方法攀至另一头。可规定二或三档为一上下曲线，或整个肋木为一曲线。采用面对肋木手脚依次按格或间格攀登的方法。

(二)爬绳(竿)练习

爬绳(竿)练习是用手或手脚并用攀登绳(竿)。绳主要为麻绳,长4.5米左右,直径为3～3.2厘米。竿主要为钢铁制,表面光滑,长度和直径同绳。除爬垂直绳(竿)外,还有爬横绳和荡绳等。

1. 爬垂直绳(竿)

垂直绳(竿)是将绳(竿)的一头悬挂在上面的物体上,下端离地20～30厘米。爬绳和爬竿的方法相同,有以下两种。

(1)手脚并用爬绳(竿)

三拍法:预备姿势为直臂悬垂,两手靠拢握绳(竿)。第一拍:两腿弯曲上提,两脚(一脚脚背,另一脚脚跟)和两腿夹绳(竿)。第二拍:屈臂引体向上,同时两脚和两腿蹬绳(竿)伸直,身体上升成屈臂、夹绳(竿)悬垂。第三拍:两手依次向上换握成预备姿势,两脚仍夹紧绳(竿)。

两拍法:预备姿势为一臂伸直向上握绳,另一臂弯曲手齐下颌处握绳(竿)。第一拍:两腿弯曲上提,两脚和两腿夹绳(竿)。第二拍:两脚和两腿蹬绳(竿)伸直,同时引体向上,在下的一手向上换握成预备姿势,两脚仍夹紧绳(竿)。

(2)只用手爬绳(竿)

由直臂悬垂、拳心向内握绳开始,两臂引体,两手向上轮流换握,两腿伸直,身体不停地上升。

2. 爬横绳

绳的两头固定在两边物体上,整根绳悬空横挂,用手和腿从一头爬至另一头。绳的长度和悬挂高度根据对象情况而定。有挂膝法和挂踵法。

(1)挂膝法(以左腿挂绳为例)

右手在前、左手在后握绳,左腿腘窝挂绳,右腿自然放下;左手至右手前换握,同时右腿在左腿前挂绳,左腿放下。照此轮流换握,向头部方向前进。

(2)挂踵法

动作同挂膝法,只是用两脚的脚跟部位挂绳。

3. 荡绳

荡绳是利用垂直绳,由一边高处握绳摆荡至另一边高处(或由低向高、由高向低),越过一定高度和宽度地区的练习。练习时两手握紧绳,两脚蹬地,摆荡至对面高物上落下再松绳。摆荡中可做屈腿、屈髋、分腿等姿势,落下时可面向前,也可转体落下等。

1. 简述轻器械体操与专门器械体操的创编原则。

2. 简述轻器械体操的特点与作用。

3. 简述轻器械体操教学与组织的注意事项。

4. 自编一套轻器械体操。

第十章
器械体操

查看视频

内容提要

本章主要阐述了体育教学课中常用的器械体操项目中的自由操、跳跃、双杠和单杠项目，结合体操运动员等级大纲的动作，选择了适宜于普通体育院系学生的器械体操动作，并对动作的技术要领、教学方法和手段做了详细的介绍。

教学目标

1. 全面了解技巧、跳跃、双杠和单杠项目的动作特点、动作类型和动作内容。

2. 掌握技巧、跳跃、双杠和单杠项目的基本动作技术、教学方法、学习步骤、保护与帮助的方法以及组织教学的能力。

3. 培养学生的自信心、勇敢顽强的精神和良好的心理品质。

第一节　自由操

自由操也叫"垫上运动""技巧"，它是中学体育教学中的主要内容之一。自由操内容丰富，动作形式多样，对场地器材的要求不太高，易于开展，主要有翻滚、手翻、空翻、倒立、平衡、支撑等动作内容。对于练习者来说，自由操练习在锻炼神经系统、肌肉骨骼、内脏器官，尤其是提高前庭器官功能和培养自我保护能力等方面有着非常重要的作用，此外，它还具有提高身体活动能力、改善身体机能、塑造健美形体、培养意志品质等方面的作用。

自由操主要包括以下动作内容。

一、前滚翻

动作做法：由蹲立开始，双手体前撑地，重心前移，两脚蹬伸离地，同时提臀、屈臂、低头、含胸，身体经头的后部、颈、背、臀依次触垫向前滚翻，当滚过背部时，屈膝团身，两手迅速抱腿跟上体，由蹲撑姿势成站立姿势。（图 10-1-1）

查看视频

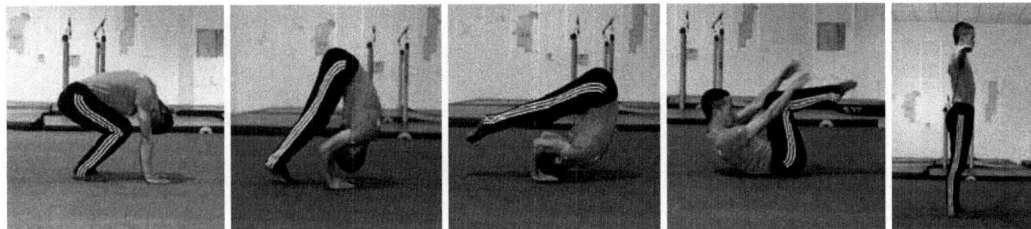

图 10-1-1　前滚翻

动作规格：两脚蹬伸前滚时有短暂直腿过程，团身滚动圆滑，方向要正。

技术要点：

1. 向前滚翻时所经部位要按顺序依次触垫。

2. 屈膝、抱腿跟上体要协调一致，同时完成。

教学提示：

1. 先分解练习，练习者仰卧，屈体做团身翻滚动作，最后用力向前，双手抱腿成蹲。

2. 做屈伸滚动。由坐撑开始，上体后倒收腹举腿，滚至腿与地面垂直时，向上伸展腹部，使臀部随之抬高，不经停顿与地面垂直前倒，屈膝抱腿跟上体成蹲撑。

3. 由蹲撑开始的前滚翻成并腿坐，体会动作直腿过程。

保护与帮助：保护、帮助者单腿跪于练习者侧前方，当练习者头部快要着垫子时，一手托其颈肩部，一手轻推其背部，帮助完成动作。

二、后滚翻

查看视频

动作做法：由蹲撑开始，身体稍向前移，双手体前撑地，含胸低头，团身后倒，身体依次经过头的后部、颈、背、臀，当滚动经过肩部时，迅速屈臂抬肘翻腕置于肩上，用力撑地，使身体继续翻转，经蹲撑成站立。（图10-1-2）

图 10-1-2　后滚翻

动作规格：团身要紧，滚动圆滑，方向要正。

技术要点：

1. 向后滚翻时所经部位要按顺序依次触垫。

2. 推手撑地时要团身，不能向上用力蹬腿伸髋。

教学提示：

1. 背靠墙站立，双手放于肩上，掌心朝上，抬肘，用手掌推墙，体会手臂发力。

2. 双手放于肩上，掌心朝上，做团身前后滚动练习。

3. 利用斜坡做翻滚动作，体会积极翻臀和推手。

保护与帮助：保护、帮助者单腿跪于练习者侧后方，当练习者头部快要着垫子时，一手托其颈肩部，一手轻推其背部，帮助完成翻转动作。

三、前滚翻分腿起

查看视频

动作做法：由蹲立开始，但两手撑地较远一点，顺势屈臂低头向前滚翻，当滚至臀部与垫子接触时，上体前屈，两腿迅速分开，同时双手掌在两腿之间的臀部正下方投影处快速用力推起，由脚跟着地再过渡到全脚掌，经

分腿屈体成开立姿势站立。（图10-1-3）

图 10-1-3　前滚翻分腿起

动作规格：从分腿开始，两腿保持直腿姿势，滚动圆滑，方向要正。

技术要点：

1. 蹬伸速度要快。

2. 要快速分腿和推手撑地，同时要与上体协调一致完成。

教学提示：

1. 在翻滚的过程中，地面平铺一块垫子，帮助练习者分腿。

2. 在斜坡上由高处朝低处向前滚翻，同时成分腿。

保护与帮助：保护、帮助者跪或站于练习者前侧方，推其臀部，帮助翻转。

四、鱼跃前滚翻

动作做法：由半蹲两臂后举姿势开始，重心前移，两臂前摆，使身体向前方跃起腾空。在空中保持手前伸，含胸，脚稍后摆姿势。双手撑垫时，顺势屈臂缓冲，低头、含胸屈体前滚，经头后部依次完成向前滚翻的动作。（图10-1-4）

查看视频

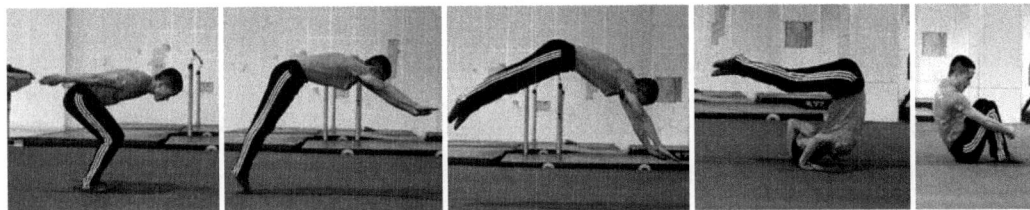

图 10-1-4　鱼跃前滚翻

动作规格：腾空重心位置高，脚离地后髋部要充分打开，滚动圆滑。

技术要点：

1. 蹬地、摆臂协调有力，腾空后保持最大弧形姿势。

2. 双手撑地点不宜太近，要有明显的远度。

3. 手撑地时要迅速屈臂控制身体。

4. 屈膝抱腿动作不宜过早，防止膝盖碰到脸。

教学提示：

1. 做前滚翻动作时逐渐加大摆臂手逐步远伸撑地练习，体会用力蹬地两臂积极上摆动作。

2. 站在高位置，手臂远伸撑垫，做屈臂低头滚翻动作，体会屈臂撑地的力量控制。

3. 设置一定高度障碍的前滚翻动作，要求空中紧腰，充分伸髋。

保护与帮助：保护、帮助者站于练习者侧前方，当练习者跃起腾空时，一手托其胸，一手托其大腿，帮助缓冲落地和向前滚翻。

五、屈体后滚翻直腿起

动作做法：由直立开始，上体前屈，重心后移，两手后伸在两腿外侧撑地，臀部后坐时上体后倒，收腹举腿翻臀，屈体向后滚翻，两手迅速翻掌，当滚至颈部时，两手在肩旁用力推撑，经屈体立撑成站立姿势。（图 10-1-5）

查看视频

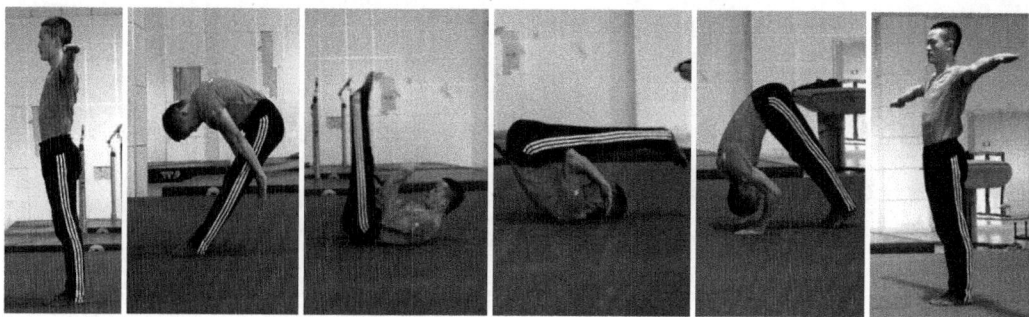

图 10-1-5　屈体后滚翻直腿起

动作规格：动作过程中保持直腿，滚动圆滑，经头部完成。

技术要点：

1. 屈体后滚要迅速。

2. 收腹举腿翻臀，换撑要快。

3. 推撑要及时、有力。

教学提示：

1. 练习者身后放高垫，先做屈体后坐练习。

2. 由坐撑开始做屈体后滚翻练习，要求快速、充分屈体翻臀，直腿后倒。

3. 动作快完成时，应保持两脚尽量靠近两手的位置着地。

保护与帮助：保护、帮助者站于练习者侧后方，提拉其臀髋部帮助翻转。

六、手倒立

动作做法：由直立开始，向前跨一步，两臂前举，身体前倾，两手前伸撑地，前脚蹬地，后腿向后上方摆起，摆至倒立部位时两脚并拢上伸，顶肩，立腰，身体伸直，眼睛看手成手倒立姿势。（图 10-1-6）

查看视频

图 10-1-6　手倒立

动作规格：身体伸直，保持直立，脚背绷紧。

技术要点：

1. 手倒立属于平衡静止类动作，需要长时间练习才能建立动作定型，因此应该经常练习，可与身体素质练习相结合进行。

2. 倒立时五指分开抓地，充分顶肩伸直身体，控制重心在支撑面内。

3. 身体失去平衡前翻时，应立即屈臂、低头、团身做向前滚翻动作。

教学提示：

1. 头朝前背对墙蹲撑，两脚依次蹬墙向上移动，直至膝、髋伸直成面向墙的斜倒立支撑，要求手撑地与墙距离逐渐缩小。

2. 在帮助下做手倒立练习或者正面靠墙手倒立练习，要求体会蹬摆动作的发力。

3. 在帮助下做侧面靠墙手倒立练习，要求体会单脚靠墙侧身倒立的动作技术。

4. 熟练后可利用倒立架进行练习和进行爬倒立动作练习。

保护与帮助：

1. 在做正面靠墙倒立练习时，保护、帮助者站于练习者的一侧，一手顶其肩，一手托其腿，帮助完成倒立动作。

2. 在做无墙倒立练习时，保护、帮助者站于练习者侧前方，双手扶其腿，帮助完成倒立动作；也可站于练习者前方，当练习者蹬摆时，迅速降低重心用手扶其腿，帮助完成倒立动作。

3. 在做完整动作时，保护、帮助者站于练习者侧前方，双手扶其小腿前移重心，当练习者重心前移到位时，稍提位帮助屈臂低头缓冲，然后放手跟进，推其背部帮助完成动作。

七、手倒立前滚翻

动作做法：由手倒立位置开始，向前送肩，脚尖远伸前倒，感到重心前移时，稍屈臂，顺势低头、含胸、收腹、跟上体、抱腿成蹲立姿势。（图10-1-7）

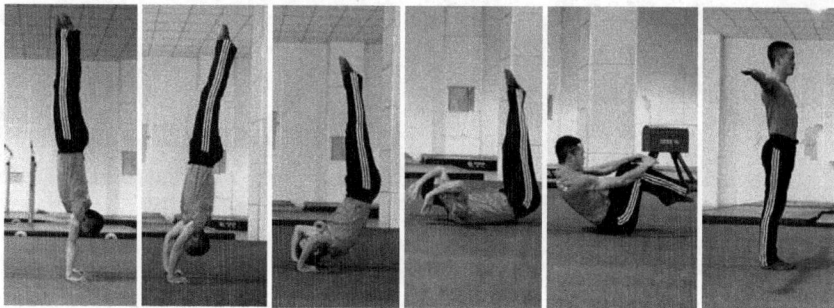

查看视频

图 10-1-7　手倒立前滚翻

动作规格：手倒立与前滚翻动作要明显，滚动圆滑、轻巧。

技术要点：

1. 倒立时要顶肩控制前倒，速度要慢。

2. 重心前移时再做屈臂低头动作，防止膝盖碰脸。

3. 完成屈臂后的前滚翻动作不宜过早。

4. 臀部着地时，屈膝抱小腿，成站立。

教学提示：

1. 做一腿后摆、一脚蹬地不经手倒立的前滚翻动作，体会屈臂低头滚翻技术。

2. 在保护与帮助下慢做手倒立前滚翻动作，体会直体重心前移后的屈臂、低头、团身滚翻动作技术。

3. 在保护与帮助下练习从身体直立姿势开始单腿蹬摆成手倒立，体会直体重心前移后的屈臂、低头、团身滚翻动作技术，再过渡到独立完成。

保护与帮助：保护、帮助者站于练习者侧，稍偏前方，双手扶其小腿前移重心，当练习者重心前移到位时，稍提位帮助屈臂低头缓冲，然后放手跟进，推其背部帮助完成动作。

八、侧手翻

查看视频

动作做法：以右脚站立、左脚前举为例，由直立开始，左脚前跨一步，同时两臂上举，上体前倾，身体左侧下压向左转体 90°，左手撑地，蹬伸左膝，右腿后摆。左右手依次在左脚的延长线上撑地，左脚蹬地后经分腿倒立姿势，顶肩、立腰，两手依次推地，两脚依次落地，成分腿开立、两臂侧平举姿势站立。（图 10-1-8）

图 10-1-8　侧手翻

动作规格：整个动作过程要保持身体与地面垂直，手脚落点成一条直线，身体伸直成一个平面。

技术要点：

1. 蹬地摆腿要快，髋部打开，蹬摆方向要正。

2. 顶肩推手要积极，经手倒立时顶肩、立腰、腿分开。

3. 整个动作依次协调完成。

教学提示：

1. 靠墙做侧起成分腿手倒立，接着侧翻下。

2. 在地上画一条直线，要求手脚落点保持在直线上。

保护与帮助：保护、帮助者站于练习者侧前方（前跨腿一侧），双手交叉扶其腰部两侧，练习者完成蹬摆后，帮助其完成身体翻转至开立姿势站立。

九、俯撑双腿经一侧摆越成仰撑

查看视频

动作做法：由俯撑动作开始，利用腰、腹的力量，前脚掌蹬地，顶肩重心左移，提背收腹，两腿经右向前摆越，当腿接近右臂时，推开右臂，使腿继续前伸，移回重心，右手撑地，同时形成两手撑地、肩角拉开、身体挺直的仰撑姿势。（图 10-1-9）

图 10-1-9　俯撑双腿经一侧摆越成仰撑

动作规格：动作过程中腿要充分伸直，完成动作拉开成一直线。

技术要点：

1. 脚蹬地侧摆，以提臀带动收腹。

2. 推手移重心换撑要及时。

3. 以身体长度为限，远伸挺身打开肩角。

教学提示：

1. 俯撑收腹提臀两脚蹬地练习时，要充分体会快速塌腰反弹收腹提臀的力量。

2. 俯撑收腹提臀两脚蹬地向侧摆腿时，要充分体会快速塌腰反弹收腹提臀向侧摆腿的动作。

3. 向侧摆腿时，体会重心移动。

保护与帮助：保护、帮助者跪于练习者支撑臂一侧，一手扶其大臂，一手帮助送臂，在练习者脚着地前，扶大臂手换托其背部。

十、跪跳起

动作做法：由跪立姿势两臂前举开始，上体稍前倾，屈髋后坐，同时两臂后引，迅速向前上方摆臂，伸膝立腰，脚背和小腿发力下压，当身体向上腾起时，两臂制动，收腹提膝落下成蹲立姿势。（图 10-1-10）

查看视频

图 10-1-10　跪跳起

动作规格：动作配合协调，腾空高，落地稳。

技术要点：

1. 两臂的摆动与髋关节的弹性屈伸协调配合。

2. 摆臂、伸腰，脚背、小腿下压同时发力。

教学提示：

1. 摆臂、伸腰、制动手臂练习。

2. 可在保护与帮助下逐步过渡练习。

保护与帮助：保护、帮助者站于练习者侧方或后方，随着练习者的起跳，向上提拉其大臂，帮助达到起跳高度。

十一、侧平衡

查看视频

动作做法：由直立开始，一腿站立，另一腿慢慢侧举，同时上体侧屈，一臂上举贴于耳根部位，另一臂稍屈贴于身体后成侧身，保持举腿平衡姿势。（图 10-1-11）

图 10-1-11　侧平衡

动作规格：动作舒展，髋正，侧举的腿高于髋关节，抬头挺胸。

技术要点：举腿侧屈动作缓慢，整个动作不屈髋，支撑腿始终不弯曲。

教学提示：

1. 多做侧压或侧踢腿练习。

2. 做扶把杆或肋木的侧控腿练习。

保护与帮助：保护、帮助者站于练习者后方，一手托其举腿，另一手扶其上臂。

十二、头手倒立

查看视频

动作做法：由蹲立姿势开始，上体前倾，两手体前撑地与肩同宽。两腿伸直，屈臂提臀，重心前移，头前额在两手前着地，头与手之间成正三角

形，利用两腿蹬摆的力量使脚离地，两腿并拢上伸，身体挺直成头手倒立。（图 10-1-12）

图 10-1-12　头手倒立

动作规格：身体伸直并与支撑面垂直。

技术要点：

1. 头、手撑垫成正三角形，两肘内夹。

2. 腿摆至倒立部位时，蹲地腿应主动与摆动腿并拢。

3. 身体重心始终保持在支点垂面范围内。

教学提示：

1. 靠墙做一脚蹬地、一腿后摆成头手倒立动作。

2. 保护、帮助者扶其小腿帮助完成动作。

保护与帮助：保护、帮助者站于练习者侧方，当其提起重心时扶腿，帮助伸展及维持平衡。

十三、经单肩屈体后滚翻成单腿跪撑平衡

动作做法：由直角坐撑开始，上体前屈，接着向后滚动，在收腹举腿翻臀时，头向左侧倒。当臀部翻至支点垂面时，右臂经侧伸与左臂及时用力推地，经右肩向后滚翻，右腿下落屈膝跪地成单腿跪撑平衡。（图 10-1-13）

查看视频

图 10-1-13　经单肩屈体后滚翻成单腿跪撑平衡

技术要点：

1. 上体后倒，举腿翻臀的同时头侧屈。

2. 臀部翻至支点垂面时，抬头，两腿前后分开。

3. 经右肩后滚翻时左手用力。

教学提示：

1. 直角坐，做后倒举腿、翻臀、头向左侧屈的练习。

2. 经单肩后滚翻成跪撑。

3. 头侧屈与后举腿同向，即头向左侧，左腿后举，右腿跪撑。

保护与帮助：保护、帮助者位于练习者侧面，一手托其肩，一手托其后举腿，助其完成。

十四、纵劈叉

动作做法：由站立姿势开始，单脚向前滑动，两腿前后拉开成一直线，前腿后部着地，脚面绷直，脚掌向下，后腿前部着地，脚面绷直，脚掌向上或向内，两臂伸直侧撑地或侧举，抬头挺胸，上体挺直。（图10-1-14）

查看视频

图 10-1-14　纵劈叉

动作规格：前后腿着地成一直线。

技术要点：

1. 单腿沿直线向前滑腿，上体直，髋正。

2. 髋关节充分展开，膝盖和脚尖远伸绷直。

教学提示：

1. 体前屈或弓步做压腿动作。

2. 在帮助下练习纵劈叉。

十五、横劈叉

动作做法：由分腿立撑姿势开始，两腿伸直向左右滑动成"一"字，两腿内侧与臀部着地，两臂伸直在体前撑地或侧举，上体保持正直。（图 10-1-15）

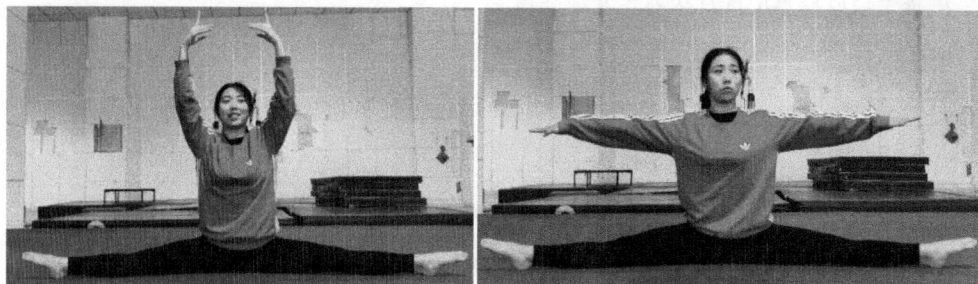

图 10-1-15　横劈叉

动作规格：左右腿着地成"一"字。

技术要点：

1. 两腿脚尖沿着直线向两侧滑腿，体直、髋正。

2. 髋关节顶开，膝盖和脚尖远伸绷直，脚掌向下。

教学提示：

1. 侧弓步做压腿动作。

2. 两手撑地，两腿左右分开，向下压腿。

3. 在帮助下练习横劈叉。

十六、头手翻

动作做法：身体直立，上体快速前屈，两臂体前屈肘撑地，前额在两手间稍前的地方顶地，同时两脚用力蹬地伸膝，使身体经短暂屈体过程重心前移，超过头部支点垂直前上方后，两腿快速向前上方蹬伸，同时双手用力快速推撑，充分展髋，使身体腾空，保持推手后的抬头挺胸，身体呈一定反弓形姿势至落地。落地时脚掌前半部着地缓冲，保持两臂上举的站立姿势。（图 10-1-16）

图 10-1-16　头手翻

动作规格：推手蹬伸快，身体腾空高。

技术要点：

1. 蹬伸快，头与手的着地点要正确。

2. 臀部过垂面时猛力向前上方打腿伸髋。

3. 推手后保持身体反弓姿势至落地站稳。

教学提示：

1. 在仰卧屈体的状态下，肩背着垫，在同伴的帮助下做原地屈伸练习。

2. 在两人保护一人的情况下练习。

3. 在保护与帮助下，由高处向低处做头手翻练习。

保护与帮助：保护、帮助者单膝跪于练习者前侧方，一手托其大臂、肩部，一手托其腰部，帮助翻转。

十七、前手翻

动作做法：由直立姿势开始，趋步落地后上体积极下压。一腿用力向后上方迅速摆起，两手积极前伸撑地，另一脚蹬地，迅速与摆动腿并拢，接近手倒立时制动腿，顶肩推手。腾空后稍抬头，保持挺身，落地缓冲成两臂侧上举的直立姿势。（图 10-1-17）

查看视频

图 10-1-17　前手翻

动作规格：顶肩推手后有明显腾空高度，落地站稳。

技术要点：

1. 趋步后，上体快速下压，两手积极前伸撑地。

2. 蹬地、摆腿、并腿要快速，顶肩推手要快速有力、协调配合。

3. 完成推手离地后，身体应保持稍反弓形至落地站稳。

教学提示：

1. 靠墙竖一厚垫练习蹬、摆、并腿。

2. 在两人帮助下，做蹬、摆、并腿和推跳练习。

3. 在帮助下，由高处向低处做前手翻练习。

保护与帮助：保护、帮助者站于练习者手撑地位置的侧前方，一手顶其肩，一手托其背，帮助翻转；或者一手顶其肩，一手拨其蹬地腿，帮助翻转。

十八、侧手翻内转90°(踺子)

动作做法：趋步跳起后，肩拉开，上体下压，手臂向前撑地转体，一脚蹬地，一腿向后上方摆起，迅速并腿经手倒立，同时以支撑臂为轴，以肩和头带动转体90°，接着两手猛力推垫并迅速屈髋、收腹、提腰、插腿至站立。

查看视频

如要连接后空翻，技术与小翻踺子基本相同，但两臂支撑点要远些，转体推离后两腿要后踹，两脚掌着地后迅速踏地，并立即立腰、领臂、梗头向上跳起。(图 10-1-18)

图 10-1-18　侧手翻内转90°(踺子)

动作规格：方向正，经手倒立过程转体，推手有力，贯腿立腰快。

技术要点：

1. 趋步后，上体迅速下压，两臂稍屈依次撑地。

2. 以头带动向内转体，两腿在倒立部位并拢要快。

3. 用力推离后，立即提腰抬臂起上体，同时猛力向内贯腿。

教学提示：

1. 做快速侧手翻。

2. 在帮助下原地做侧手翻内转90°成倒立练习。

3. 由手倒立开始做推手贯腿练习。

4. 直接练习，保护、帮助者站于练习者侧方，两手扶其腰，助其转体；空翻踺子则两手托其腰，或一手托其腹、一手托其背，向上提拉。

保护与帮助：保护、帮助者站于练习者手撑地位置的侧前方，于练习者的背面两手扶其腰，帮助转体。

第二节　跳跃

　　跳跃动作是各级学校体育教学的主要内容，包括一般跳跃和支撑跳跃两大类。本节主要介绍跳跃的助跑、上板、踏跳、腾空过马等动作。跳跃动作对培养练习者的勇敢、果断等意志品质和腾越障碍的技能有一定的作用，特别是对发展空间定向判断能力和控制身体平衡能力有着积极作用。

一、助跑起跳

　　动作做法：由助跑开始，上体稍向前倾，前脚掌触地，两腿向后充分蹬直，向前送髋跑动。动作协调，步点准确，上板前最后几步上体自然抬起，两臂后移，踏板起跳。（图 10-2-1）

查看视频

图 10-2-1　助跑起跳

　　动作规格：

　　1. 助跑动作舒展，轻松迅速，摆臂协调。

　　2. 踏跳有力，动作连贯。

　　技术要点：

　　1. 助跑技术基本上与短跑途中跑相似，采用逐渐加速的方法。

　　2. 助跑的距离和速度应根据腾越器械、动作类型和个人特点而定。

　　3. 上板时单跳双落，双脚起跳时要梗头、含胸、紧腰。

　　教学提示：

　　1. 跑步摆臂，后蹬练习。

2. 三步单跳双落练习。

3. 快速助跑，踏板练习，在踏板上反复踏跳。

4. 踏板靠墙或距墙 50～60 厘米，做上板踏跳练习。

保护与帮助：保护、帮助者站在弹跳板前练习者落点一侧，一手在前，另一手在其腰部挡扶。

二、挺身跳

动作做法：轻松助跑，采取单跳双落上板，跳起后，空中挺胸，立腰梗头，保持身体挺身姿势，缓冲落地。（图 10-2-2）

查看视频

图 10-2-2　挺身跳

动作规格：腾起高，在最高点时身体充分伸直。

技术要点：

1. 由于弹跳板需要有一定的缓冲时间，所以起跳动作不宜太快。

2. 起跳时要立腰、梗头上顶，两臂同时积极上摆。

3. 空中要短暂憋气，固定躯干，微挺胸。

4. 落地时踝关节微屈缓冲至全脚掌立稳为止。

教学提示：

1. 做助跑上板练习。

2. 做垫上练习和由高向低挺身跑下练习。

3. 弹跳板上连续起跳接挺身下。

保护与帮助：保护、帮助者站在弹跳板前练习者落点一侧，一手在前，另一手在后挡扶，防止前后跌倒。

三、屈腿团身跳

动作做法：快速助跑，积极上板，用力摆臂起肩和充分蹬伸相结合，使身体向上伸直跳起，接近最高点时用力收腹屈腿上提，两手抱膝团身，随即迅速展体缓冲落地。（图 10-2-3）

查看视频

图 10-2-3　屈腿团身跳

动作规格：要腾空高，团身、抱小腿。

技术要点：

1. 起跳和落地技术同挺身跳。

2. 腾空至最高点的瞬间要固定上体，同时迅速屈膝上提、抱腿。

3. 伸展时两臂要积极上举，头部上顶，同时两腿用力下伸。

4. 动作过程中，呼吸的配合由提气转入短暂憋气至沉气。

教学提示：

1. 垫上一人在练习者身后扶腰帮助其向上跳起，完成团身跳练习。

2. 由高位置向低处做团身跳下。

3. 弹跳板上连续弹跳接做团身跳下。

保护与帮助：保护、帮助者站在弹跳板前练习者落点一侧，一手在前，另一手在后挡扶，防止前后跌倒。

四、分腿跳

动作做法：助跑积极上板，使身体向前上方垂直腾起。接近最高点时，迅速收腹屈腿，两腿外分，同时上体前倾，两手触击脚面，随即并腿展体缓冲落地。（图 10-2-4）

查看视频

图 10-2-4 分腿跳

动作规格：腾空高，屈体分腿要充分。

技术要点：

1. 起跳和落地技术同挺身跳。

2. 腾空至最高点前瞬间固定上体，由脚面发力带动下肢迅速向上屈膝，同时两手击足。

3. 梗头上顶，积极向上举臂，以带动两腿下压伸直身体至落地。

教学提示：

1. 垫上一人在练习者身后扶腰帮助其向上跳起，完成屈体分腿跳练习。

2. 由高位置向低处做屈体分腿跳下。

3. 弹跳板上连续弹起接做屈体分腿跳下。

保护与帮助：保护、帮助者站在弹跳板前练习者落点一侧，一手在前，另一手在后挡扶，防止前后跌倒。

五、挺身跳转 180°

动作做法：助跑起跳后身体垂直向上，保持紧腰伸直姿势，利用头、臂、肩带动身体向转体方向沿纵轴转动，转体接近 180°时，两臂向前上方伸展制动，平衡落地。如果是向左转体，则左臂上举，右臂伸向左腋。（图 10-2-5）

查看视频

图 10-2-5 挺身跳转 180°

动作规格：腾空转体时方向要正，身体要直。

技术要点：

1. 起跳至最高点瞬间，两臂上举，开始转体。

2. 以头部左侧梗和左臂伸向右腋完成转体动作。

教学提示：

1. 垫上原地跳转 180°下。

2. 由高向低做跳转 180°下。

3. 弹跳板上连续弹起接做跳转 180°下。

保护与帮助：保护、帮助者站在练习者转体方向同侧的落点处，两手前挡后扶，维持其身体平衡。

六、跳上成蹲撑接挺身跳下

动作做法：由助跑起跳开始，两臂迅速前摆，含胸低头，前伸撑器械同时提腰，屈膝靠胸，前脚掌踏在器械上成蹲撑。两臂推离器械向前上方摆，同时腿用力蹬离器械，使身体向前上方腾起，挺身展体落地。（图 10-2-6）

查看视频

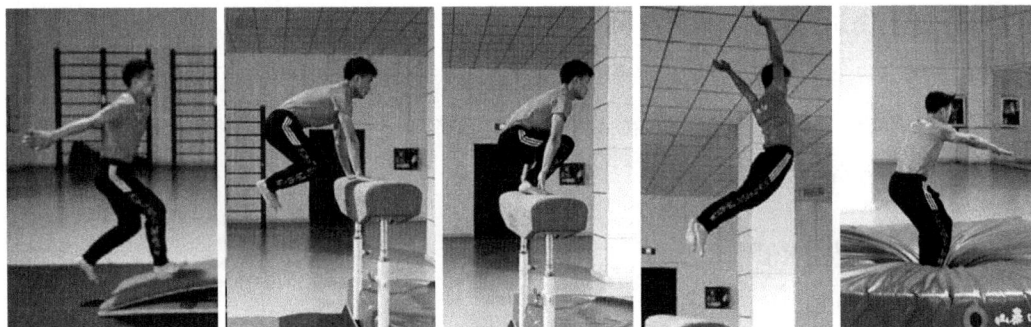

图 10-2-6　跳上成蹲撑接挺身跳下

动作规格：要有短暂蹲撑过程，空中身体伸展充分。

技术要点：

1. 起跳后两臂及时撑马，用力顶肩，防止前冲，同时稍含胸提臀，屈膝上提成蹲撑。

2. 蹬离器械时，头要上顶，两臂配合向前上摆。

教学提示：

1. 垫上俯撑或鱼跃经水平支撑，迅速提腰、收腹、屈腿经蹲撑，接着推手挺身跳。

2. 做短距离助跑踏跳练习。

3. 在横鞍马上或加高两手支点的横马上练习，再转到在直接帮助下练习。

保护与帮助：

1. 保护、帮助者站在器械正前方，当练习者跳上成蹲撑时，两手顶其肩部。

2. 保护、帮助者站在器械前侧，一手扶顶练习者上臂，另一手托其大腿后部，帮助成蹲撑。练习者跳下时两手挡扶其腹、背部，防止跌倒。

七、跳上成分腿立撑接挺身跳下

动作做法：由助跑起跳开始，两臂迅速前摆，含胸低头，手撑器械，同时收腹提臀，顶肩成屈体分腿立撑。两臂推离器械向前上方摆起，同时两腿用力蹬离器械使身体向前上方腾起，并腿展体挺身落地。（图10-2-7）

查看视频

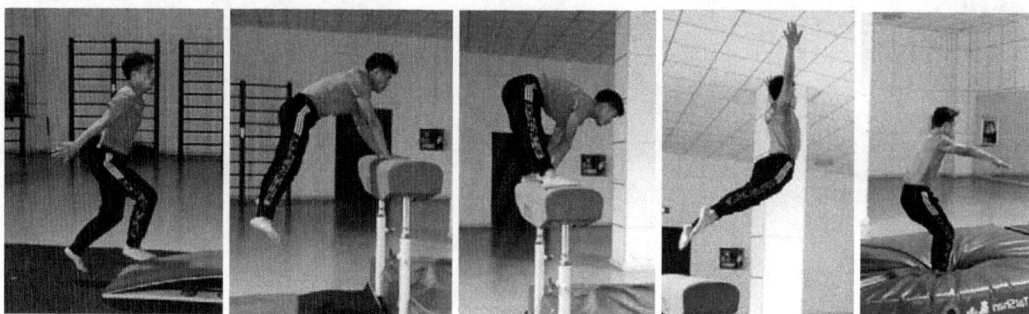

图 10-2-7　跳上成分腿立撑接挺身跳下

动作规格：向上腾起要高，伸展充分，落地远，动作连贯紧凑。

技术要点：与跳上成蹲撑接挺身跳下基本相同，只是含胸提臀，屈髋分腿立撑时臀稍高，腾起后立即并腿挺身展体落地。

教学提示：

1. 垫上俯撑或臂远撑垫，同时蹬地、提臀、顶肩经水平撑，分腿立撑，推手接挺身跳。

2. 弹跳板上挺身跳。

3. 助跑起跳上高位置接分腿立撑。

4. 由在横鞍马或高垫上练习过渡到在帮助下直接练习。

保护与帮助：

1. 保护、帮助者站在器械正前方，当练习者跳上成分腿立撑时，两手顶其肩部。

2. 保护、帮助者站在器械前侧方，一手扶顶练习者上臂，另一手在后托其大腿或腹部，帮助经分腿立撑。练习者挺身跳下时在其落点侧面扶背，挡扶其腹部。

八、跳上成跪撑接跪跳下

查看视频

动作做法：由助跑起跳开始，两臂迅速前摆撑器械，紧腰、屈膝成跪撑，接着两臂推离器械，同时抬上体两臂后摆，前摆至垂面时，小腿积极向下压器械，两臂用力上摆使身体向前上方腾起，在空中经跪姿，抬头挺身，伸腿落地。（图10-2-8）

图10-2-8　跳上成跪撑接跪跳下

动作规格：空中经跪姿伸展。

技术要点：

1. 起跳后两臂支撑器械时，注意用力撑住重心，含胸、屈膝前引成跪撑。

2. 跳起前两臂要预先后摆并抬上体，以手腕发力带动提肩向前上摆起，同时小腿发力。

教学提示：

1. 垫上鱼跃成跪撑，体会摆臂跪跳起。

2. 将矮跳箱放在垫子上（高20厘米），由垫上向跳箱上跳成蹲。

3. 在垫上连续做跪跳起的动作。

保护与帮助：

1. 保护、帮助者站在器械正前方，当练习者跳上时，两手顶其肩部，然后移动至侧方保护其落地。

2. 保护、帮助者站在器械前侧方，当练习者跳上时，一手握其上臂，另一手托其大腿后部，帮助成跪撑。练习者落地时挡扶其腹、背部，维持平衡。

九、屈腿腾越（横马或横箱）

查看视频

动作做法：以横马为例，快速助跑，积极上板踏跳。含胸摆臂，上体前倾，两臂主动前伸撑器械，顶肩快速推手。推手时迅速屈腿，提膝团身经蹲

的姿势，推手后两腿迅速下伸，同时抬上体，挺身落地。（图10-2-9）

图 10-2-9　屈腿腾越（横马）

动作规格：撑马时，经屈腿姿势与肩平，腾空明显，展体落地。

技术要点：

1. 起跳后两臂要积极前伸撑马，随即用力顶肩推手，提臀、屈膝向胸部前引，在肩过垂直线时完成推手动作。

2. 推手后应向上用力立腰，带动两腿向下伸展。

教学提示：

1. 垫上俯撑或鱼跃经水平支撑，推手成蹲立。

2. 弹跳板上屈腿跳。

3. 高位置跳上经蹲撑，挺身跳下。

4. 由在山羊、横跳马或加高支撑点的横器械上练习过渡到在横马上练习。

保护与帮助：保护、帮助者站在马前一侧，当练习者撑马时，一手握其上臂，另一手托其大腿或臀部，帮助屈腿。落地时转为一手扶背，另一手挡扶腹部，维持平衡。

十、分腿腾越（横马或横箱）

动作做法：以横马为例，由助跑起跳开始，两臂快速前摆，含胸提腰，主动前伸撑器械，两腿稍后摆，上体下探，顶肩推手。推手后两腿侧分，立即制动腿，同时上体快速上抬，展髋挺身落地。（图10-2-10）

查看视频

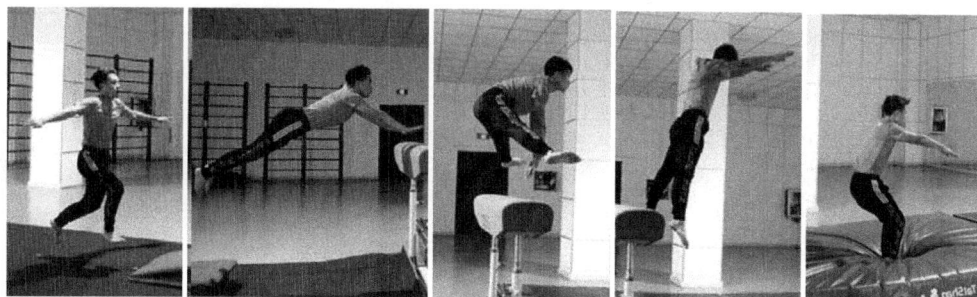

图 10-2-10　分腿腾越（横马）

动作规格：臀部不低于肩轴，推手瞬间分腿。

技术要点：

1. 起跳后两臂迅速前伸撑马，同时含胸提腰。

2. 推离瞬间，两腿侧分并急速下压，进行制动。

3. 两臂顺势上举，起肩抬头进入腾空，与此同时迅速并腿前伸落地。

教学提示：

1. 在横箱跳上做分腿立撑，试做几次后可直接在山羊上练习。

2. 随着动作的逐步熟练，宜将弹跳板移远一些。

保护与帮助：保护、帮助者位于山羊前侧方，扶握练习者的上臂，助其抬起上体，同时后退，帮助完成腾跃动作。

十一、分腿腾越(纵马或纵箱)

动作做法：基本与横马或横箱分腿腾越相同。以纵马为例，在技术上加长助跑距离，提高水平速度，起跳后两臂要迅速向前上摆，拉开肩角，含胸提腰，尽量撑马的远端。由于纵马形体加长，增加了练习者心理上的难度，因此练习者应克服畏惧心理，加强练习。(图 10-2-11)

查看视频

图 10-2-11　分腿腾越(纵马)

动作规格：手远撑时，髋部与肩平，膝关节直，推手后有明显的腾空和展体动作。

技术要点：

1. 起跳后两臂迅速前伸撑马，同时含胸提腰。

2. 推离瞬间，两腿侧分并急速下压，进行制动。

3. 两臂顺势上举，起肩抬头进入腾空，与此同时迅速并腿前伸落地。

教学提示：

1. 高位置跳上成分腿立，鱼跃手前撑马分腿落下。

2. 山羊、横马分腿腾越，逐渐拉远弹跳板的距离并限制其推手的宽度。

3. 纵马分腿腾越落在更高的垫上，然后逐渐降低高度到合适位置完成练习。

保护与帮助：保护、帮助者站在练习者落地一侧，落地时两手扶挡其背、腹部，防止跌倒。

第三节　单杠

单杠是技术类体操中的一项重要内容。单杠动作主要是人体围绕器械轴做各种悬垂或支撑的动作，主要依靠双臂、肩带、腰背和髋关节的协调配合，完成摆动、摆越、屈伸、回环、腾越、转体等动作。单杠动作可以是单个动作，也可以是各种动作组合在一起的成套动作。经常进行单杠练习既可以增强肌肉力量和柔韧性，又可以增强人体运动系统、内脏器官和神经系统的功能，培养勇敢的精神、顽强的意志。根据目前学生情况，在此我们选择低单杠作为大学生练习的器械。

一、单脚蹬地翻上成支撑

动作做法：由站立悬垂姿势开始，上一步屈臂引体，前腿用力蹬地，后腿向后上方摆动，两腿在空中迅速并拢，腹部紧贴杠。上体翻至杠前水平部位时迅速制动双腿，抬头、挺胸、翻腕、伸髋成直臂支撑。（图 10-3-1）

查看视频

图 10-3-1　单脚蹬地翻上成支撑

动作规格：支撑时双腿与单杠垂直面的夹角在 45°以上，动作连贯有序，挺身充分。

技术要点：摆腿蹬地充分，屈臂用力拉杠，使身体重心迅速靠近单杠。

教学提示：

1. 在低单杠上练习屈臂引体。

2. 在垫上练习仰卧举腿，或在高单杠上练习悬垂直角举腿。

3. 在低单杠上做摆腿蹬地同时踢头顶上方标志物的练习。

4. 从杠上支撑开始，做向前翻身下的练习。

5. 垫高蹬地脚的位置，在帮助下练习两腿的制动、挺身抬上体、翻腕成支撑。

6. 在帮助下进行完整动作的练习。

保护与帮助：保护、帮助者站在杠前侧面，一只手托练习者的腰部，另一只手托其肩部，当练习者腹部贴杠后，换成一手扶肩，另一手托腿。

二、挂膝上

查看视频

动作做法：由正握骑撑开始，重心后倒，后腿后下伸，直臂后倒挂膝，后腿前摆至杠水平面时做制动式的前伸动作。回摆时，后腿充分伸直后摆，后摆接近极点时，前腿膝用力勾杠，同时顺势屈臂翻腕压杠，起上体成骑撑。（图 10-3-2）

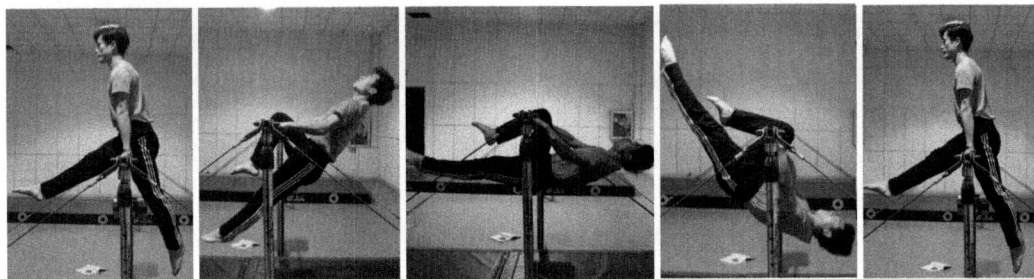

图 10-3-2 挂膝上

动作规格：单挂膝前后摆动在 45°以上，直臂压杠成骑撑。

技术要点：

1. 始终直臂握杠，摆动时，肩部尽力远离握点。

2. 回摆时，摆动腿主动前伸加速后摆，在回摆上体超过杠水平后，迅速直臂压杠，转腕成支撑。

教学提示：

1. 单挂膝摆动时，前面可放一标志物，加大摆幅。

2. 在帮助下练习，帮助者站在练习者摆动腿同侧的前侧方，一手扶其肩部，另一手按其摆动腿的膝部，顺回摆之势，一手托其背部，另一手压其腿上，帮助成骑撑。

3. 由骑撑开始，后倒来完成动作。

保护与帮助：保护、帮助者站于杠下前侧方，一手压练习者摆动腿的膝部，另一手托其背部，帮助完成动作成骑撑。再一手托其前腿，另一手扶其背部，维持平衡。

三、正撑单腿摆越成骑撑及还原

查看视频

动作做法：由支撑姿势开始（以右腿为例），右臂顶杠，身体重心左移，同时右腿向右侧摆起，随后右手推杠，右腿向前摆越，随之上体右移，右手迅速撑杠，右大腿根部靠杠成骑撑。还原时，做法相同，但右腿向后摆越。（图10-3-3）

图 10-3-3 正撑单腿摆越成骑撑及还原

动作规格：腿侧摆越时，有明显腾越，骑撑时，腿直、臂直、上体直，两腿间的前后方向的夹角大于90°。

技术要点：移重心与手推离杠同时进行，上体左移紧依支撑臂，撑手快。

教学提示：

1. 手持体操棍于腹前，站立做单腿向前摆越及还原的模仿练习。

2. 在跳箱（鞍马）上练习支撑单腿摆越成骑撑及还原。

3. 在低单杠上进行完整动作的练习。

保护与帮助：保护、帮助者站在练习者摆越腿的异侧，一手扶其上臂，一手托其摆动腿，配合重心的移动，帮助其固定成骑撑和支撑的身体姿势。

四、骑撑后腿摆越转体 180°成支撑

查看视频

动作做法：以左腿骑撑动作开始，左手离身体约10厘米处反握杠。右臂顶杠，身体重心移向左臂，上体积极向左后方倒体，同时展髋，右腿后举，以头和上体带动转体，右腿摆越过杠转体180°成支撑。（图10-3-4）

动作规格：两腿保持在水平面以上，挺身转体时，动作平衡、连贯有序。

技术要点：

1. 上体侧后倒时，挺身控腿。

2. 使上体与杠垂直面保持适度倾斜，维持身体平衡。

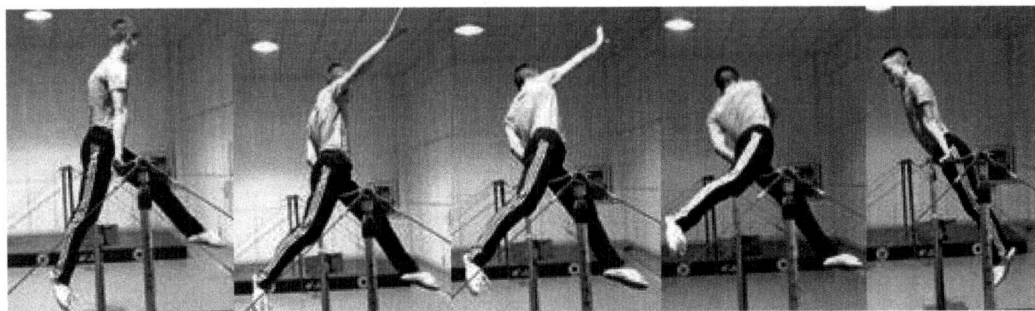

图 10-3-4　骑撑后腿摆越转体 180°成支撑

教学提示：

1. 在跳箱（马）或鞍马上练习骑撑后腿向前摆越转体 180°成支撑动作。

2. 在低单杠前旋转跳箱（马）或高凳，前脚放在上面，在帮助下做转体动作练习。

3. 在低单杠上进行完整动作的练习。

保护与帮助：保护、帮助者站在练习者的正前方，一手或两手握其前脚，顺势帮助转体成支撑。或站在杠后与练习者转体方向相同的一侧，一手扶其支撑臂，另一手扶其臀部，帮助转成支撑。

五、骑撑前回环

动作做法：由反握杠骑撑动作开始，直臂顶肩，前腿向前远跨，后腿上部压杠，同时立腰，挺胸抬头，上体积极前倒，使重心尽量远离握点。当上体回环过杠下垂直面后，前跨腿下压，使前大腿根部靠杠。当上体回环至杠后水平部位时，直臂压杠挺胸，翻腕制动腿成骑撑。（图 10-3-5）

查看视频

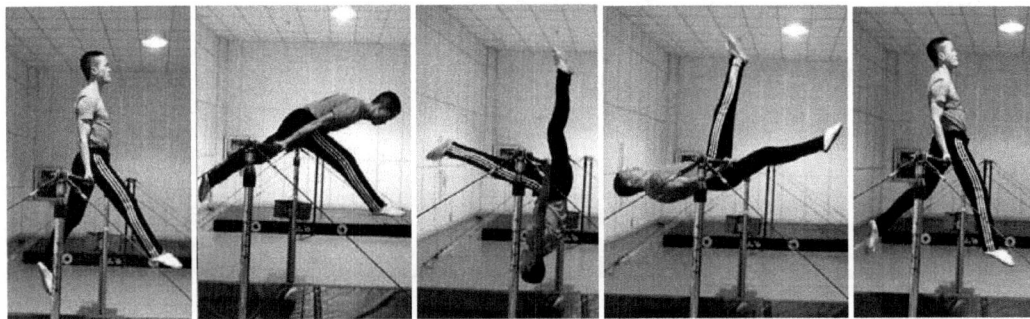

图 10-3-5　骑撑前回环

动作规格：两腿前后分开的夹角不大于 90°，保持分腿、直臂、直腿完成回环一周。

技术要点：

1. 支撑位置高，挺胸、前跨、倒上体，前腿要加速向下摆动。

2. 身体超过杠下垂直面时，前腿根部下压靠杠。

3. 身体超过杠后水平面时，翻腕控制握杠，两腿分开成骑撑。

教学提示：

1. 帮助者站在低单杠前，一手托小腿，另一手顶肩，或者两手顶肩，让练习者体会骑撑前腿远跨和挺胸前倒的技术动作。

2. 在杠前设置标志物，在帮助下做前腿触及标志物后完成骑撑前回环动作的练习。

3. 在帮助下完成骑撑前回环。

4. 独立完成骑撑前回环。

保护与帮助：保护、帮助者站在杠后的右侧方，一手翻握，从杠下握练习者的手腕。当练习者上体回环至杠下垂直面时，换成一手托其背，另一手扶其腿成骑撑。

六、支撑后回环

动作做法：由支撑开始，两腿先前摆，上体稍前倾，接着两腿向后上方积极后摆，直臂顶肩撑杠。回摆时，上体稍前移，直臂直体下落。当腹部接近杠时，上体迅速后倒，并直臂拉压杠。当回环至杠前水平时制动两腿，上体迅速抬起，挺身翻腕成支撑。（图 10-3-6）

查看视频

图 10-3-6 支撑后回环

动作规格：后摆身体高于肩水平，直臂直体，回环连贯。

技术要点：

1. 后摆时，直臂含胸，腹部靠近杠时，梗头倒肩、直臂压杠。

2. 身体回环至杠前水平时，背腿制动、起肩、挺胸成支撑。

教学提示：

1. 在帮助下完成支撑后摆落下成支撑动作。

2. 练习快速翻上成支撑动作，体会回环后半圈的背腿制动、翻腕屈肩、抬头挺胸等动作要领。

3. 在帮助下练习慢回环，体会回环过程中的时间和空间感觉。

4. 逐步过渡到独立完成支撑后回环。

保护与帮助：保护、帮助者站在杠前侧面，当练习者后倒时，一手按其腰助其腹部靠杠，另一手拨其大腿助其回环；当练习者制动腿抬上体时，换成一手托其肩，另一手托其腿，助其抬上体。

七、支撑后摆下

动作做法：由支撑开始，肩稍前倾，两腿先稍前摆，随后用力后摆，直臂顶肩成腾空姿势撑杠。后摆身体上升至最高点时，含胸并制动两腿，同时直臂顶肩推杠，抬上体挺身跳下，然后屈膝缓冲落地。（图 10-3-7）

查看视频

图 10-3-7　支撑后摆下

动作规格：后摆两脚高于头部，保持直体挺身。

技术要点：

1. 两腿后摆用力向后上方甩腿，同时直臂、含胸、顶肩撑杠。

2. 两腿制动，直臂顶肩推杠。

3. 腾空时两腿下压，抬上体。

教学提示：

1. 由垫上俯撑开始，帮助者抓住练习者的踝部，抬起成斜上 45°，练习者体会顶肩及空中身体姿态。

2. 俯卧于跳马（箱）上，胸、腹部触马，下肢悬垂，手撑肋木且低于肩，抬头，顶肩，两腿后摆，体会摆腿时参与工作的肌肉用力。

3. 在低单杠上练习支撑后摆回落成支撑动作，体会后摆技术。

4. 在高于地面处由半蹲姿势开始起跳，体会空中身体姿态及落地缓冲。

5. 在帮助下练习支撑后摆下，逐步过渡到独立完成。

保护与帮助：保护、帮助者站在练习者侧后面，一手扶其上臂，另一手托其大腿前部，助其后摆。挺身下时，跟随其落地点，一手扶其上臂，另一手扶其背。

八、直角悬垂摆动屈伸上

查看视频

动作做法：由站立悬垂姿势开始，屈膝下蹲向后上方跳起，提臀、屈髋举腿、直臂含胸沉肩，经直角悬垂前摆。前摆接近结束时，迅速收腹举腿、屈髋、翻臀，使两脚靠近杠面成屈体悬垂姿势，接着两腿迅速沿杠向前上方伸髋，同时直臂压杠，紧跟上体，翻腕成支撑。（图 10-3-8）

图 10-3-8　直角悬垂摆动屈伸上

动作规格：经屈体悬垂摆动，直臂直腿，展髋充分。

技术要点：

1. 前摆接近最高点时，快速举腿、翻臀，两脚靠近杠面成屈体悬垂姿势。

2. 后摆肩超过杠下垂直面后两腿始终沿杠面伸展，同时配合直臂压杠，跟上体成支撑。

教学提示：

1. 仰卧在跳箱上，两手握体操棍，做屈身上的模仿练习。

2. 在高低杠上做两手握高杠、一只脚蹬低杠的屈伸上动作，体会伸腿展髋、直臂压杠和紧跟上体。

3. 由站立悬垂开始，练习直角悬垂摆动，随后收腹举腿成屈体悬垂的动作。

4. 在杠前放置一个山羊（高度适中），由前仰姿势开始，在帮助下做屈伸上动作，体会举腿后的伸髋、压杠、翻腕动作。

5. 在保护与帮助下练习直角悬垂摆动屈伸上的完整动作，并逐步过渡到独立完成。

保护与帮助：保护、帮助者站在杠前练习者一侧，一手托其肩背，另一手托其大腿或臀部，助其前摆、收腹举腿、伸髋、压杠成支撑。

九、支撑后倒弧形下

查看视频

动作做法：由支撑姿势开始，上体迅速后倒，顺势举腿翻臀，使大腿上部尽量靠杠，接着两腿沿杠向前上方加速伸腿、送髋、抬头，同时积极直臂

向后引杠。推杠后，两腿前伸下压，抬头挺身，使身体在空中经弧形落下。（图10-3-9）

图 10-3-9　支撑后倒弧形下

动作规格：呈反弓形腾空，重心最高点至少应在杠水平面上。

技术要点：

1. 举腿屈髋、快速倒肩时，两臂必须压紧杠。

2. 肩轴超过杠下垂直面后，要用力向前上方伸髋，同时直臂向头后拎杠。

3. 进入腾空阶段后，两腿下压，抬头挺胸并呈反弓形，直至落地前刹那。

教学提示：

1. 低单杠站立悬垂，跳起弧形下，着重体会沿着杠面积极后倒伸髋。

2. 在帮助下练习支撑后倒弧形下，体会抬头直臂压杠。

保护与帮助：保护、帮助者位于杠前侧方，在练习者后倒弧形下时一手托其臀，另一手托其背，助其向前上抛出，接着一手扶其腹，另一手托其背，助其安全落地。

第四节　双杠

双杠是各级学校体育教学的主要内容。双杠上的动作有易有难，变化多样，练习者可以根据自身情况选择摆动、摆越、滚翻、转体、屈伸等动作，因此深受广大学生的喜爱。双杠动作的练习可以有效地发展上肢、躯干、肩带肌和腹背肌的力量，亦可提高对身体各部分的控制能力、协调能力和平衡能力，还能培养勇敢、顽强、果断和勇于克服困难、刻苦练习的良好心理品质。

一、跳上支撑前摆成外侧坐

查看视频

动作做法：以向右侧坐为例。支撑前摆，两腿摆至臀部高于杠面，身体重心右移至杠外，随后左大腿和臀部外侧坐，小腿弯曲向后下方伸，右腿斜下伸，左手撑杠，右臂侧举，两眼平视，上体挺直。（图10-4-1）

图 10-4-1　跳上支撑前摆成外侧坐

动作规格：两腿前摆时两肩拉开，向前上方摆起，不低于水平面。外侧坐不砸杠，左小腿与右腿在后下方平行，上体挺直。

技术要点：

1. 支撑前摆时，肩不要后倒。

2. 前摆至臀部过杠面后，身体重心右移，移至杠外后再做外侧坐动作。

教学提示：

1. 练习跳上支撑两腿前摆。

2. 做两臂支撑、身体重心向杠外平移练习。

3. 在帮助下完成跳上支撑前摆成外侧坐。

保护与帮助：保护、帮助者站在杠外练习者的左侧，前摆时托其臀部，送至外侧坐。

二、分腿坐前进

查看视频

动作做法：由分腿坐撑开始，推手后身体经挺身骑杠姿势前移，两手经侧举至体前稍远处撑杠，同时两腿伸直压杠，后摆并腿进杠。前摆过杠面，迅速分腿成分腿坐。（图10-4-2）

图 10-4-2　分腿坐前进

动作规格：动作圆滑、连贯。直臂支撑，两腿始终伸直，后摆进杠有腾起，分腿坐不砸杠。

技术要点：

1. 杠端跳起成支撑时，两臂要伸直。

2. 两手换握时，向前握杠与身体保持一定距离。

3. 后摆并腿进杠，两腿要伸直压杠。

教学提示：

1. 练习小幅度支撑前摆成分腿坐。

2. 分腿坐慢做，体会推手伸髋，挺身前倾握杠。

3. 做两腿压杠后摆进杠练习。

保护与帮助：保护、帮助者站于杠外练习者的侧面，前摆时顺势托其背部或臀部至分腿坐。练习者两腿压杠后摆时，一手扶其上臂，另一手托送膝部，帮助其并腿进杠。

三、分腿坐前滚翻成分腿坐

动作做法：由分腿坐撑开始，两手靠近大腿握杠，肘关节内旋顶住腹部形成支撑，上体前倒、屈臂低头、含胸收腹、提臀，两肩在手前撑杠。臀部前翻过杠上方时，两臂张开，向前迅速握杠，两腿分开压杠，同时两臂压杠跟上体成分腿坐。（图 10-4-3）

查看视频

图 10-4-3　分腿坐前滚翻成分腿坐

动作规格：滚翻圆滑、连贯，换握时臀位高，有并腿过程。

技术要点：

1. 分腿坐，上体前倒时，手要靠近大腿处撑杠，肩要靠近手，开肘撑杠。

2. 滚翻两手换握时应做到放手迟、握杠早。

3. 经屈体挂臂撑后，应立即顺势伸髋分腿，下压跟肩成分腿坐。

教学提示：

1. 在低双杠上练习提重心和肩触杠肘外展动作。

2. 在垫上做屈体立撑成分腿坐，体会臀部在较高部位时换握和伸髋分腿下压、上体上跟的动作。

3. 在低双杠下放置一个低于杠面的山羊或跳箱，杠上前上方放一块垫子，练习者屈体站于山羊或跳箱一端，屈臂外展两肘，两肩撑杠，脚蹬山羊或跳箱做前滚翻成分腿坐垫子上的练习，或做分腿坐前滚翻成分腿坐练习。

保护与帮助：保护、帮助者站在杠侧，一手托练习者的膝上部，另一手从杠下托其肩部，帮助提臀屈体，提高重心。练习者的臀部移至垂直部位时，两手换至杠下托其背部和腰部，帮助前滚翻成分腿坐。

四、分腿坐慢起成肩倒立

动作做法：由分腿坐撑开始，两手靠近大腿撑杠，上体前倾，屈臂提臀，两肩在手前约 20 厘米处顶杠，两肘外展，稍抬头。当臀部提至垂直位置时，两腿从两侧匀速向上伸髋并腿，紧腰至肩倒立。（图 10-4-4）

查看视频

图 10-4-4　分腿坐慢起成肩倒立

动作规格：起倒立时，保持匀速；成倒立时，身体要直。

技术要点：

1. 两手靠近大腿内侧握杠，分腿坐起倒立时，肘稍内夹，含胸提臀要充分。

2. 成肩倒立时，要抬头、紧腰，两肘保持外展。

教学提示：

1. 在垫上做分腿立撑慢起手倒立。

2. 在倒立架上给予助力做分腿慢起肩倒立。

3. 在双杠下放横马（箱），低于杠面，杠上前方放垫子，两脚分别站在杠外的横马面上成分腿屈体站立，肩臂顶住杠，两脚稍蹬马做分腿慢起肩倒立。

保护与帮助：保护、帮助者站在杠外练习者的前侧方，一手从杠下托其肩，防止漏肩，另一手托其大腿，帮助提高身体重心。或两人保护、帮助，另一人站在杠内，两手扶其髋部起倒立。

五、支撑后摆转体180°成分腿坐

动作做法：由支撑摆动开始（以向右为例），腿后摆过杠面后，含胸顶肩，头向右转，同时以脚尖带动髋部向右转体180°，右手推杠，分腿送髋，以大腿内侧坐杠，分腿成体后握杠的分腿坐。（图 10-4-5）

查看视频

图 10-4-5　支撑后摆转体 180°成分腿坐

动作规格：后摆分腿转体时，臀部高于肘关节水平面。分腿有幅度，分腿坐不砸杠。

技术要点：

1. 支撑后摆超过杠面后，先转体再分腿。

2. 脚尖带动髋部转体。

3. 后摆不要塌腰挺胸。

教学提示：

1. 练习支撑后摆成分腿坐。

2. 练习在地上俯撑，两腿后摆转体 180°成分腿坐。

保护与帮助：保护、帮助者站在练习者转体异侧，当练习者两腿摆过杠面后，两手顺势搓送其髋部，帮助完成转体成分腿坐。

六、支撑摆动

动作做法：由支撑开始，以肩为轴前后摆动。前摆时，身体伸直自然下摆，摆过垂直部位时，稍屈髋，用力向前上方摆腿，同时直臂向后顶肩。后摆时，脚尖远伸，身体自然下摆，摆过垂直部位时，用力向后上方摆腿，含胸紧腰，直臂顶肩，拉开肩角。（图 10-4-6）

查看视频

图 10-4-6　支撑摆动

动作规格：前摆高于肘关节，后摆至肩水平线 45°以上。

技术要点：

1. 支撑摆动过程中必须以肩为轴，直臂顶肩、紧腰。

2. 肩部尽可能保持在支撑点的垂直线上，减小前后移动的幅度。前摆时肩前送，后摆时肩后撤，使两臂获得稳固的支撑。

3. 前后摆均应在过垂直部位后加速摆腿，拉肩送臀。

教学提示：

1. 练习分腿坐前进和支撑移动动作。

2. 分别在垫上练习仰撑和俯撑，两脚保持伸直并拢，脚尖绷直放在平肩高的凳子上，控制一定的时间。

3. 做小幅度的支撑摆动。

保护与帮助：保护、帮助者站在杠侧，一手握练习者上臂以稳固肩部，另一手在前摆时托送其背部或腰部、后摆时托送其腹部或大腿，帮助含胸顶肩，拉开肩角，向前方送出和向后上方摆起。

七、支撑前摆下

动作做法：由支撑后摆开始，以向左侧下为例。身体前摆过杠下垂直部位后，加速向前上方摆腿，同时身体重心左移。当前摆接近极点时，向前下伸髋展体，用力顶肩压杠。右手换撑左杠，挺身落下成杠外侧站立。（图 10-4-7）

查看视频

动作规格：出杠时臀部在肘关节水平面以上，两腿下压时臀部高于杠面。

技术要点：

1. 向前上方摆腿时要同时移重心。

2. 推手、伸髋、展体、立上体要果断、协调。

图 10-4-7　支撑前摆下

教学提示：

1. 反复练习支撑前摆屈髋举腿。

2. 在低双杠杠端做跳起支撑前摆下。

保护与帮助：保护、帮助者站在练习者落地点同侧，左手握其左上臂，右手从杠上托送其背部或臀部，帮助出杠。

八、支撑后摆下

动作做法：由支撑前摆开始，以向左侧下为例。当身体后摆过杠下垂直面时，两腿用力向后上方摆起，将身体摆到极点时，右手迅速推杠，换握左杠。接着左手推杠侧举，身体重心左移。保持抬头、挺身、紧腰姿势落下成外侧站立。（图 10-4-8）

查看视频

图 10-4-8　支撑后摆下

动作规格：身体后摆高于肩水平面。

技术要点：

1. 后摆时含胸，直臂顶肩。

2. 推杠有力，换握及时。

3. 左手换握右杠后要继续顶肩后摆。

教学提示：

1. 反复练习支撑摆动。

2. 做杠端面向杠内的支撑后摆向左挺身下。

3. 在杠端拉一条绳（橡皮筋），做杠端面向内越过绳（橡皮筋）后摆下。

保护与帮助：保护、帮助者站在练习者落地点一侧，一手握其上臂，另一手在其身体后摆过杠面时托送腹部，帮助移出，接着两手扶腰保护落地。或另一人站在异侧后方，推送其髋侧部或腿部，帮助出杠。

九、挂臂屈伸上

动作做法：由挂臂撑摆动开始，身体摆过垂直部位时，两腿向前上方摆起，同时两臂用力压杠，使臀部上升高出杠面，并收腹举腿成屈体挂臂撑，接着迅速向前上方伸腿送髋，在身体充分伸直时立即制动腿，同时两臂压杠抬上体成支撑。（图 10-4-9）

查看视频

图 10-4-9　挂臂屈伸上

动作规格：屈伸时腿要伸直，两臂成支撑时要伸直，臀部不低于肘。

技术要点：

1. 屈伸时控制腿的方向。

2. 制动的同时两臂用力朝后下方压杠，梗头起肩。

3. 制动腿和压臂配合要协调。

教学提示：

1. 练习挂臂撑收腹翻臀成挂臂撑。

2. 练习挂臂撑屈伸上成分腿坐。

3. 在低双杠或中杠上挂臂撑，一脚蹬地，另一腿上举成挂臂撑屈伸上。

保护与帮助：保护、帮助者站在杠侧，在练习者屈伸时，一手托其大腿，另一手托其腰或背，帮助上起成支撑。

十、挂臂前摆上

动作做法：由挂臂摆动开始，后摆时，两臂微屈压杠，两腿并拢向后上方摆出杠面。前摆时，两臂压紧杠面，伸腿展髋。身体前摆至垂直面时，两肩稍下沉，摆过垂直部位后，含胸、稍屈髋，迅速向前上方摆腿。当两腿摆出杠面时，立即前伸制动腿，同时两臂迅速用力压杠，含胸、梗头、急振上体，上起成支撑。（图 10-4-10）

查看视频

动作规格：上体上起成支撑时，臀部不低于肘关节。

技术要点：

1. 前摆接近极点时要立即制动腿。

2. 制动腿和两臂用力压杠要协调。

3. 上体上起成支撑时，肩轴要积极向前上方移动。

图 10-4-10　挂臂前摆上

教学提示：

1. 反复练习挂臂撑摆动。

2. 双杠挂臂撑，做一腿前摆、另一脚蹬地的前摆上动作。

3. 练习挂臂前摆，腿出杠面时，前伸制动腿，两臂用力压杠，急振上体，使身体自然抛起，但不上起成支撑。

保护与帮助：保护、帮助者站在练习者的侧面，从杠下一手托其背部或臀部，另一手托其腿。

十一、挂臂后摆上

动作做法：由屈体挂臂开始，两腿向前上方远伸，髋关节展开，臂部远

查看视频

伸，同时两手拉杠，使肩前移接近握点。身体由前向后摆，当身体接近于杠下垂直部位时，髋关节稍屈肩下沉。经过杠下垂直部位后用力向后上方摆腿展髋，两腿过杠面后两臂用力压杠，同时含胸、肩前移，推起两臂成支撑，两腿继续上摆。（图 10-4-11）

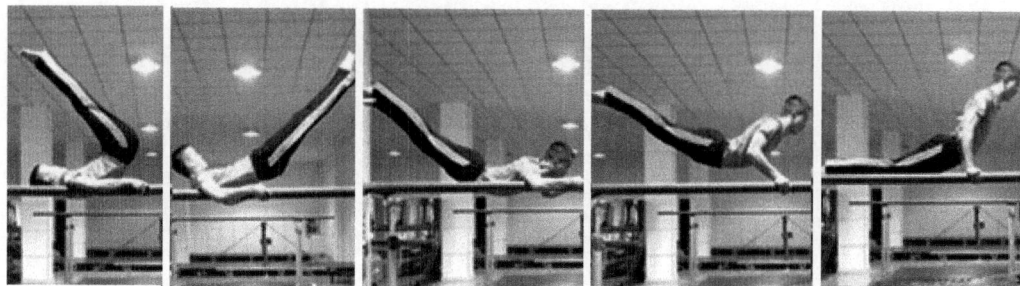

图 10-4-11　挂臂后摆上

动作规格：直臂上成支撑时，臀部不低于肩水平面。

技术要点：

1. 两腿向前上方远伸前摆时，必须使肩前移接近握点。

2. 身体后摆过杠下垂直部位后，用力向后上方摆腿。

3. 后摆与压杠要配合协调。

教学提示：

1. 反复练习挂臂撑摆动。

2. 做屈体挂臂撑、伸腿送臀和拉杠引肩接近握点的练习。

3. 在前高后低的倾斜双杠上做后摆上。

4. 做屈臂撑向后摆动，两臂推直成支撑。

保护与帮助：保护、帮助者站在练习者的侧面，当练习者做屈体挂臂撑，两腿和臀部向前上方弧形摆出时，一手在杠下托其肩，另一手托其腰背，向前上方送出；后摆时，托送其腹部，帮助上成支撑。

思考与练习

1. 简述技巧练习对人体的锻炼价值。

2. 在侧手翻练习中，如何对练习者合理地进行保护？

3. 简述双杠或者单杠练习的特点及对人体的锻炼价值。

4. 从技巧的各类练习中选择 4～6 个动作，自编一套简单的技巧成套动作，要求动作连接合理。

5. 从不同的项目中选择 1～2 个动作，阐述其技术要点、教学提示以及保护与帮助。

第十一章
幼儿基本体操

查看视频

📖 **内容提要**

本章阐述了幼儿基本体操的特点、作用、内容、教学方法及注意事项，介绍了幼儿基本体操比赛的竞赛方法、组织形式和评分方法等。

📖 **教学目标**

1. 掌握幼儿基本体操的内容、特点和作用。

2. 掌握幼儿基本体操教学方法手段及注意事项。

3. 初步了解幼儿基本体操比赛的竞赛方法和组织形式。

第一节　幼儿基本体操的特点和作用

幼儿基本体操运动，是面向广大幼儿园小朋友的一种最基本的健身性体操运动，具有群体性、大众性的特点，受到广大小朋友的喜爱。它由最简单的队形变化、最简单的徒手体操动作、最基本的技巧动作、最基本的舞蹈动作和最基本的艺术体操动作等内容组成，具有广泛的健身性和可选择性。

从 1991 年开始，每年的"六一"国际儿童节期间，我国都会在全国各地轮流举行"全国幼儿基本体操表演大会"，到 2019 年为止已经举办了 29 届。1995 年在柏林举行的第十届世界大众体操节上，中国幼儿基本体操代表团的精彩表演得到了极高的评价："最大的国家派来了一个最小的但是最精彩的队！"此后，中国幼儿基本体操代表团访问了美国、马来西亚、泰国、新加坡、德国、韩国等地，所到之处，都受到了热烈的欢迎。马来西亚、泰国、美国的幼儿基本体操队，也先后参加过中国的幼儿基本体操表演大会，并获得好成绩。

幼儿基本体操是一种融姿态操、礼仪操、艺术体操、素质操、轻器械操为一体，以全面协调发展身体素质为原则，并在音乐伴奏下进行，以增进健康、培养端正的体态、塑造美的形体为目的的锻炼方式。它遵循幼儿生长发育规律，从幼儿的生理特点、心理特点、认识规律和身体运动特点出发，引导和促进幼儿身心健康发展。

一、幼儿基本体操的特点

（一）内容丰富，形式多样

幼儿基本体操属于一般性体操的范畴，内容包括队列队形、徒手操和轻器械体操。根据幼儿年龄阶段、性别、身体条件和身体素质水平的不同，按照不同的要求和场地设施条件，因地制宜地选择不同的内容与动作，以达到促进健康、增强体质的目的，使幼儿基本身体素质和身体机能得到锻炼和提升。

（二）基础性强，安全性高

基础动作是人类最基本的活动能力，幼儿体育教育最初是从爬、走、跑、跳、做操开始，在遵循幼儿身心发展特点的前提下，应特别强调符合幼儿接受和掌握能力的基本功。以徒手操为主要启蒙训练内容，可以发展幼儿的基本姿态和基本技术，使幼儿基本体操活动达到一个新的发展水平。

（三）表演整体化，动作规范化

一般性幼儿基本体操要求幼儿通过锻炼增强体质，而表演性幼儿基本体操则强调表演整体化和动作规范化。一方面，表演性幼儿基本体操是集体表演项目，多名幼儿组成统一的整体，通过艺术表现和基本体操的结合形成整体的表演风格，它要求幼儿整体意识强，个体服从集体。另一方面，表演性幼儿基本体操要求动作规范化，因为一套表演性幼儿基本体操包含多个规定动作，每个动作都有其技术规格和动作质量要求，如果出现技术和姿态错误，就要按照规则或条文的规定扣分，可以说动作规范化是高质量、高标准完成动作的基础。

(四)鲜明的教育性，一定的艺术性

体育运动与教育之间有着极其密切的关系。体育是教育的重要部分，是现代学校教育的重要目标。体育的教育功能是通过体育促进与发展人的身心来促进教育目的的实现而体现出来的。幼儿基本体操以幼儿全面健康教育为主要任务，幼儿练习基本体操，能够促进德、智、体、美等多方面的均衡发展。同时，幼儿基本体操的练习和表演不仅追求单个动作和成套动作准确协调、幅度大，而且要求在音乐的伴奏下做到动作自然、和谐优雅，更要求动作和音乐达到完美结合，给人以力与美的享受。幼儿从中得以陶冶情操，提升个人审美，感受幼儿基本体操的艺术魅力。

二、幼儿基本体操的作用

(一)幼儿基本体操对幼儿身体发展的作用

根据幼儿在其生长发育过程中表现出来的特点，幼儿不仅需要吸收大量的营养物质，而且需要科学合理的运动来促进身体的发育。幼儿基本体操能够给幼儿一生良好的发展打下坚实的基础，具有重要意义，主要表现为对幼儿骨骼系统、肌肉系统、心血管系统、呼吸系统和神经系统发育的促进作用。

(二)幼儿基本体操对幼儿心理发展的作用

幼儿基本体操有利于幼儿心理健康发展。内容丰富、形式多样的幼儿基本体操能激发幼儿的兴趣，进而启发幼儿的"认识兴趣"，有利于发展幼儿的"求知欲"。幼儿基本体操的内容丰富多彩，既有个人动作，也有集体配合，有利于培养幼儿的组织纪律性、集体主义精神和机智灵活的应变能力。幼儿天性活泼好动，具有强烈的上进心、好奇心和较强的归属感等。在严格的组织和纪律下让幼儿按一定的规则进行练习，同伴之间相互帮助，有助于提高幼儿对自己行为的责任感，引导其正确处理个人与集体、自由与纪律的关系，养成团结互助的优良作风。

第二节 幼儿基本体操的内容

以增强体质、促进身体全面发展、培养幼儿基本活动能力和提高幼儿基本运动技能为目的的体操练习都属于幼儿基本体操的范畴。幼儿基本体操的内容包括队列队形、徒手操和轻器械体操。

一、队列队形

队列队形是指全体幼儿按照统一的口令要求做协同一致的动作，如让他们立正向前看，站成一路纵队，或者变换成其他队形等。队列队形包括原地动作和行进间动作。队列队形练习能使幼儿从小树立集体观念，能让他们懂得在集体中只有遵守一定的纪律和统一行动，大家才能顺利进行活动。队列队形练习还能培养幼儿保持正确的身体姿势，促进其身体的正常发育，形成严格遵守组织纪律和动作迅速准确、协调一致的良好作风。

二、徒手操

徒手操是一种不需要任何器械、简单易行、受场地设备制约小、便于幼儿学习的身体练习项目。主要由头颈、躯干、上肢和下肢各部位协调配合，依照一定的程序做出有节奏、有规律的举、振、屈、伸、转、绕环、跳跃等一系列单个和成套的徒手动作。幼儿经常练习徒手操可增强神经和肌肉调节功能，促进血液循环和新陈代谢。徒手操是锻炼身体大肌肉群和使身体全面发展的有效途径。

徒手操可分为一般性徒手操、拍手操、武术操、韵律操等。一般性徒手操是指按照各节操顺序，徒手完成各种动作，具有易学习、易开展、节奏鲜明和负荷适度的特点；拍手操是指每节操要求在身体的不同部位做拍手动作，其特点是用力柔和、节奏鲜明、动作到位、活泼愉悦；武术操是结合武术基本动作(踢、打、摔、拿、跌、击、劈、刺等)，按照一定顺序编排的徒手操，其特点是刚劲勇猛、爆发力强、节奏明快、神形兼备等；韵律操是在音乐的伴奏下结合基本体操与造型优美的舞蹈动作的徒手操，其特点是动作舒展大方、节奏明快、韵律感强等。

三、轻器械体操

轻器械体操是在徒手操的基础上通过手持各种轻器械进行的身体练习，它不仅具有同徒手操一样的作用，而且是幼儿十分喜欢的活动之一。经常进行轻器械体操练习，不仅可以促进幼儿身体正常发育，而且可以有效地发展幼儿的力量、灵敏度和协调能力。

(一)手持轻器械操

手持轻器械操指通过手持易于掌控的轻质器械进行体操活动。其器械特点突出，色彩鲜明多变，声响及动作多变，轻快、活泼、有趣。主要包括：手铃操、铃鼓操、哑铃操、纸板操、纸棒操、泡沫板操、棍棒操、彩带操、花操、球操、绳操等。

(二)辅助轻器械操

辅助轻器械操指通过固定或者可移动的辅助性轻器械进行体操活动。其内容丰富，好玩有趣，难度适中。主要包括：肋木操、垫上操、凳子操、椅子操、竹竿操等。

第三节 幼儿基本体操的教学方法及注意事项

教学方法是指在教学过程中完成教学任务的途径或手段，是根据教学任务、内容、对象及具体条件来确定的。教师在幼儿基本体操活动中所运用的教学方法必须符合幼儿的身心发展特点，能有效促进幼儿身体全面发展。以下是幼儿基本体操的教学方法及注意事项。

一、语言法和直观法

语言法和直观法就是通常讲的讲解法和示范法，它们在建立动作表象和掌握动作技能方面起着重要作用。

(一)讲解法

讲解是运用语言法教学的一种重要形式，教师在教学时用语言向幼儿说明所学动作的名称、做法要领及要求。讲解时应对幼儿进行启发，鼓励幼儿积极思考。运用讲解法时应注意以下四点：

(1)讲解要有重点，针对性强。

(2)讲解内容要正确，符合幼儿的接受能力和理解能力。

(3)讲解应注意鼓励幼儿积极思考，要富有感情，声调、口令、表情及节奏要有变化，有时要伴以手势和动作，语言要简明、形象、生动。

(4)注意讲解的位置和时机。

(二)示范法

示范是以具体动作为范例，使幼儿了解要学习的动作的形象、方法和要领。正确的示范不仅能使幼儿建立正确的动作表象，还可以提高幼儿的兴趣。运用示范法时应注意以下三点：

(1)示范要有明确目的。

(2)示范要正确，力求熟练、轻快。高质量的示范常会引起幼儿惊异、羡慕和激动的情绪，幼儿继而会跃跃欲试，积极模仿。

(3)要引导幼儿观察示范，发展幼儿的观察能力。这对幼儿正确地观察动作、发展认知能力具有重要意义。

讲解法和示范法还必须结合运用，使直观与思维相结合，在生动的直观教学中引导幼儿思考。抽象的思维是以具体形象为依据的，两者相互促进，不可分割。讲解和示范要根据教学要求、教材特点与幼儿具体情况有所区别。

二、完整法和分解法

（一）完整法

完整法是指将动作一次性完整地教授给幼儿，从动作的开始到结束，不分部分、不分环节地完成的一种教学和练习的方法。其优点是便于掌握动作的完整概念，不破坏动作结构和割裂动作的各部分或者动作之间的内在联系，但不易掌握动作中较难的环节。

（二）分解法

分解法是指把一个完整的动作合理地分成几个部分或者几个环节进行练习的方法。其特点在于简化教学过程，有利于幼儿更快、更好地掌握动作的难点，缩短教学时间，提高幼儿学习的自信心，使其能更快地掌握动作。

在幼儿基本体操的教学中，教师对一些简单动作可采用完整法，而在某些较难动作或完整动作的教学过程中，可突出重点，分解动作的环节，让幼儿反复练习直到掌握。运用完整法与分解法时应注意以下三点：

（1）不太复杂的动作要采用完整法，抓住动作的主要部分。

（2）分解教学要考虑动作技术的结构特点，防止人为分裂。分解到一定程度之后，应适时采用完整法，让幼儿迅速形成完整的动作概念。

（3）了解两种方法的优点和不足，针对具体情况灵活使用。

三、模仿法和练习法

（一）模仿法

模仿法符合幼儿喜爱模仿的心理特点，是幼儿感兴趣和内心容易接受的一种教学方法。教师根据各种基本体操动作，选择幼儿熟悉并感兴趣的形象来进行练习，如模仿兔子跳来学习双脚连续向前跳等，有利于幼儿正确掌握动作。可见，模仿是幼儿进行基本体操活动时直观教学的生动体现。运用模仿法时应注意以下三点：

（1）模仿的动作要形象逼真。

（2）模仿的动作应是幼儿所熟悉的。

（3）要考虑能否全面发展幼儿的身体素质。

（二）练习法

只有多次反复练习才能形成正确的动作概念，才能掌握动作技能，才能达到增强体质和锻炼意志的目的。因此，在教师指导下根据教学任务有目的地重复做一个动作练习是完成教学任务的基本方法。运用练习法时应注意以下五点：

(1)目的明确，要求具体，练习中及时给予指导。

(2)练习方法要多样化，提高幼儿的练习兴趣；练习中要分清主次，突出重点。

(3)练习的数量、强度、间歇要与大多数幼儿的体能相适应。

(4)要引导幼儿把看、听、想、说、练结合起来。

(5)注意掌握幼儿的情绪变化，使幼儿以愉快、放松的情绪去参加活动，掌握动作。教师在教学姿态、教法、练习方法等方面所采取的措施要引起幼儿的学习兴趣，激发幼儿愉悦的情感，提高练习的效果和质量。

四、游戏法和竞赛法

（一）游戏法

游戏法是指以游戏的方式组织幼儿进行练习的方法，是重要而有效的教学方法之一。因为游戏是幼儿的主导活动，也是幼儿最喜欢的一种活动方法，幼儿年龄越小，游戏法在练习中占的比重越大。游戏的突出优点是能激发幼儿的兴趣，充分发挥幼儿个人的主动性和创造性，有效开发幼儿的智力和培养幼儿优良的道德品质。运用游戏法时应注意以下三点：

(1)根据教学任务要求来确定具体的游戏内容。

(2)要有适宜的负荷量。

(3)全体幼儿都有大体相同的活动机会。

（二）竞赛法

竞赛法是根据教学任务的要求，提出竞赛的具体条件，在比赛的情境下进行练习。比赛的主要特点是带有竞争性，令幼儿情绪高涨，能促使幼儿尽量发挥体能，培养幼儿的进取心。竞赛法有利于激发幼儿练习积极性，提高幼儿练习强度，培养幼儿意志品质、竞争力和集体主义观念。

比赛的方式有个人赛和小组赛，可根据教学任务和教材性质灵活选用。因为比赛法通常是在幼儿熟练掌握动作的情况下运用，所以教师在运用时一定要提出具体要求。分组比赛时，各组力量要均等，要有裁判进行公正评判。另外，运用竞赛法易使幼儿兴奋、激动，容易出现个人道德品质和意志品质问题，教师应不失时机地对幼儿进行有针对性的教育。

运用竞赛法时应注意以下四点：

(1)加强准备工作，严格执行规则。

(2)控制活动负荷量。

(3)根据具体情况来选择竞赛内容与形式。

(4)确保幼儿安全。

五、保护和帮助法

幼儿自身控制能力和协调能力差，神经、肌肉、感知系统都处于发育过程中，所以，在幼儿练习过程中，教师还需要采取保护和具体的帮助来加快幼儿对动作的掌握。恰当的保护和帮助可以减轻幼儿的生理和心理负担，消除幼儿神经的紧张情绪，从而有助于幼儿形成正确、完整的动作概念，缩短掌握动作的时间。运用保护和帮助法时应注意以下三点：

(1)应根据动作特点，选择最适合的位置。

(2)保护和帮助的方法要正确，手法要熟练。

(3)创造条件，自制保护器材。

六、音乐律动法

在幼儿基本体操活动过程中，教师应结合幼儿的年龄和身体特点，选编一些美妙动听的音乐，在快乐的场景下，使幼儿在一个动态的过程中把身体充分动员起来，学习动作，掌握动作技能，提高节奏感、韵律感及艺术审美感。运用音乐律动法时应注意以下两点：

(1)选编的音乐应适应幼儿特点，以活泼动听、节奏感强的儿歌为主。

(2)动作与音乐节拍要配合一致，并且易于记忆。

第四节　幼儿基本体操的竞赛与组织

体操比赛的组织工作复杂而细致，并且直接影响比赛的质量乃至整个项目的推广和赛事的社会影响力。幼儿基本体操运动是面向广大幼儿园小朋友的一种最基本的健身性体操运动，因此合理、有效地组织比赛尤为重要，这是保障比赛和推广幼儿健身的重要途径。

一、比赛内容设置

幼儿基本体操表演赛设团体规定成套动作和团体自编成套动作两个项目的比赛。团体规定成套动作由主办单位编定，赛前3～6个月公布；团体自编成套动作必须按规则和当年的竞赛规程要求进行创编，成套动作一般要包含十类规定动作。

二、比赛办法

1. 团体规定基本体操表演项目一般只进行一轮表演，参加全国团体自编基本体操表演的运动员均需参加两轮表演。各地根据参加队伍的数量和场地条件等情况，也可组织一轮的表演确定名次。

2. 表演的顺序由大赛组委会抽签决定并通知各队。

三、裁判组的组成

幼儿基本体操比赛裁判组一般设总裁判长1人，副总裁判长1～2人，编排组和完成组裁判长各1人，各组裁判员4～6人，总记录员1～3人，检录员1～3人，小组记录员2人，计时员1～2人，视线员2人，放音员1～2人。

四、评分方法

(一)团体规定动作评分方法

规定动作的评分因素包括动作的质量、完成动作的一致性、动作的力度、动作的表现力、队形的整齐性和总印象等。裁判对以上各因素，根据现场表演分别按轻微、显著、严重等不同的错误，采用10分减分法进行评分，最高分为10分。

1. 规定动作完成质量，每套操占8分。根据各套操的动作数量，将8分平均分配为每两节的分值，以便按节进行减分。(表11-4-1)

表 11-4-1　规定动作完成质量扣分表

错误类别	轻微错误扣 0.05～0.10分	显著错误扣 0.15～0.20分	严重错误扣0.25分以上
动作技术、姿态的错误	完成动作时，姿态稍差，动作技术稍有错误	动作明显不正确，姿态明显错误	成套动作姿态很不到位，技术错误严重
动作幅度的错误	动作幅度小，动作不到位	动作幅度较小	动作幅度很小
动作方向和路线的错误	动作的方向和路线稍不准确	动作的方向和路线不准确	改变了动作的方向和路线

错误类别	轻微错误扣 0.05~0.10分	显著错误扣 0.15~0.20分	严重错误扣0.25分以上
动作节奏的错误	动作节奏稍差，与音乐稍有出入	部分动作与音乐不一致	成套动作节奏很差，有停顿
出现错误人数和其他	个别人	三分之一的人	二分之一的人，漏做动作扣其分值

2. 全队动作的整齐性、一致性、表现力占 1 分。（表 11-4-2）

表 11-4-2　动作整齐性、一致性与表现力扣分表

错误类别	轻微错误	显著错误	严重错误
全队动作的整齐性、一致性、表现力	个别不整齐、不协调、无表现力	三分之一的人不整齐、不协调、无表现力	二分之一的人不整齐、不协调、无表现力

3. 表演队伍的精神面貌占 1 分。（表 11-4-3）

表 11-4-3　精神面貌扣分表

错误类别	轻微错误	显著错误	严重错误
出入场队的精神面貌	个别人精神不振、松散	三分之一的人精神不振、松散	二分之一的人精神不振、松散

（二）团体自编动作评分方法

团体自编基本体操成套动作的评分因素包括十类规定动作的质量、组织编排、成套动作的完成情况、总印象、成套动作的时间和场地的利用等。裁判组分组组织编排裁判组和完成情况裁判组进行评分，各组均按 10 分减分法进行评分，最高分为 10 分，全套满分为 20 分。组织编排 10 分包括十类规定动作 3 分、合理编排 7 分两部分。

1. 组织编排评分

成套动作的组织编排是反映运动员的技术水平和教练员的创造能力的一个重要方面。编排的评分因素应以基本体操为主，包括各种走、跑、跳以及各种有利于发展身体各部位的灵活性和柔韧性的动作。应选择适合幼儿年龄和身心特点的动作，还可适当选择艺术体操和舞蹈的基本动作。成套动作必须包含规则规定的十类动作，且不能出现难度过大、容易造成损伤的动作，每出现一次扣 0.2 分。成套动作组织编排的错误及扣分如下：

（1）规定动作及连接的合理性，占 2.0 分。

扣分点：规定动作过于集中；一次队形多次重复规定动作；连续两个八拍缺少基本的体操动作；舞蹈动作太多。

(2)动作选择的新颖性、创造性、趣味性和普及性，占0.5分。

扣分点：动作平淡，缺乏快与慢的交替；雷同动作过多。

(3)基本动作的多样化、动作方向的变化和动作的对称性，占1.0分。

扣分点：动作缺乏上、下、左、右、前、后的变化；基本素材单调；动作方向单一，缺乏对称性。

(4)动作对身体的影响和效果，占1.0分。

扣分点：髋部摆动动作过多；动作过难，缺乏实效性。

(5)成套动作的流畅、连接的巧妙性，占0.5分。

扣分点：动作连接之间有中断；动作缺乏高潮。

(6)音乐：音乐节奏鲜明、旋律优美，适合幼儿特点，音乐与动作和谐一致，占1.0分。

扣分点：音乐与动作不协调；音乐旋律不适合幼儿特点；音乐剪接不完整；动作结束与音乐不一致；音乐中断。

(7)队形：全套至少有六次队形变化(不包括出、入场)，通过密集和分散队形的方法来充分利用场地。队形变化有创造性，图案清晰、明显，变换队形的动作多样、流畅、准确，使用场地合理，占1.0分。

扣分点：队形变化次数不够；队形的图案单调，缺乏变化；队形变化杂乱；全套变换队形的动作少于三种；队形变化不合理，没有充分利用场地。

2. 完成情况评分

成套动作完成质量的高低，是决定运动员能否取得好成绩的重要因素。因此，裁判员要掌握各类动作的正确技术的规格和要求。完成情况评分因素的具体内容及所占评分如下：

(1)动作的准确性、优美性，基本动作的规范性，技术动作的正确性，占2.5分。

(2)动作的幅度和力度，占2.5分。

(3)动作的熟练性和灵巧性，占2.0分。

(4)动作与音乐的一致性，占1.5分。

(5)动作的方向和稳定性，占1.0分。

(6)总的印象，包括动作的熟练性、一致性、表现力等总体印象，占0.5分。

思考与练习

1. 简述幼儿基本体操的特点和作用。

2. 简述幼儿基本体操的教学方法。

3. 简述幼儿基本体操比赛流程。

4. 简述幼儿基本体操比赛裁判组的组成和评分方法。

第十二章
体操教学身体素质训练

查看视频

内容提要

实践证明，良好的身体素质是提高动作技术的基础，能促使运动员更快地掌握动作技术，提高动作质量和难度。本节主要介绍身体素质的概念、分类，以及身体素质训练的内容、价值及原则。

教学目标

1. 初步了解身体素质训练的含义与分类，以及身体素质训练的内容。
2. 掌握身体素质训练的常用教学手段和不同的身体部位的常用训练方法。
3. 培养顽强的意志力和良好的心理品质。

第一节　身体素质训练概述

身体素质是人体在运动中表现出来的基本能力与状态，如力量、速度、耐力等。它是人体关于运动的综合功能状态，也包括运动员在具体运动项目中的个别运动能力。

身体素质是运动能力的一个因素，可以通过力量、速度、耐力等能力及符合这些能力的各种心理素质来确定。

一、身体素质的分类

身体素质分为两大类：一般身体素质和专项身体素质。

一般身体素质是那些不代表任何运动项目特征的身体素质和功能，它们是提高专项身体素质的前提。

专项身体素质是人体的基本能力，包括力量、速度、耐力、柔韧性和灵活性。专项身体素质是关于具体运动项目的技术和运动的基本素质。

二、身体素质训练的内容

身体素质训练是指针对专项技术、训练和比赛需要，为发展专项所需要的各种身体素质和基本能力而进行的一种身体训练。一般采用与专项技术紧密结合的训练手段和方法，在训练内容和手段上具有很强的专项性和针对性。目前竞技体操中经常采用各单项的基本动作来作为身体素质训练的内容和手段，取得了很好的训练效果。

一般身体素质训练是专项身体素质训练的基础，只有全面发展一般身体素质，才能为专项身体素质训练打下牢固的基础。它们在体操的训练过程中相辅相成，缺一不可。身体素质训练需要具备力量、速度、耐力、协调性等基本的素质，还需要有一定的体能做基础。应在基本素质全面发展的前提下，对各个专项进行有针对性的训练，以适应竞技比赛高难度、高体能的要求。由于体操教学内容比较多，对各个单项的体能要求各异，因此在发展素质时应区别对待，按需发展，利用器械科学地进行大强度、高负荷的训练。

(一)力量素质

力量是人体运动技能的一种表现形式，是人体或身体某部分肌肉收缩和舒张时克服阻力的能力。肌肉在工作时克服的阻力包括外部阻力和内部阻力，外部阻力如物体重量、摩擦力、空气阻力等，内部阻力如肌肉的黏滞性、各肌肉间的对抗力等。力量由以下三种因素产生：主动肌的最大收缩力；主动肌和对抗肌、中立肌、支持肌的协同用力；肌肉的牵拉角度和每个杠杆的阻力臂、力臂的相对长度。

在体育运动中，根据不同项目对力量素质的要求以及力量表现的形式，可以将力量分为多种类型。例如，根据肌肉收缩的形式，可以分为静力性力量和动力性力量；根据力量与体重的关系，可以分为绝对力量和相对力量；根据力量表现的形式，又可以分为最大力量、速度力量和力量耐力。

（二）柔韧素质

柔韧素质是指人体各个关节的活动幅度，以及肌肉和韧带等软组织的伸展能力。它包括两个方面的含义，一是关节的活动幅度，二是跨过关节的肌肉、肌腱、韧带等软组织的伸展性。关节的活动幅度主要取决于关节本身的装置结构，跨过关节的肌肉、肌腱、韧带等软组织的伸展性则主要通过合理的训练获得。

柔韧性在运动中具有重要意义。它是有效改进技术的必要基础，也是保证、提高运动技术水平的基本因素之一。如果柔韧性差，掌握动作技能的过程就会较为缓慢、困难，而且其中某些对完成比赛动作十分重要的关键技术往往难以掌握。关节柔韧性差还会限制力量及速度、协调能力的发挥，使肌肉协调性下降，工作吃力，并影响到其他运动素质的发展，往往还会成为肌肉、韧带损伤的重要原因。

（三）速度素质

速度素质是指人体或身体的某部位进行快速运动的能力。它包括三个方面，即对各种刺激快速反应的能力、快速完成动作的能力、快速通过某一距离的能力。速度素质是运动员的基本素质之一，在体能训练中占有重要地位。

（四）耐力素质

耐力素质是指人体克服长时间工作过程中产生的疲劳的能力。疲劳是指活动引起的工作能力和身体机能暂时性降低的现象，其主要表现为工作较困难或完全不能继续按以前的强度工作。此时，尽管完成工作较困难，但是在顽强的意志的支配下，在一定时间内仍可保持前一段工作时的强度，这时处于补偿性的疲劳阶段；尽管主观意志想克服体力上已产生的紧张，但工作强度仍然降低，这时就属于补偿性失调的疲劳阶段。

根据不同的工作特征，疲劳可分为智力上的疲劳、感觉上的疲劳、感情上的疲劳及体力上的疲劳等。在运动训练过程中，较有意义的是身体活动和肌肉活动引起的体力上的疲劳。体力上的疲劳是训练的必然结果，没有训练就没有疲劳。疲劳必然会使人体工作能力下降并限制人体工作的时间，因而疲劳又是训练的障碍，必须克服。运动员克服疲劳的能力，反映了其所具有的耐力水平。

（五）灵敏素质

灵敏素质是指运动员在各种突然变换的条件下快速、协调、准确地完成动作的能力。它是运动员的运动技能和各种运动素质在运动过程中的综合表现。灵敏素质建立在力量、速度（反应速度、动作速度）、耐力、柔韧性、协调性、节奏感等多种素质和技能之上，这些素质和技能取决于神经系统的灵活性和可塑性，以及已掌握动作的储备数量。如果运动员的身体素质在某一方面或更多方面得到了发展，并熟练掌握了运动技能，其灵敏素质就能得到充分发展和提高。

根据与专项运动的关系，灵敏素质又分为一般灵敏素质与专项灵敏素质。一般灵敏素质是指运动员在各种运动活动中，在各种突然变换的条件下迅速、合理、准确地完成各种动作的能力，它是专项灵敏素质发展的基础。专项灵敏素质是指运动员在专项运动中迅速、准确、协调地完成各种动作的能力，它是在一般灵敏素质的基础上多年重复专项技能和技术环节训练的结果。

灵敏素质的发展水平主要从以下三个方面进行衡量：

(1)是否具有快速反应、判断、躲闪、转身、翻转、平衡和随机应变的能力。

(2)是否能自如地操纵自己的身体，在任何不同的条件下都能准确、熟练地完成动作。

(3)是否能把力量(爆发力)、速度(反应速度)、耐力、柔韧性、协调性、节奏感等素质和技能通过熟练的动作表现出来。

三、身体素质训练的价值

(一)不断提高练习者的体能，增强竞技水平

体操身体素质训练能够更好地促进人体各器官系统在形态机能上的发展，使练习者体形健美、姿态端正、体格健壮，适合竞技比赛高强度、高难度、高体能发展的需要。竞技水平的提高，不但要求能够在体能上高度发展，还要求能够在技术上不断创新。竞技能力的体现是，在完成动作的基础上有更高难度的动作、更稳定的发挥，体操身体素质训练就是要不断提高练习者的竞技能力，体现竞技体操"力、难、新、稳、美"的发展态势，创编更新的动作，以取得优异的成绩。

(二)培养和改善练习者的心理素质

在竞技比赛中，稳定的发挥是基础，关键还要有良好的心理素质，稳定的心态至关重要。历届奥运会上，心态原因导致比赛失败的例子屡见不鲜。例如，美国选手马修·埃蒙斯在2004年雅典奥运会上由于心理素质不好，在夺冠十拿九稳的情况下，最后一枪竟然脱靶，遗憾地丢掉了金牌。大家在为他惋惜的同时，应该看到稳定的发挥与良好的心理素质是多么重要。竞技体操专项素质训练就是要让运动员克服心理压力，增强心理素质，高水平地稳定发挥。

(三)培养练习者良好的道德品质和思想作风

通过专项素质训练这种特殊的教育方式，对运动员进行素质教育，培养他们高尚的道德品质、良好的团队合作精神、坚强的意志力和克服困难的能力，使运动员能够进行自我调节、自我控制，独立面对困难时能够冷静地处理问题，保持稳定。

四、身体素质训练的原则

体操身体素质训练要依据学生能力基础、课时进度和教学实践需要做好前期设计，牢牢把握系统性原则、全面性原则和结合专项原则。

（一）系统性原则

系统性原则是指按照体能发展的内在规律，做出相应的合理规划，持续不断地进行训练。按照系统性原则的要求，不仅要系统规划整个教学进度的体能训练，还应从内容、比重、手段、负荷等方面做出系统安排，逐步提升学生身体素质水平。

（二）全面性原则

全面性原则是指在发展专项运动技能的前提下，全面安排和充分发展练习者的各项运动素质。其理论依据有二，一是全面发展的运动素质和身体机能是达到较高专项运动技术水平的基本前提和基础；二是人体各器官系统之间是相互依赖的，训练后人体产生的各种变化也是相互依存的。发展运动素质要求人体若干系统同时介入，因此在训练初期，必须采用正确的全面发展运动素质的方法，使发展技术与战术技能所要求的所有形态与机体能力都得到高水平的全面发展。

（三）结合专项原则

结合专项原则是指在一般发展的基础上，体能训练必须根据各运动项目的技术、战术和专项能力特点充分发展专项所需的运动素质，以促进练习者直接创造优异的专项成绩。其理论依据有三，一是体能训练的作用集中体现在创造优异的专项成绩这一终极目标上，因此体能训练不能偏离运动专项；二是技术、战术练习是专项训练的重要内容之一，体能训练能为技术、战术训练提供基础，掌握先进的技术是发挥训练水平的重要前提，因此体能训练要和专项技术、战术相结合；三是结合专项进行体能训练，能使练习者在身体形态和机能方面对该运动项目的特殊要求产生适应，有利于专项成绩的提高。

五、身体素质训练的趋势

（一）基于体能指标的科学化训练

基于体能指标的科学化训练是指在练习者体能训练的全过程中，应用科学理论与方法以及科技成果，达到体能训练的定量化和科学化标准的卓有成效的训练。具体地说，就是采用先进的技术与科学的训练方法和手段，对体能训练的全过程实施最佳调控，从而有效地提高运动员的体能水平，取得理想的训练效果和良好的运动成绩。

(二)传统与现代相结合的多元化训练

现代竞技体育中着重以"速度"和"力量"为核心全面发展和提高运动员的体能，在更加注重实效性和发挥个人特点的基础上不断完善技术。运动员的体能训练不仅保存了传统的持续、间歇、重复、循环、游戏、比赛等训练方法的精华，而且引入了高科技手段，发展了许多新的训练方法，如电刺激法、计算机训练法等。它们给传统的训练方法注入了新的活力，使得传统训练与现代训练相结合，在碰撞中产生了更为先进的思想火花。

(三)辅助专项发展的功能性训练

功能性训练作为新兴的训练方法与体系，依据人体解剖结构、竞技运动动作特征及相关学术理论认知，科学设计了成套的动作模式，即从额状面、矢状面和水平面上充分动员由心血管系统支撑的人体链式交互系统参与运动，打破了传统训练单一性、数量化、高强度和大负荷的固有模式和训练理念。其基本特征表现在：(1)强调运动康复及健康观念；(2)树立训练整体观念；(3)强化核心区域力量的训练价值；(4)坚持练习方法与目标运动方式的一致性；(5)重视运动过程中多方位、多关节的联动作用。

(四)高效能的主动性恢复训练

现代运动训练的一个重要特征就是高度重视练习者的恢复训练，采取多种手段加速恢复的实现。现代训练理论认为，"恢复是训练的保证"，"没有恢复就没有训练"，"恢复是训练的延续"。这些观点都深刻地揭示了训练后恢复的重要意义。

第二节　力量素质训练

力量素质训练贯穿于器械体操练习的全过程。建立良好的力量素质基础，有利于体操爱好者或体育专业类学生安全、有效地学习体操技能。长期而有计划的力量素质训练不仅能加强练习者的素质基础，使体操动作的完成能力得到提高，而且可以提高练习者的自我保护能力，使之在身体重心失去控制的瞬间能从容应变，减小受伤发生的概率或者减轻伤害程度。

一、上肢及肩带力量素质训练

（一）爬绳（竿）

练习目的：发展肱二头肌、背阔肌和胸肌力量。

练习方法：躯干与下肢保持直立，身体紧贴绳（竿），沉肩、立肘，两臂交替牵拉，练习过程中自然呼吸。

练习要求：体会背阔肌与胸肌联合主动发力，减轻手臂主动发力带来的肌肉疲劳。

练习提示：在练习初期可采用手脚并用的方法降低练习难度，逐步提高完成能力和自信心。

（二）引体向上

练习目的：发展肱二头肌、胸肌、背阔肌和上背肌群力量。

练习方法：两手与肩同宽正握单杠，身体保持正直姿态。肩部完全放松下垂，然后迅速发力，屈臂引体至胸与单杠齐平。（图 12-2-1）

图 12-2-1　引体向上

练习要求：体会上背肌群主动发力下拉，减轻手臂主动发力带来的肌肉疲劳。

练习提示：在练习初期可采用降低难度练习法，在单杠前适当位置放置山羊，练习者双脚置于山羊上，做斜拉引体。或者保护、帮助者在单杠前托举练习者的小腿，帮助其完成斜拉引体。随着力量的发展，可增加负荷（沙袋等重物）进行练习。

（三）引体翻身上

练习目的：发展肱二头肌、胸肌、背阔肌和上背肌群力量。

练习方法：两手与肩同宽正握单杠，身体保持正直姿态。肩部完全放松下垂，然后迅速发力，屈臂引体至胸与单杠齐平。在引体过程中收腹举腿、后倒肩，同时引臂使下肢靠近杠向后上方穿腿，下腹部触杠，然后翻腕起上体，成正撑。（图 12-2-2）

图 12-2-2　引体翻身上

练习要求：体会上背肌群主动发力下拉，减轻手臂主动发力带来的肌肉疲劳；练习时身体保持静止悬垂状态。

练习提示：

1. 在练习初期可采用降低难度练习法，在低单杠上使用双腿起跳的辅助发力，帮助练习者体会收腹、举腿和引杠的技术要领。

2. 在保护与帮助下练习，保护、帮助者站在练习者前侧方，一手扶其腰背部，另一手托其大腿后侧，在练习中适当给予助力，帮助练习者体会发力要领。

(四)靠倒立

练习目的：发展肩部、上背肌群和臀部肌肉力量。

练习方法：面对墙站立，两手与肩同宽撑地，一脚蹬地，一腿后摆，成背对墙的手倒立。倒立时稍抬头，含胸顶肩，两臂伸直，并腿绷直脚尖、膝盖。(图 12-2-3)

练习要求：以掌根为主要支撑点，手指尖距墙 20～30 厘米。直臂、顶肩、紧臀，均匀呼吸。

练习提示：在练习初期要加强保护与帮助，保护、帮助者站在练习者前侧方，两腿开立半蹲。当练习者撑手摆腿时，一手托其膝盖，助其摆腿，另一手扶持其肩背部，防止其冲肩而受伤。

图 12-2-3　靠倒立

(五)双杠支撑摆动

练习目的：发展肩部和上背肌群力量。

练习方法：低双杠跳上支撑，摆动幅度由小逐渐加大，前摆时尽量拉开肩角，髋关节微屈，绷直脚尖、膝盖；后摆要根据自己的能力逐步摆至手倒立。可连续做，并逐渐增加摆动次数。(图 12-2-4)

图 12-2-4　双杠支撑摆动

练习要求：身体保持直立，避免因下肢与躯干脱节出现下肢摆动幅度过大而锁住肩角的情况。摆动过程中体会前摆后倒肩、后摆前冲肩的要领，保持身体平衡。

练习提示：在练习初期要加强保护与帮助，保护、帮助者站在练习者一侧，一手扶持其上臂，防止肩部位移过大，另一手在杠下帮助其摆动。初学者主要体会摆动节奏，随着练习的深入逐步加大摆幅，增加摆动次数。

（六）推倒立

练习目的：发展肱三头肌、三角肌和上背肌群力量。

练习方法：在倒立架或低双杠上手倒立，控紧腰腹部，屈肘落下至肩部靠近握点时，快速发力推起成手倒立。开始时可在帮助者的扶持下练习，也可靠墙推。随着力量的增长，争取独立完成。（图 12-2-5）

图 12-2-5　推倒立

练习要求：下落时夹肘、含胸收腹、身体稍向后倾斜，推起时绷直脚尖、膝盖，各肌群协调发力。

练习提示：

1. 在练习初期要加强保护与帮助，保护、帮助者站在练习者前方杠上，双手扶持练习者膝关节，在推起时适当给予助力。

2. 以头手倒立为基础，在帮助下完成推倒立。随着力量的提升，可转移至低双杠上练习。

(七)双杠臂屈伸

练习目的：发展肩带力量。

练习方法：从杠中静止支撑开始，夹肘屈臂、身体下沉，至最低点时推直手臂成支撑。
(图 12-2-6)

图 12-2-6 双杠臂屈伸

练习要求：夹肘屈臂，躯干及下肢保持直立。下落时上体前倾，推起时立肩梗头，下肢与躯干保持整体姿态。

练习提示：

1. 在练习初期可帮助练习，帮助者站在练习者身后，托其脚踝，给予适当助力，跟随其上下蹲起，降低练习难度。

2. 以双杠俯卧撑为基础，双脚置于杠上成俯撑姿势练习俯卧撑，体会杠上发力要领。

(八)双杠摆动臂屈伸

练习目的：发展肩带力量。

练习方法：由支撑后摆至水平位置时顶肩，两臂伸直，随身体前摆屈肘，下肢前摆过垂直部位后两臂伸直，两腿向前上方摆，肩角拉开。回摆时两肘弯曲，后摆过垂直部位后两臂伸直。(图 12-2-7)

练习要求：夹肘练习，屈肘与摆动协调，推起时要体现速度和爆发力。

练习提示：

1. 在练习初期可减小摆动幅度和推起高度，重点体会摆动与推撑的节奏。

2. 采取单方向推起练习，即选择前摆屈臂推起或后摆屈臂推起，逐渐过渡到前后摆推起。

图 12-2-7　双杠摆动臂屈伸

(九)俯卧压十字

练习目的：发展三角肌前束、胸大肌、背阔肌和腹肌力量。

练习方法：吊环距地面 50～60 厘米，练习者俯撑压环，两臂伸直，慢慢向两侧分开压成俯撑十字，然后压回成俯撑。

练习要求：直臂扣腕，下压缓慢，含胸收腹，并腿紧臀；上压时胸肌加速内收，直臂顶肩。

练习提示：在练习初期可由帮助者托扶胸腹部，以降低练习难度，随着能力的提升逐渐减少助力，过渡到独立完成。

(十)俯撑爬行

练习目的：发展上肢、肩带和腰腹肌群力量。

练习方法：帮助者紧握练习者脚踝，练习者分腿、顶肩、含胸收腹，身体伸直，有节奏地向前爬行，帮助者跟随练习者的节奏一同前行。(图 12-2-8)

图 12-2-8　俯撑爬行

练习要求：身体保持为整体，左右倒肩直臂前行。

练习提示：在练习初期，脚穿体操鞋在地板上独立完成并腿爬行，体会控制身体姿态技巧和倒肩爬行节奏。

二、躯干力量素质训练

(一)仰卧起坐

练习目的：发展腹直肌和髂腰肌力量。

练习方法：练习者仰卧于垫上，屈膝并腿，帮助者按压脚背使其固定，练习者两手抱头后，上体迅速前屈坐起，循环练习。（图12-2-9）

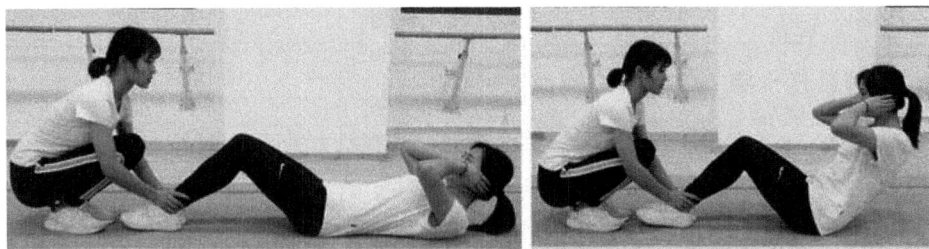

图 12-2-9　仰卧起坐

练习要求：在适当弹性的软垫上练习；尽可能减少腿部和手臂的助力。

练习提示：在练习初期可采用半仰卧起坐或屈腿两头起作为辅助练习内容，增强腹肌工作能力。随着能力的提升，可双手抱哑铃片于胸前，加大练习难度。

(二)仰卧举腿

练习目的：发展腹直肌和髂腰肌力量。

练习方法：仰卧于垫上，手臂上举抓握固定物，收腹、屈髋、举腿，至髋关节小于90°，再有控制地把腿放回原处。（图12-2-10）

图 12-2-10　仰卧举腿

练习要求：两腿伸直并拢，举腿时不可击打地面产生反弹助力。

练习提示：在练习初期可采用慢速的形式，如需加大强度，可加快举腿速度。

(三)仰卧两头起

练习目的：发展腹直肌和髂腰肌力量。

练习方法：仰卧于垫上，身体伸直，躯干、上肢和下肢同时抬起至体前上方，手触及

脚背，然后缓慢还原至平躺姿势。（图 12-2-11）

图 12-2-11　仰卧两头起

练习要求：动作迅速，两腿伸直，上起时手要触及脚背，然后积极还原。

练习提示：在练习初期可采用屈膝两头起的形式降低难度，随着能力的提升，可在小腿绑沙袋进行负重练习。

（四）悬垂举腿

练习目的：发展腹直肌和髂腰肌力量。

练习方法：在肋木或单杠上练习悬垂举腿。两腿伸直并拢，含胸收腹，快速举腿至前上方，然后控制速度下降至悬垂位置。（图 12-2-12）

图 12-2-12　悬垂举腿

练习要求：绷直脚尖膝盖，启动发力时不可击打肋木或摆动产生反弹助力。

练习提示：在练习初期可采用悬垂收腹提膝的方式降低练习难度，随着能力的提升，可在小腿绑沙袋进行负重练习。

（五）俯卧"睡硬人"

练习目的：发展腹部肌群力量。

练习方法：胸肩和脚分别置于体操凳上，身体保持伸直，两臂置于体侧。（图 12-2-13）

练习要求：身体保持挺直，均匀呼吸。

练习提示：以发展肌肉耐力为主时采取计时方式，提升练习强度时可在腰背部增加哑铃片负重。

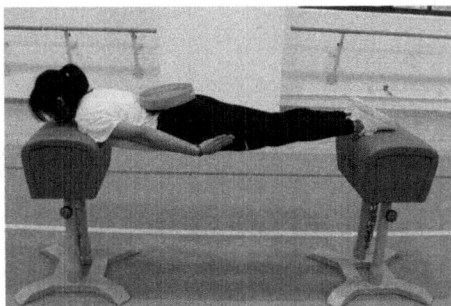

图 12-2-13　俯卧"睡硬人"

(六)侧卧起上体

练习目的：发展腹外斜肌力量。

练习方法：练习者侧卧于垫上，身体充分伸直，两手置于耳侧。帮助者按压其脚踝，练习者匀速起上体，稍停顿(约 2 秒)后回到侧卧位置进行下一次练习。(图 12-2-14)

图 12-2-14　侧卧起上体

练习要求：身体保持伸直，启动发力时不可击打地面产生反弹助力。

练习提示：练习幅度由小至大，随着能力的提升，可穿着沙背心进行负重练习。

(七)俯卧挺身

练习目的：发展臀部和腰背肌群力量。

练习方法：练习者俯卧于垫上，两臂上举。帮助者按压其脚踝，练习者用力抬起上体，再恢复开始姿势。上抬挺身时快速有力，下落时控制速度缓慢还原至开始姿势。

练习要求：梗头，上体保持固定，减少甩头产生的助力。

练习提示：在练习初期，两手置于耳侧，降低练习难度。如需加大强度，可双臂前举或手持重物练习。

(八)俯卧后摆腿

练习目的：发展臀部和腰背肌群力量。

练习方法：手握肋木，俯卧在跳马(箱)上，稍收腹，接着用力向后举腿，然后恢复至开始姿势。(图 12-2-15)

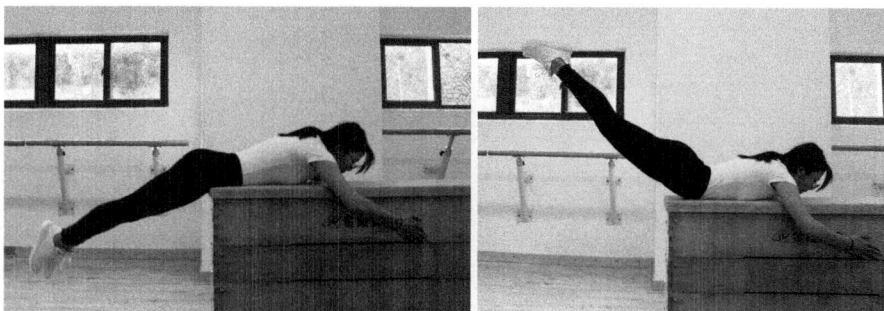

图 12-2-15　俯卧后摆腿

练习要求：下肢在水平下不超过 45°，减小预摆产生的助力；加速上摆，在最高点适当控制再缓慢下落。

练习提示：如需加大强度，可在腿上绑沙袋。

(九)仰卧"睡硬人"

练习目的：发展腰臀肌群力量。

练习方法：肩和脚分别置于体操凳上，身体保持伸直，两臂放在胸腹部。（图 12-2-16）

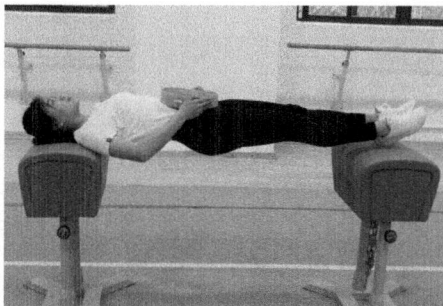

图 12-2-16　仰卧"睡硬人"

练习要求：身体保持挺直，均匀呼吸。

练习提示：以发展肌肉耐力为主时采取计时方式，提升练习强度时可在腹部增加哑铃片负重。

三、下肢力量素质训练

(一)跳深练习

练习目的：发展伸膝、屈足肌群和腹肌力量。

练习方法：将 5～8 个 70～100 厘米高的跳箱纵向排列，间距约 1 米。连续跳上跳箱表面，立刻跳下再跳上。（图 12-2-17）

图 12-2-17　跳深练习

练习要求：20～30 次一组，动作之间不停顿。

练习提示：在练习初期，可将跳箱高度降低以适应能力水平。

（二）跳短绳

练习目的：发展股四头肌和屈足肌群力量。

练习方法：取短跳绳，含胸收腹，稍低头，微屈膝快速摇绳做单脚交替跳绳。（图 12-2-18）

图 12-2-18　跳短绳

练习要求：短时间快速摇绳。

练习提示：随着能力的增强，逐渐加大练习强度。

（三）负重提踵

练习目的：发展小腿三头肌和屈足肌群力量。

练习方法：两脚开立，颈后杠铃负重，身体直立，稍向前移重心，用力提踵稍停顿后还原，反复练习。（图 12-2-19）

练习要求：启动快速，缓慢控制还原至直立位置，每组练习间歇要充分放松踝关节。

图 12-2-19　负重提踵

练习提示：在练习初期，可采取自体重练习提踵，以增强脚踝力量。随着能力的增强，逐渐加大练习强度。

（四）靠墙半蹲

练习目的：发展股四头肌力量。

练习方法：身体靠墙站直，脚距墙约 50 厘米，手扶墙缓慢下蹲至大腿与地面近似平行，背部紧贴墙面，感受膝盖附近肌肉发力。（图 12-2-20）

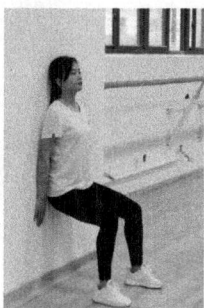

图 12-2-20　靠墙半蹲

练习要求：小腿与地面垂直，注意力集中在大腿发力上。

练习提示：练习时间依据自身完成能力而定，在练习初期可缩短。随着能力的增强，逐渐加大练习强度。

（五）单腿下蹲

练习目的：发展伸膝、伸髋肌群力量。

练习方法：自然站立，两臂前举平行于地面；向前抬起一侧腿保持伸直，支撑腿下蹲至大腿与小腿贴紧后再站起。整个过程保持动作平稳，支撑腿脚跟不离地，抬起腿不碰触地面。（图 12-2-21）

练习要求：练习过程中全脚掌着地；蹬起时两臂前举，不可借助摆动产生助力。

练习提示：在练习初期，可采取一手扶肋木辅助身体平衡或单腿半蹲的形式降低练习难度。随着能力的增强，逐渐加大练习强度。

图 12-2-21　单腿下蹲

（六）负重半蹲

练习目的：发展伸膝、伸髋肌群力量。

练习方法：帮助者骑在练习者肩上，练习者侧对肋木站立，一手扶肋木做半蹲起动作，起立时腿蹬直。（图 12-2-22）

图 12-2-22　负重半蹲

练习要求：腰背挺直，两腿开立与肩同宽，膝盖向前；蹬腿快而有力，下蹲缓慢有控制。

练习提示：在练习初期，帮助者可扶持肋木，在练习者蹲起时辅助用力以协助完成练习。

第三节　柔韧素质训练

体操运动对练习者的身体姿态和动作幅度有着明确的规格要求，这些要求是诠释身体美、动作美和技术美的基本指标。良好的柔韧素质能使动作更加舒展和流畅，更具美感。经常性的柔韧素质练习能够帮助练习者加大关节活动幅度，提升韧带延展性和弹性，一定程度上减少运动损伤的发生。

一、上肢及肩带柔韧素质训练

（一）体前屈压肩

练习目的：提高背阔肌弹性，增强肩关节灵活性。

练习方法：分腿站立体前屈，两手扶同腰部高度的肋木或跳马，挺胸、抬头，上体向下振动，使肩角拉开。（图 12-3-1）

图 12-3-1　体前屈压肩

练习要求：两腿伸直，挺腰沉肩，主动放松肌肉和关节韧带。

练习提示：在练习初期，在教师的指导下有节奏地做上下振动练习，体会顶肩、沉肩的技术要领；随着柔韧素质的增强，可在帮助下压肩，增大肩角开度。

（二）主动拉肩

练习目的：提高肩、胸、腰关节灵活性。

练习方法：背对肋木站立，脚后跟靠近肋木，两臂上举，两手握肋木，抬头挺胸，向前移重心拉开肩角，身体呈反弓。（图 12-3-2）

图 12-3-2　主动拉肩

练习要求：抬头挺胸，主动前移重心。

练习提示：在练习初期，可在低单杠上完成。双手正握杠，肩关节放松下沉，下肢伸直，躯干尽可能贴近地面。

（三）被动拉肩

练习目的：提高肩、胸关节灵活性。

练习方法：练习者背对肋木悬垂，帮助者与其肩对肩站立，缓慢发力，左右肩平衡上顶，帮助挺胸拉肩，在最大肩角停顿数秒。（图 12-3-3）

图 12-3-3　被动拉肩

练习要求：练习者抬头挺胸，主动放松；帮助者匀速发力上顶，作用位置正对练习者肩部。

练习提示：在练习初期，拉伸幅度由小至大，切勿过度发力，造成损伤。

（四）山羊压肩

练习目的：提高肩关节灵活性。

练习方法：练习者后仰靠在山羊上，以肩部为接触点；帮助者在其身后按压上臂，逐渐拉伸至最大肩角。（图 12-3-4）

图 12-3-4　山羊压肩

练习要求：练习者肩部紧靠山羊，主动放松伸展肩臂；帮助者有控制地向下缓慢按压。

练习提示：在练习初期，拉伸幅度由小至大，切勿过度发力，造成损伤。随着柔韧素质的加强，可在压至最大肩角时稍做停顿。

（五）吊肩

练习目的：提高肩关节灵活性。

练习方法：单杠悬垂，收腹举腿，两腿从两臂间穿过，落下成后悬垂，利用身体重量拉肩。（图12-3-5）

图12-3-5　吊肩

练习要求：中穿落下过程应缓慢，肩部主动放松，展髋，脚尖向下伸展。

练习提示：在练习初期应加强保护，保护者站在杠下后侧方，在练习者中穿落下时给予保护，一手扶肩部，另一手托膝关节，帮助其缓慢落下，避免速度过快造成损伤。

（六）转肩

练习目的：提高肩关节灵活性。

练习方法：利用体操棍、竹竿、绳子、弹力带等做转肩练习，练习中主动顶肩。随着肩的灵活性的提高，两手握点间距离要逐步缩短。注意两肩要同时转动，不应一先一后。（图12-3-6）

图12-3-6　转肩

练习要求：练习前要做好肩关节热身，同时两手握点间距离要逐步缩短，循序渐进地提高肩关节柔韧素质。

练习提示：在练习初期可采用弹力带作为主要工具，降低练习难度，避免造成关节损伤。

二、躯干柔韧素质训练

(一)并腿体前屈

练习目的:发展腰背肌群和大腿后侧肌群柔韧素质。

练习方法:从坐位开始,上体以髋关节为支点前屈,两臂伸直向前,直到触碰脚尖,保持一定时间。(图 12-3-7)

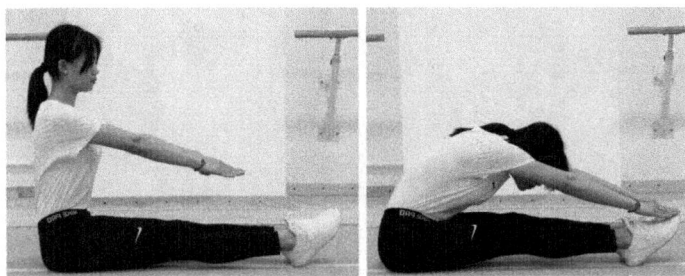

图 12-3-7 并腿体前屈

练习要求:绷直膝盖,躯干贴近下肢。

练习提示:在练习初期可采用分腿姿势,随着柔韧素质的加强,逐渐过渡到并腿完成。

(二)分腿体前屈

练习目的:发展大腿内收肌群和大腿后侧肌群柔韧素质。

练习方法:直角坐垫上,两腿伸直分开成"V"字形,挺直腰背,躯干向前倾,直至上体完全俯卧于垫上。(图 12-3-8)

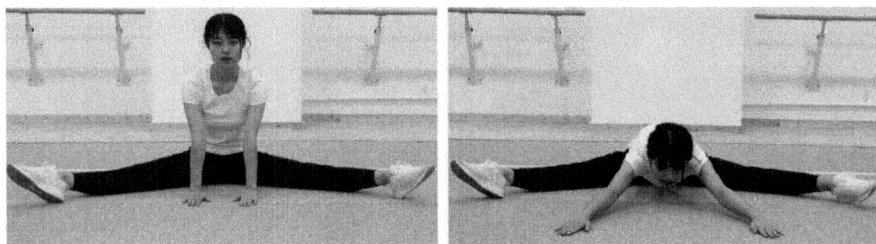

图 12-3-8 分腿体前屈

练习要求:两腿伸直,开度超过 90°;腰背挺直向前倾。

练习提示:

1. 在练习初期可采用分腿站立体前屈姿势,两臂于两腿间向后伸展。

2. 坐姿分腿体前屈,帮助者按压练习者后背至最低点停顿数秒钟。

（三）仰卧成桥

练习目的：发展腰背肌群和肩带柔韧素质。

练习方法：身体仰卧于垫上，双腿分开同肩宽，屈膝成45°左右，前脚掌着地，向后蹬支撑身体下半部分；双手向后弯曲，与地面成30°左右，支撑身体上半部分。头部自然下垂，与地面间隔一拳为宜。（图12-3-9）

图 12-3-9　仰卧成桥

练习要求：练习前充分活动踝、髋、肩等关节，手和脚的支撑方向正，仰卧成桥应圆滑，肩、髋角度充分打开。

练习提示：在练习初期可采用甩腰作为辅助练习，以提升肩、胸、髋等关节的柔韧性。

三、下肢柔韧素质训练

（一）正压腿

练习目的：发展大腿后侧肌群柔韧素质。

练习方法：一腿伸直，置于比腰部稍高的把杆，另一腿伸直站立，足尖向前，上体连续前压，压到最大限度时稍停顿，两腿交替进行。（图12-3-10）

图 12-3-10　正压腿

练习要求：身体面向把杆，两腿绷直，足尖向前，躯干前倾下压。

练习提示：在练习初期可降低把杆高度和下压幅度，随着柔韧素质的加强，逐渐提升把杆高度。

（二）侧压腿

练习目的：发展髋关节柔韧素质。

练习方法：一腿向侧，放在适当高度的把杆上，另一腿伸直站立，足尖向前，上体连续侧压，压到最大限度时稍停顿，两腿交替进行。（图12-3-11）

图 12-3-11　侧压腿

练习要求：身体侧向把杆，两腿绷直，足尖向前，躯干侧倒下压。

练习提示：在练习初期可降低把杆高度和下压幅度，随着柔韧素质的加强，逐渐提升把杆高度。

（三）后压腿

练习目的：发展髋关节柔韧素质。

练习方法：背对器械，一腿放在身后适当高度的器械上，另一腿伸直站立，足尖向前，上体连续后仰。（图12-3-12）

图 12-3-12　后压腿

练习要求：后腿尽量伸直，立腰后倒肩以拉伸髋关节。

练习提示：在练习初期可在垫上练习纵叉后倒肩的辅助内容，提升后胯的柔韧素质。

（四）把杆前踢腿

练习目的：发展大腿后侧肌群柔韧素质。

练习方法：直立，一手扶把杆，另一手侧举。内侧脚向前一小步，摆动腿绷直脚尖、膝盖上踢，落在支撑腿后侧，连续踢腿。（图12-3-13）

图 12-3-13　把杆前踢腿

练习要求：上体正直，上踢要急速有力，落下时要有控制；踢腿幅度由小至大，循序渐进。

练习提示：练习前先进行正压腿，以活动韧带及关节。

（五）把杆侧摆腿

练习目的：发展髋关节柔韧素质。

练习方法：直立，两手扶把杆，摆动腿绷直脚尖、膝盖侧上踢，落在支撑腿前方，连续踢腿。（图12-3-14）

图 12-3-14　把杆侧摆腿

练习要求：上体正直，上踢要急速有力，落下时要有控制；踢腿幅度由小至大，循序渐进。

练习提示：练习前先进行侧压腿，以活动韧带及关节。

（六）把杆后踢腿

练习目的：发展髋关节柔韧素质。

练习方法：两手扶住身前约同腰高的肋木，右脚站立，左腿稍前举，上体略前倾，含胸收腹。左腿后踢，同时挺胸抬头，身体后屈，连续做一个八拍后换右腿做。（图12-3-15）

图 12-3-15 把杆后踢腿

练习要求：练习时两腿都要伸直，注意挺胸抬头。

练习提示：练习前先进行后压腿，以活动韧带及关节。

（七）纵叉

练习目的：发展大腿后侧肌群和髋关节柔韧素质。

练习方法：两臂侧平举，梗头立腰，前腿绷直脚尖、膝盖前伸，后腿脚背贴地向后滑行，髋关节正向前。（图12-3-16）

图 12-3-16 纵叉

练习要求：髋关节方向正，前后分腿开度大。

练习提示：将正压腿、前踢腿作为先导内容，随着柔韧素质的加强，逐渐过渡到直接练习纵叉。

（八）横叉

练习目的：发展大腿内收肌群和髋关节柔韧素质。

练习方法：两手扶地，两腿慢慢向左右滑出，逐步下压，最后达到大腿内侧着地，两腿成一条直线，身体正直。（图 12-3-17）

图 12-3-17　横叉

练习要求：挺腰立背，开胯沉髋。

练习提示：将侧压腿、侧踢腿作为先导内容，随着柔韧素质的加强，逐渐过渡到直接练习横叉。

（九）压脚背

练习目的：发展踝关节柔韧素质。

练习方法：双膝跪地，臀部向后坐于脚后跟上，绷直脚尖，脚背贴地。也可双手撑地，抬起膝盖，给予踝关节更大强度的拉伸。（图 12-3-18）

图 12-3-18　压脚背

练习要求：并腿，绷脚尖，立脚踝。

练习提示：在练习初期重点采取跪坐的方式，随着柔韧素质的加强，逐渐采用抬膝盖或者仰撑后倒肩的方式提高拉伸强度。

第四节 速度素质训练

在体操技术动作中，有一类动作需要通过助跑获得更大动能，以扩大后续动作完成所需要的空间，继而延长动作过程时间；还有一类动作则需要加快身体某一环节的摆动速度，而这往往也体现了该技术动作的核心要求。速度素质在体操技术中的运用主要强调瞬间的启动速度，持续时间较短，它反映了练习者的身体协调性和动作熟练性。

一、动作速度的训练

(一)连续侧手翻

练习目的：提高蹬摆腿翻转速度。

练习方法：第一个侧手翻结束后，顺势向运动方向屈膝、侧倒肩，快速蹬地侧摆腿，梗头、立腰、收腹、展髋。（图 12-4-1）

图 12-4-1　连续侧手翻

练习要求：快速、连贯，摆腿方向正。

练习提示：将趋步侧手翻作为先导内容，提高翻转速度。随着单个动作完成质量的提高，逐渐过渡到连续侧手翻练习，以巩固侧手翻技术，提升动作速度。

(二)连续后手翻

练习目的：提高蹬摆腿翻转速度。

练习方法：第一个后手翻结束后，快速顶肩踹腿，向后上方蹬地起跳，翻转过程中充分挑髋，积极甩臂支撑。

练习要求：充分蹬地、挑髋，翻转快速、圆滑。

练习提示：将原地后手翻和踺子后手翻作为先导内容，提高翻转速度。随着单个动作完成质量的提高，逐渐过渡到连续后手翻练习，以巩固后手翻技术，提升动作速度。

（三）连续后空翻

练习目的：提高起跳、收腹、翻臂速度。

练习方法：第一个后空翻结束后，手臂回摆至体侧，屈膝半蹲，下肢稍紧张以控制重心平衡，顺势摆臂起跳，重复练习。

练习要求：上下肢协调配合发力，摆臂、蹬伸腿起跳展开髋角，有准备落地。

练习提示：在单个后空翻技术准确、质量稳定的基础上发展连续后空翻。练习连续后空翻，应加强保护与帮助。保护、帮助者位于练习者后侧方，在其起跳腾空瞬间一手托其腰背部，另一手快拨其大腿后侧以帮助翻转；落地瞬间一手扶其上臂，另一手扶其腰背部。

（四）原地高抬腿

练习目的：提高下肢爆发力。

练习方法：挺胸收腹，落地屈膝缓冲；膝盖与脚尖保持向前，抬腿时膝盖略高于髋部；两臂积极摆动，前脚掌着地发力。（图12-4-2）

图 12-4-2 原地高抬腿

练习要求：摆臂与抬腿协调配合，动作节奏清晰；呼吸均匀，避免憋气。

练习提示：初步练习者可采取原地高抬腿与慢跑结合的方式，或降低抬腿高度以减小练习难度。

（五）原地团身跳

练习目的：提高下肢爆发力。

练习方法：起跳时两臂摆至前平举，蹬腿展髋垂直起跳，在起跳过程中收腹提膝，使大腿靠近躯干；落地缓冲时挺直腰背，两臂前侧举以控制身体平衡。（图12-4-3）

图 12-4-3　原地团身跳

练习要求：快速摆臂蹬腿起跳，尽可能提升高度；落地缓冲要轻盈。

练习提示：初步练习者可跳高 50～60 厘米的台阶作为替代方式，提升弹跳能力后练习连续团身跳。

(六)扶肋木后蹬腿跑

练习目的：提高下肢爆发力。

练习方法：两手扶同腰部高度的肋木，身体前倾，直臂顶肩，挺直腰背，快速做一腿后蹬、一腿提膝的连贯动作，两腿交叉练习，持续时间 15～20 秒。(图 12-4-4)

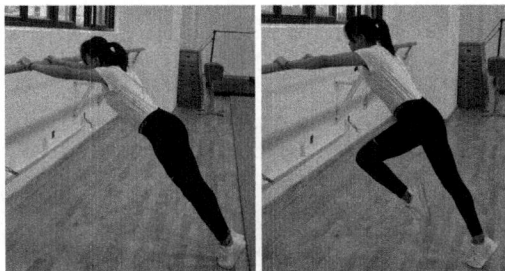

图 12-4-4　扶肋木后蹬腿跑

练习要求：直臂顶肩，挺直腰背，蹬腿、提膝快速有力。

练习提示：在练习初期，可降低抬腿高度以减小练习难度。随着能力的提升，可采取下肢负重的方式加大练习难度。

二、移动速度的训练

(一)20～30 米快速跑

练习目的：提高身体移动能力。

练习方法：由站立式或半蹲式出发，听信号快速反应，起跑后快摆臂、小步幅，身体重心前倾，短时间加速到最快速度。

练习要求：起跑反应快，摆臂加速积极。

练习提示：通过经常性练习提高机体反应灵敏度和肌肉爆发力。

（二）上坡跑

练习目的：提高身体移动能力。

练习方法：一般选择$10°\sim30°$的斜坡作为上坡跑训练的场所。跑步时，身体前倾相比平跑更大，重心适当前移，步幅小，步频高，用前脚掌着地。在一次训练中可以先进行平跑训练，在训练后半程进行多组上坡跑冲刺，然后走下坡，这样重复进行多组。

练习要求：切记不要跨大步，脚着地位置在身体重心正下方或靠前一点；要有意识地增强后蹬阶段的力量与速度；身体前倾，帮助维持前进速度，注意前倾角度；收腹挺胸，眼看前下方，保持良好的身体姿态。

练习提示：在练习初期，可采取平跑结合缓坡跑的方式逐步刺激机体的兴奋性。能力提升后，选择大坡度、长距离的上坡进行冲刺跑，加大练习难度。

（三）下坡跑

练习目的：提高身体移动能力。

练习方法：保持前脚掌落地，以吸收落地的震动和给膝盖等部位带来的冲击力。

练习要求：先将重心向前方倾斜，目光盯在远处$5\sim10$米的位置，预判路面的各种情况。

练习提示：在练习初期，可选取跑楼梯作为先导内容，提高身体协调能力。能力提升后，选择长距离平缓坡道练习加速跑。

（四）牵引跑

练习目的：提高身体移动能力。

练习方法：练习者在腰部固定牵拉皮筋，帮助者在加速跑过程中施加一定的牵引力跟随前进，迫使练习者加快蹬地摆臂速度。（图12-4-5）

图12-4-5　牵引跑

练习要求：练习者身体前倾，加速蹬地摆腿，步幅小，步频高。

练习提示：在练习初期，可选取上坡跑作为先导内容。

第五节 耐力素质训练

在进行体操单个技术动作重复练习或者成套动作练习时，耐力素质的重要性就凸显出来。具备良好的耐力素质将有力地帮助练习者控制动作节奏，从容地完成每一个动作细节；充分的体能储备也有利于练习者保持技术规格的一致性，完美地展示成套动作。

一、一般耐力的训练

（一）中长距离跑

练习目的：提高心肺功能。

练习方法：一般把800～10000米跑称为中长距离跑。跑的时候心理放松，坚定信念，坚持跑完全程，肌肉放松以减少体能消耗；保持匀速，控制呼吸，使呼吸均匀，步幅大，尽量在整个跑步过程中保持同一速度。

练习要求：把握循序渐进原则，强度由小至大，掌握一定的心率和运动强度自我评估能力。

练习提示：多人结伴练习，既能相互鼓励、监督，又能相互照应，及时处理突发事件。

（二）法特莱克跑

练习目的：提高心肺功能。

练习方法：在跑中插入一系列不定时间、不定距离的加速跑、反复跑甚至快速冲刺，使它们和慢跑或走步交替进行。练习者可以根据自己的感觉决定加速、放松的时间和距离。法特莱克跑对训练场地的要求比较随意，主要选择空气新鲜的地方，如郊区、公园、树林、山地都可以。

练习要求：采用以较快速度为主、快慢结合的练习形式。

练习提示：多人结伴练习，既能相互鼓励、监督，又能相互照应，及时处理突发事件。

（三）跑台阶

练习目的：提高心肺功能。

练习方法：在高20厘米的台阶或高50厘米的看台上连续跑40～60步，每步2～3级，

重复 4～6 次，每次间歇 5 分钟。（图 12-5-1）

图 12-5-1　跑台阶

练习要求：过程中不间断，心率在 120～160 次/分。

练习提示：在练习初期，可选择逐级跑台阶，适当放慢节奏。随着能力的提升，可加快速度，加大步幅。

（四）波比跳

练习目的：提高心肺功能。

练习方法：蹲撑——弹跳，向后伸展为俯撑——弹跳，收腹吸腿为蹲撑——纵跳，两臂上举——落地缓冲。（图 12-5-2）

图 12-5-2　波比跳

练习要求：均匀呼吸；支撑时上下肢适当缓冲，减少损伤；蹲撑、伸展要充分，节奏清晰。

练习提示：在练习初期，可选择支撑台阶的形式以减小练习难度。随着能力的提升，可变换姿势，加大练习难度。

二、专项耐力的训练

(一)靠倒立计时

练习目的：发展力量耐力。

练习方法：面对墙或在同伴帮助下做手倒立。每组倒立保持静止1～3分钟，练习3～4组，间歇5分钟。

练习要求：直臂顶肩，含胸收腹，绷直脚尖、膝盖。

练习提示：练习时间由短至长，每组之间应充分放松上肢与肩带肌肉组织。

(二)连续山羊全旋

练习目的：发展力量耐力。

练习方法：在严格执行动作技术规格的前提下，逐渐增加单次练习完成的全旋数量，以提高动作的稳定性和熟练性。

练习要求：15～25个/组，4～6组。

练习提示：每组练习由少至多逐渐加量，组间应充分放松上肢与肩带肌肉组织。

(三)杠中连续摆动屈臂伸

练习目的：发展力量耐力。

练习方法：杠中支撑摆动，后摆至最高点准备回摆时夹肘屈臂、身体下沉，下肢摆至最低点时推直手臂成支撑，紧接着身体继续后摆，开始第二次摆动屈臂伸。

练习要求：夹肘屈臂、屈伸时机要与支撑摆动协调配合；15～25个/组，3～5组。

练习提示：每组练习由少至多逐渐加量，组间应充分放松上肢与肩带肌肉组织。

(四)杠中连续支撑摆动

练习目的：发展力量耐力。

练习方法：前摆时，身体自然下摆，摆过杠下垂直部位后，向前上方兜腿，顺势顶肩含胸，拉开肩角。后摆时，脚尖远伸，身体自然下摆，摆过杠下垂直部位后，加速向后上方摆腿，含胸紧腰，直臂顶肩，逐渐拉开肩角。

练习要求：前摆臀高于肘，后摆达肩水平45°以上。

练习提示：

1. 学习此动作必须具备一定的支撑力量素质，所以素质较差者在学习前和学习中应注意安排一些发展肩臂力量的练习。

2. 初学者易犯的错误，一是打不开肩角，前摆夹肩屈髋举腿，后摆挺胸塌腰；二是加速摆动发力过早。开始学习时多做小幅度摆动练习，体会正确的摆动技术。

3. 可采用将脚置于高位的仰撑或俯撑姿势，体会前、后摆结束时的支撑感觉。

（五）组合动作循环练习

练习目的：发展专项耐力。

练习方法：选取各个项目核心串联动作开展循环练习。例如，体操运动等级标准自由体操 7 级：侧手翻成分腿开立——前滚翻分腿起——分腿慢起成头手倒立 2″；单杠 7 级：翻上成支撑——支撑后回环；双杠 7 级：后摆转体 180°成分腿坐——弹杠——后摆挺身下。

练习要求：严格执行动作规格要求，减少失误，一次循环为一组，3～5 组。

练习提示：每组练习动作和设置项目数量由少至多逐渐加量，组间充分放松相应肌肉组织。

（六）成套练习

练习目的：发展专项耐力。

练习方法：按照比赛要求完整练习成套动作，采取连续练习不间歇的方式，提高成套动作的稳定性。

练习要求：严格执行动作规格要求，减少失误，2～3 套/组，2～4 组。

练习提示：在练习初期，以单成套练习为主，提高完成质量，特别是关键难度动作。随着能力的提升，可采取连续、成套练习的方式强化专项耐力，提高成套动作的熟练性。

第六节　灵敏素质训练

体操教学中使用不同器械完成多种结构类型的技术动作，对练习者与器械的互动能力以及动作连贯的转换能力提出了较高要求。强化灵敏素质的训练有利于练习者深刻理解体操动作的技术要领，建立更稳固的神经—肌肉动力定型。同时，灵敏素质训练有助于激发练习者的创造活力，提升模仿练习和领会技术要点的效果。

一、运用不同习惯的开始姿势

练习目的：发展协调能力。

练习方法：以手倒立为例，练习者习惯从站立开始的摆腿成手倒立，为发展灵敏素质，可采取从垫上跪撑开始，脚背贴地，倒立时重心前移，直臂顶肩、弹腿翻臀，臀部到达倒立位置时向上伸直脚尖、膝盖，成手倒立。

练习要求：经常性变化不同开始姿势。

练习提示：在练习初期，先体会直臂顶肩、弹腿翻臀，熟练掌握发力技巧后即可完整练习。

二、反向完成动作

练习目的：发展协调能力。

练习方法：以侧手翻为例，通过反向练习检验练习者对动作技术理解的深度，同时促进神经、肌肉建立新的调节机制，发展协调能力。

练习要求：习惯方向练习与反向练习交替进行。

练习提示：在练习初期，可采取简化动作结构或降低动作规格的方式，促进练习者体会动作过程，逐渐掌握反向动作。

三、改变动作速度和节奏

练习目的：发展协调能力。

练习方法：以杠中单腿后摆转体180°成分腿坐为例，要求慢速后摆腿、转髋，后摆腿至杠水平上时两腿交叉，同时换握杠成分腿坐。慢速下促进练习者对动作技术发力先后顺序的理解，建立新的神经刺激。

练习要求：动作舒展，节奏分明。

练习提示：在练习初期容易出现动作失败，要做好保护。

四、同类型动作重复练习

练习目的：发展协调能力。

练习方法：以手倒立为例，练习站立摆腿手倒立、跪撑弹倒立、后滚翻成倒立、高杠支撑摆倒立等同类型动作，可以促进练习者精准控制倒立位置、把握制动时机，纠正身体姿态等。

练习要求：动作舒展、轻盈。

练习提示：同类型动作重复练习要逐渐提高动作质量和稳定性，这样才能有效促进不同动作转换练习，提升灵敏素质。

五、变换准备活动和身体素质训练内容

练习目的：发展协调能力。

练习方法：丰富准备活动和身体素质训练的内容与形式，使练习者在日常教学中习惯

不断变化的环境，处于积极放松、主动应对的良好精神状态之中，从而促进练习者协调能力的提高。

练习要求：精心设计，既达到活动目的，又活跃气氛。

练习提示：对常规动作采取变换开始姿势、完成姿势、难度和时间节奏的方式，以产生新的刺激。

六、在跑、跳中迅速完成规定动作

练习目的：发展协调能力。

练习方法：在跑、跳等常规练习中穿插需要强化的技术动作，促使练习者快速做出反应并高质量完成动作，形成稳定的动力定型。

练习要求：跑、跳衔接规定动作的时间短，技术动作完成舒展、有节奏。

练习提示：在衔接规定动作时，应注意技术动作的开始环节，如准备姿态、动作节奏、重心控制等。

七、在信号提示下完成动作

练习目的：发展协调能力。

练习方法：与在跑、跳中迅速完成规定动作相似，练习者在跑、跳中依据信号提示做动作。该练习形式对反应能力和协调性要求稍高。

练习要求：跑、跳衔接提示动作的时间短，技术动作完成舒展、有节奏。

练习提示：在衔接提示动作时，应注意技术动作的开始环节，如准备姿态、动作节奏、重心控制等。

思考与练习

1. 体操运动的体能要求与特点包括哪些？

2. 体操课教学中发展体能的重要性有哪些？

3. 体操课教学中发展体能应注意的原则有哪些？

4. 体操课教学中发展体能如何增强练习者的练习体验？

5. 请设计一种在团队协作下完成的体操课体能练习方法。

第十三章
体操比赛的组织与裁判

查看视频

内容提要

本章阐述体操比赛的组织结构、比赛规程的制定、比赛的运作与运行流程，以及体操类项目比赛的组织与评分方法，重点介绍了基本体操比赛、竞技体操比赛、快乐体操比赛的组织与裁判工作。

教学目标

1. 初步了解体操类项目比赛的组织与裁判工作。

2. 掌握体操类项目比赛的组织与评分方法。

3. 培养组织体操比赛的能力与担任体操比赛裁判工作的能力。

第一节　体操比赛的组织

体操比赛的组织是一项复杂而细致的工作，尤其是规模较大的体操比赛，所涉及的部门和人员众多，组织工作纷繁复杂。组织管理得当，不会出现混乱的局面，可以保证比赛系统、合理地进行。因而赛前主办单位必须按有关会议的决定和比赛的任务与要求，做好各项筹备与组织工作。

一、比赛的组织机构

（一）比赛组织机构的确立

确立组织机构是体操竞赛组织管理工作的关键环节，应根据比赛的规模成立相应的组织机构，且机构设置必须合理，各机构的工作任务要明确，才能保证竞赛活动顺利进行。一般竞赛的组织机构采用委员会制，竞赛组织委员会的建立要与竞赛规模相适应。

规模较大、涉及单位较多的比赛，可根据需要增设接待部、财务部、集资部、大型活动部、对外联络部等职能部门。此外，每一个单项比赛必须设立单项竞赛委员会，直属大赛组委会领导。组委会成员一般由主办单位确定，包括主办单位负责人、赞助单位领导人、上级领导机关代表、有关知名人士和组委会总裁判长。（图 13-1-1）

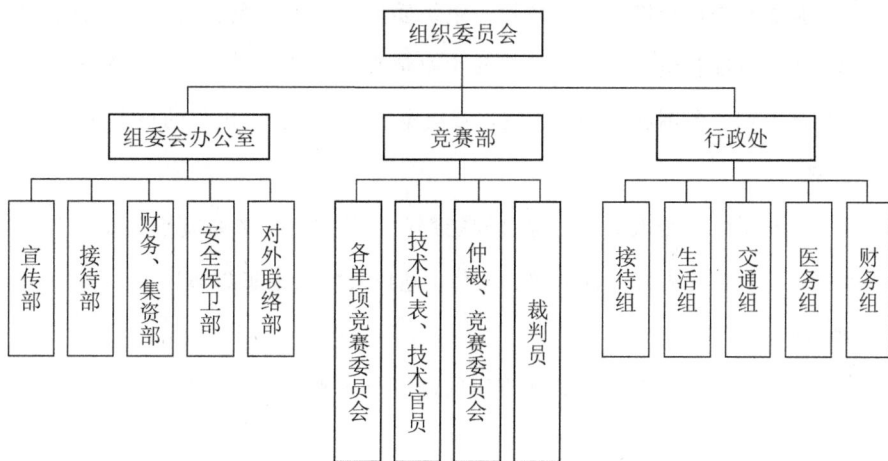

图 13-1-1　组委会组织结构

规模较小的单项体操竞赛，应以完成各项任务为准，尽量简化组织机构。组委会成员一般包括单位有关领导、项目负责人和相关的后勤保障人员。（图 13-1-2）

（二）各部门工作内容

在体操比赛的组织管理过程中，首先要确定具体的组织方案，划分各机构的职能，才能有目的地组织、指挥、调控整个竞赛活动，圆满完成竞赛任务。组织机构成立后，应建立、健全各部门一系列规章制度，明确岗位职责，拟定具体工作计划。以下是一些主要部门的具体工作内容。

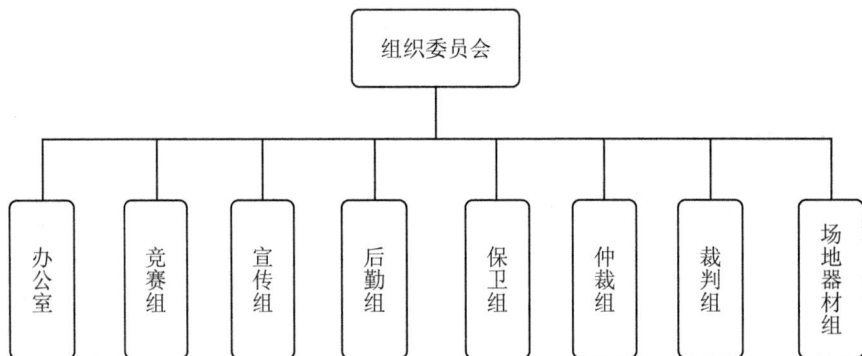

图 13-1-2　组委会组织结构

1. 组织委员会

组织委员会是整个竞赛组织工作的最高领导和权力机构，一般由主席、副主席及若干名委员组成。举办大型综合性运动会时，应有相当级别的政府官员担任组织委员会主席、副主席，以增强组织委员会机构的权威性。组织委员会的主要职能包括审议通过组织委员会人员名单，审议批准各组织机构的设置和主要负责人名单，竞赛活动的各项实施方案及大赛经费使用的原则、范围和预决算方案，裁决竞赛活动过程中出现的重大问题。

2. 办公室

办公室又称秘书处，是组委会的综合职能部门，其主要任务是赛前拟定文件、组织会议、管理文档，比赛期间做好督促调控、上传下达以及协调各职能部门的工作。

3. 竞赛组

竞赛组的主要任务是负责运动竞赛方案的制定与实施，保证比赛的顺利进行。竞赛组是在竞赛组织管理过程中处于核心地位的办事机构。一般比赛的竞赛组由主任、文秘、竞赛管理和行政内勤等人员组成。具体任务为：选择项目比赛的场馆，落实承办单位；确定各单项竞赛的仲裁委员会（或技术代表）成员和副裁判长人选；做好竞赛报名、注册等统计工作；编排竞赛总秩序册，制定活动总日程表。

4. 宣传组

宣传组主要负责比赛的文件发放、广告策划与制作、媒体宣传与对外联络等工作。具体工作任务为：赛前征集或拟定比赛的各种宣传材料；拟定运动员、教练员、裁判员、工作人员名单，各参赛单位应注意的事项，有关体育风尚、精神文明方面的要求。比赛期间做好对参赛运动员、裁判员、工作人员和观众的宣传教育工作；搞好驻地和赛场的环境布置；做好记者采访的组织工作；组织开展体育道德风尚奖的评选活动，进行评比表彰，做好总结工作。

5. 后勤组

后勤组的主要任务是加强财务管理，做好生活接待，在交通、食宿、医疗卫生、通信等方面提供良好的服务。后勤组是大型体操比赛组织机构中的重要部门，一般由财务管理、行政管理、生活服务、交通服务、接待服务、医务等工作人员组成。具体工作任务为：赛前编制各项经费预算，做好各类物资的准备和管理工作；及时按计划购置所需要的各种办公用品、通信设备等，建立各种物品出入库手续和领取、发放、使用制度；做好食宿接待和安排准备工作；做好医疗准备工作。比赛期间妥善安排运动员、裁判员的住宿与大赛的伙食；做好交通车辆的安排和管理工作；监督各部门的经费使用情况。

6. 保卫组

保卫组的主要任务是负责组织并实施竞赛活动的各项安全保卫工作。它是举办运动会不可缺少的机构之一。保卫组通常是由主办或承办单位内部的保卫组织、公安机关和有关部门共同组成。具体工作任务为：赛前制订安全警卫方案；比赛期间维持赛场秩序，做好大赛驻地的安全保卫工作，制作、发放各类人员比赛期间的证件，负责大赛车辆的交通安全工作，保证出席大赛各种仪式的嘉宾和各级领导人的安全。

7. 单项竞赛委员会

单项竞赛委员会是综合性大型运动会组织委员会领导下的执行机构。主要任务是负责本项目的组织领导工作，配合有关部门做好本项目比赛的宣传教育、生活接待、急救医疗、安全保卫、兴奋剂检查等工作。各单项竞赛委员会一般下设与组织委员会相对口的职能部门（大型活动部、贵宾接待部等除外）。此外，还需设仲裁委员会、裁判和场地器材组，并为各队配备联络员。

单项竞赛委员会的具体工作任务为：赛前接受报名和进行资格审查，组织抽签和进行编排，印制单项竞赛秩序册和各种竞赛表格，做好本项目裁判员聘任工作，安排好各单位场地适应工作；比赛期间加强赛风管理，搞好比赛管理，注意做好竞赛的宣传教育工作，做好对运动员、裁判员的管理工作，做好对赛场观众的管理工作，严格控制比赛进程，做好颁发奖品和纪念品的工作。

二、竞赛规程的制定

竞赛规程是指竞赛组委会或筹备组根据竞赛计划而制定的具体实施某一项（届）赛事的政策与规定。它是比赛的重要指导性文件，无论哪种规模的比赛，都必须制定相应的规程，其文字应简明、准确，使参赛单位不致产生误解。竞赛规程应根据比赛的规模和比赛动作的难易程度提前半年（最迟不少于三个月）发给各参赛单位和有关部门及领导，以便参赛单位提前做好参赛准备并安排好各项事宜。

(一)主要内容

1. 竞赛名称

根据总任务确定比赛名称。名称要显示是什么性质的比赛、哪一年(或第几届)的比赛。运动会的名称一般用全称。例如：中华人民共和国第××届全国运动会体操比赛；2018 年××市第一中学广播体操比赛。在赛会期间的文件、会标、宣传材料等方面，名称要统一。

2. 目的和任务

根据举行本次竞赛总的要求，简要说明此次竞赛的目的和任务。例如：进一步贯彻落实全民健身计划，增强学生整体素质；普及体育运动，增强人民体质；提高某项运动水平；选拔组织某项运动代表队，准备参加高一级的比赛；总结交流教学训练工作经验，增进团结和友谊等。

3. 竞赛时间、地点和举办单位

竞赛时间应写清比赛开始和结束的年、月、日，举办单位应包括主办、协办和承办单位。

4. 竞赛项目和组别

单项比赛的规程应写明各组别的各个竞赛小项目。

5. 参赛单位和各单位的人数

按有关规定的顺序写明参加比赛的每个单位及其男、女运动员人数，领队、教练及工作人员人数，还要写明每名运动员可参加的项目数、每项限报人数以及参赛的其他有关规定。

6. 运动员资格

运动员资格是指参赛运动员的条件标准，包括运动员的年龄、健康状况、代表资格、运动等级、运动成绩、达标规定。

7. 竞赛办法

(1)确定比赛所采取的竞赛方法，比赛是否分阶段进行，各阶段采用的竞赛方法是否相同，各阶段比赛的成绩如何计算和衔接等。

(2)确定具体的编排原则和方法。

(3)确定名次和计分办法。

(4)确定对运动员(队)违反规定的行为(如弃权等)的处罚方法。

(5)规定比赛使用的器材，运动员的比赛服装、号码等。

8. 竞赛规则

提出竞赛采用的规则和特殊的补充，以及竞赛规则以外的规定或说明。

9. 录取名次与奖励

(1)规定竞赛录取的名次、奖励优胜者(队)的名次与办法。例如，对优胜者(队)分别给予奖杯、奖旗、奖状、奖章及奖金等。

(2)设置体育道德风尚奖或破纪录奖的奖励办法等。

(3)设置技术奖时，规定技术奖励的内容和评选方法等。

10. 报名办法

规定各单位运动员(队)报名的人数、时间和截止日期，书面报名的格式和投寄的地点，并应注明以寄出或寄到的邮戳日期为准，以及违反报名规定的处理办法。

11. 抽签日期和地点

凡属需要抽签进行定位和分组的竞赛项目，都应在规程中规定抽签的日期、地点和办法。

12. 其他事项

(1)有关未尽事宜的补充，如经费、交通、住宿条件等。

(2)注明规程解释权归属单位，一般应归属主办单位的有关部门。

(3)竞赛也可以找赞助。

(二)依据与原则

1. 制定竞赛规程的依据

(1)以运动竞赛计划为依据：竞赛规程应依据单位、系统或省、市及全国性、国际性体育组织的竞赛计划来制订。竞赛规程是多年度或年度(学校则是学年或学期)竞赛计划中安排的某一次竞赛活动实施的具体规定，其内容可根据情况发展的需要进行适当修正。

(2)以竞赛目的和任务为依据：竞赛规程应体现出运动竞赛的方针、政策和体育发展的远期目标与近期策略，有效地调整体育的改革、投资方向，推动体育事业的发展。此外，要对该比赛项目的训练指导思想、人才梯队建设和良好的赛风起引导、促进及培养的作用。同时还要根据国际、国内乃至本单位的有关规定以及对运动竞赛的需求，全面考虑竞赛的目的任务来制定规程。

(3)以客观实际条件为依据：即以当时的经费条件、场地设施和人员情况为依据来制定竞赛规程。

2. 制定竞赛规程应遵循的原则

(1)可行性原则：竞赛规程所提出的比赛组织方案和内容必须从当时的实际出发，做到切实可行。在竞赛管理工作中，应充分利用人力、物力、财力和时间，本着艰苦奋斗、勤俭节约的原则，实施对竞赛过程最优化的设计和组合，以达到机构精简、工作效率高、竞赛效果好的目的。

(2)公平性原则：竞赛规程是参赛者共同遵守和执行的规范与准则，其内容应使全体参赛者在客观条件相同的前提下展开竞赛。无论是主办单位、承办单位和当地所属的主队，还是外来的客队，均应享受同等待遇。在限定的时间、空间和同等条件下进行竞赛，使比赛结果具有真实性。这样才能有利于充分发挥参赛者的技术、战术特长，提高竞赛的质量和综合效益。

(3)稳定性原则：竞赛规程一经公布，就应相对稳定，不能随便更改。若规程中确有不合理的内容需要修正或有遗漏需要补充时，须由制定部门尽可能在比赛前进行修改。修改的内容影响到参赛单位和承办单位的准备工作时，应征得多数参加单位的同意方可变动。一般在比赛开始后，规程不能再改动，以保证规程的严肃性和权威性。规程的最终解释权应属主办单位。

三、比赛的运作和运行流程

(一)比赛的运作

1. 确定比赛、编写规程、下发比赛通知

任何比赛在确定比赛内容、地点、时间等相关内容后，都应先编写比赛规程，再由相关部门下发比赛通知，组织相关单位报名参赛。有些比赛为扩大影响力，还需召开新闻媒体发布会等。

2. 建立比赛组织机构

为了保证比赛的顺利进行，要根据比赛的规模建立相应的组织机构。大型比赛应成立大赛组织委员会，中小型比赛可由主办单位、承办单位、各参赛单位的领队和总裁判长组成竞赛委员会。

3. 确定参赛名单、编印秩序册

确定参赛名单、比赛场次、比赛分组及出场顺序后，总记录组应尽快编印秩序册，其主要内容包括竞赛规程、组委会或竞委会、大赛办事机构、仲裁委员会、裁判员名单、参赛单位、大赛活动日程安排、竞赛日程或比赛顺序、参赛代表队统计表、比赛场地示意图等。

4. 竞赛编排与场地、器材准备

竞赛组对所有工作人员分工和整个比赛事务进行合理安排，应提前准备好人员分工和负责人安排表、各项事务时间表、运动员场次及轮换表以及裁判员评分表、比赛成绩记录表等竞赛应用表格；做好场地规划、各项比赛安排、器材安装与调试等工作；准备好必要的裁判评分用具。

5. 组织裁判学习、考核与分工

裁判员报到后，总裁判长或高级裁判组负责组织裁判员对规则、规程进行学习。现场

观看训练是裁判学习的重要内容，主要是了解各参赛队运动员情况，熟悉比赛内容，熟练仪器操作与裁判流程，统一评分标准，最后进行试评。大型体操比赛还需组织裁判赛前考核，再根据考核成绩与实际需要进行裁判分工。

6. 运动员报到与场地适应

主要包括运动员报名材料与参赛经费的收取、秩序册等相关比赛资料的发放工作，还有运动员食宿安排、参赛信息确认或更正等事务，及时告知各参赛队赛程调整或更改的相关信息等。运动员报到后，根据组委会安排进行场地适应和赛台训练。

7. 召开领队和教练员会议

组织各领队、裁判长和教练员召开准备会议，做比赛场地与有关筹备工作情况的说明，解释竞赛规程、评分规则，以及观看训练时所发现的相关问题等。

8. 比赛与颁奖

为确保比赛的顺利进行，各工作组既应各司其职，还需相互协调配合，齐心协力使比赛按预设流程进行。比赛结束后应及时当众颁奖，运动员应根据组委会规定着颁奖服或比赛服领奖，颁奖仪式应简短而热烈。

9. 裁判评估

一般比赛结束后，应继续完成成绩公示、材料归总、场地器材还原等相关事务。竞技体操比赛结束后，还有裁判评估与各单项裁判总结等工作。裁判评估是高级裁判组对裁判员在比赛中评分的准确性进行评估，评估成绩上报主管单位存档，作为以后裁判培养和选调的重要参考依据。评估不合格的裁判员取消后续裁判工作，并根据评估情况进行警告、通报单位、停赛等处罚。裁判总结由裁判组组长负责，各单项裁判长及负责该单项的裁判组成员共同完成。

（二）比赛的运行流程

1. 竞技体操比赛流程

从宏观层面来看，竞技体操比赛主要包括以下流程（图 13-1-3）：

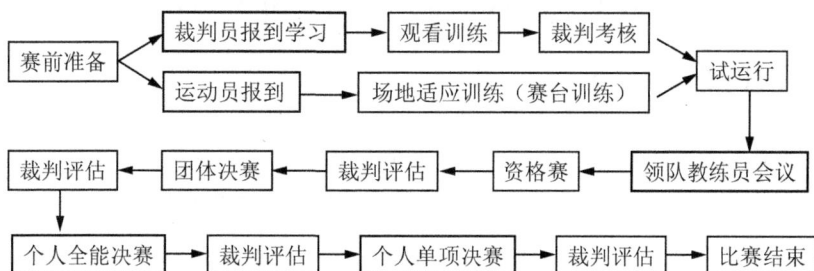

图 13-1-3　竞技体操比赛流程

具体到某一场比赛，竞技体操比赛流程如下：

赛前准备工作（器械、场地检查等）→裁判员赛前准备会、工作人员赛前准备工作→参赛运动员赛前1小时热身活动→运动员检录→比赛开始，运动员、裁判员按项目入场→专项准备活动，每人30秒→裁判长举旗示意，运动员上场比赛，同时裁判组评分→裁判长核定最后得分、记录员登分→裁判长示意下一名运动员上场比赛→一项比赛结束，轮换项目（记录员向总记录处送交记录表）→最后一项比赛结束，退场→总记录处检录、核算、公告比赛成绩等。

2. 其他体操类项目比赛流程

其他体操类项目主要包括基本体操、幼儿体操、快乐体操等。竞技体操比赛流程比其他体操类项目比赛流程要复杂，但其他体操类项目比赛流程可以参照竞技体操比赛流程，再根据每个项目的特点及实际需要进行修改与运行。（图13-1-4）

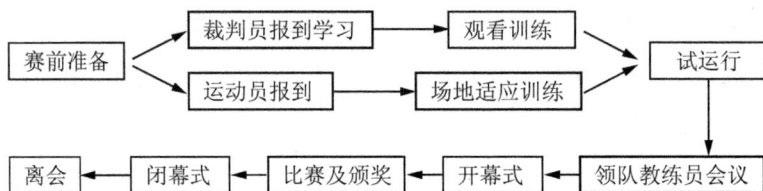

图 13-1-4　其他体操类项目比赛流程

第二节　基本体操比赛与评分

基本体操是体操的基本内容之一，基本体操比赛主要包括广播体操比赛、队列队形及口令比赛、自编徒手体操比赛、轻器械体操比赛、专门器械体操比赛等。

一、裁判组的组成

基本体操比赛裁判组一般由裁判长、竞赛长、记录长、裁判员、记录员、检录员、播音员等组成。根据比赛实际需要，也可增设总裁判长、副总裁判长、副裁判长、放音员、视线员、计时员、跑分员等岗位。裁判组规模的大小，主要取决于比赛规模的大小及比赛规格的高低。相对来说，比赛规模越大、档次越高，裁判组需要的人就越多，对裁判水平的要求也越高。

二、裁判员的职责与义务

裁判员是比赛公平公正举行的关键执行者，因此，裁判员必须做到以下几点。

1. 熟知竞赛规程、熟记评分规则；

2. 赛前必须参加裁判员学习班，统一评分尺度；

3. 穿比赛规定的裁判服，服装整洁；

4. 赛前 30 分钟到达赛场；

5. 要做到"严肃、认真、公正、准确"地评分。

三、裁判员的座位

基本体操比赛一般参赛人数较多，为了让裁判员更好地观察运动员所做的动作，裁判员的座位应设在高台上。有主席台的场地可将裁判席安排在主席台上，在资金充足的情况下，可根据比赛需要搭建位置较高的裁判席或裁判台。裁判员可根据比赛需要成一排或弧形就座，或者分散在比赛场地四周就座。不管哪种形式，都必须有利于比赛的组织，有利于比赛的公平公正，有利于裁判员评分与管理。

四、比赛评分方式

基本体操比赛评分方式一般有三种，分别是全场通评、分区与全场相结合评分、分区评分。全场通评是指裁判员根据参赛队伍整体完成情况进行评分。在参与人数不多、进退场队形变化不大的比赛中，多采用全场通评方式进行评分；在比赛水平不高、裁判员水平有限的情况下也可以采用此方法。参赛人数较多的中型比赛中，在既能看清分区又可能兼视全场的情况下，常采用分区与全场相结合的方式进行评分。分区评分是指裁判员对预先划定的区域或范围内的运动员进行评分。在参赛人数很多的比赛中，由于裁判员视野的局限性，要通观全局比较困难，容易漏判，故采用分区评分。分区评分对裁判员的要求较高，每个扣分点都要求熟练掌握，所以裁判员的扣分标准与尺度要基本一致，否则会造成较大误差。

五、完成情况评分方法

对于基本体操动作，应主要从"三度一性"的方面进行评分，即完成动作的力度、幅度、准确度和整齐性。其评分内容包括比赛动作（如广播体操或队列动作）、进退场和队形变化、领操员的指挥与示范以及音乐、服装和精神面貌等，但应以动作评分为主，其比例可参照表 13-2-1。

表 13-2-1　基本体操评分内容参照表

种类	动作	队形变化	精神面貌	特殊要求	其他	说明
1	100	0	0	0	0	只比动作
2	80~90	0	5~10	5~10	5~10	以动作为主的比赛
3	60~80	5~10	5~10	5~10	5~10	进行动作、队形变化和其他的全面比赛

(一)动作错误的类型

1. 动作姿势错误。

2. 动作部位错误。

3. 动作方向错误。

4. 动作路线错误。

5. 动作节奏错误(包括动作与音乐或口令的配合)。

6. 漏做动作。

7. 附加动作。

(二)动作错误的等级划分和扣分标准

1. 小错(扣 0.5~1.0 分):与正确动作、姿势和节拍等有微小的偏差或动作错误角度与方向小于 15°。

2. 中错(扣 1.5~2.0 分):与正确动作、姿势和节拍等有明显的偏差或动作错误角度与方向为 16°~30°。

3. 大错(扣 2.5~4.0 分):动作接近变质,严重偏离正确的动作姿势和节拍或动作错误角度与方向为 31°~45°。

4. 未完成(扣分值):动作做错或完成动作的角度与方向超过正确动作的 45°。

5. 漏做动作:每漏做一节或部分节拍,扣去重做部分的全部分值。

6. 附加动作:在同节操中出现附加动作,扣 1~3 分(1/3 以下人数扣 1 分,1/3 至 2/3 扣 2 分,2/3 以上扣 3 分)。

(三)动作整齐性扣分等级标准(表 13-2-2)

表 13-2-2　动作整齐性扣分等级标准参照表

错误	个别 10%以下	少数 10%~30%	多数 30%以上	说明
动作不齐	0.5~1.0	1.5~2.0	2.5~4.0	分节扣分

(四)队列队形变化整齐性扣分等级标准(表 13-2-3)

表 13-2-3　队列队形变化整齐性扣分等级标准参照表

错误	少数 30%以下	多数 30%~50%	50%以上	说明
动作不齐	0.5~1.0	1.5~2.0	2.5~4.0	分节扣分

(五)动作错误扣分等级标准(表 13-2-4)

表 13-2-4　动作错误扣分等级标准参照表

错误	个别 10%以下	少数 10%~30%	多数 30%以上	说明
小错	0.5~1.0	1.5~3.0	3.5~5.0	分节扣分
中错	1.5~3.0	3.5~5.0	5.5~6.0	分节扣分
大错	3.5~5.0	5.5~6.0	6.5~分值	分节扣分

备注:技术错误的扣分应高于姿势错误的扣分;每节扣分不能超过本节的分值;整套动作完成后,应根据完成情况,一次性加扣动作力度、动作幅度、精神面貌以及身高排列不合理等错误分(参照扣分标准为 0.5~3.0 分)。

六、比赛计分方式

为适应群众的习惯,基本体操比赛多采用百分制进行评分,以 0.5 分为单位对错误进行扣分。最后得分的计算方法通常有两种,即平均分和累积分。

(一)平均分的计算方式(计算到小数点后两位)

1. 去掉最高分和最低分,取中间得分的平均分为最后得分。

2. 所有裁判员评分的平均分即为最后得分。

(二)累积分的计算方式

累积分是指裁判员按各自(评分小组或个人)既定评分内容的比例所评出的诸分之和为最后得分。其评分程序是将裁判员分成动作完成情况、队形变化、精神面貌等若干评分小组,各组先按累积平均法评出各自的分数,然后相加。例如,比赛动作占 80%,扣除错误分得 76 分;进退场及队形变化占 10%,扣除错误分得 9 分;服装和精神面貌占 10%,扣除错误分得 9 分。按分数累积法,最后得分为 94 分。

第三节　竞技体操比赛与评分

早在 1896 年第一届奥运会上，竞技体操就被列为比赛项目，它也是一个极具观赏性的现代体育竞技项目。男子竞技体操包括自由体操、鞍马、吊环、跳马、双杠、单杠六个项目，女子竞技体操包括跳马、高低杠、平衡木、自由体操四个项目。竞技体操动作具有较高的难度、力度、稳定性、新颖性和优美性，其比赛都有着特定的竞赛规则和评分方法，裁判员在赛台上根据比赛规程和评分规则进行独立的评分工作。合理组织好各种级别的竞技体操比赛，引导裁判员正确评价运动员的技术情况，是保证竞技体操比赛顺利进行、促进竞技体操运动健康发展的坚实基础。

一、竞技体操比赛相关情况介绍

（一）竞技体操比赛的分类

体操比赛是向大众展示体操运动的最佳方式之一，可分为等级比赛与非等级比赛两种。等级比赛一般是规定动作比赛，非等级比赛一般是自选动作比赛。根据国家体育总局的最新规定，体操等级运动员规定动作分为二级、三级两个组别；少儿的等级比赛国内目前分为甲（一级）、乙（二级）、丙（三级）、丁四个组别，全国性的少儿比赛一般只设甲、乙两个组别，各省市的体操比赛会根据实际情况增设丙组或丁组的比赛。等级比赛的主要参赛对象是竞技体操后备人才（少儿）和非专业体操运动员的体操爱好者。

参赛运动员水平高、比赛规格高的体操比赛一般是非等级自选动作比赛，大型体操赛事只比自选动作。世界大型体操比赛主要有三种：奥运会体操比赛、世界体操锦标赛与世界杯体操赛。国内大型体操比赛主要有全运会体操比赛、全国锦标赛和全国冠军赛。大型竞技体操比赛一般分为资格赛（第Ⅰ种比赛）、个人全能决赛（第Ⅱ种比赛）、个人单项决赛（第Ⅲ种比赛）、团体决赛（第Ⅳ种比赛）。通常竞技体操比赛的顺序为资格赛、团体决赛、个人全能决赛和个人单项决赛。所有参赛队和参赛个人必须参加资格赛，通过资格赛决定参加其他三种比赛的资格。资格赛团体成绩前八名的队参加团体决赛，资格赛全能成绩前二十四名的运动员参加个人全能决赛（每个队最多有两名运动员），资格赛各单项成绩前八名的运动员参加个人单项决赛（每个队最多有两名运动员）。

（二）竞技体操比赛项目布局

体操比赛项目合理布局，既有利于比赛的组织与进行，也有利于电视转播与观众观看比赛。布局体操比赛场地时，应考虑以下原则。

1. 体操比赛的器械最好安置在具有一定高度的台面上，这样既可以使运动员处于突出的位置，便于观摩和电视转播，又可以使运动员尽可能避免场边人员的干扰。

2. 各项目器械应以自由体操场地为中心，平均交叉安置在可有效利用的场地内，男、女项目的器械也应分开安置，尽可能避免偏台。

3. 支撑性项目（鞍马、双杠）应与悬垂性项目（单杠、吊环）交叉安置。

4. 男、女单项决赛时，同场比赛所用器械应保持足够的间隔，避免相互影响和偏台。

5. 每一项目的器械周围应有足够的空间，以保证裁判工作台、运动员休息处和电视转播器械的安置等。

（三）竞技体操比赛的运行

在众多的奥运项目中，竞赛过程最复杂的要算竞技体操，其比赛形式可分为男女同场和男女分场两种，大型体操比赛一般采用男女分场的形式。竞技体操的四种类型比赛各有男子六项、女子四项，除了个人单项决赛外，每场都有六组，比赛时依照事先排定的项目顺序按时、按项同步进行，同时换项，依次轮转。裁判也按固定项目分成六组，按运动员出场比赛顺序，依次对所完成的动作进行评分。比赛时，男子项目按自由体操、鞍马、吊环、跳马、双杠、单杠的顺序进行轮换，女子项目按跳马、高低杠、平衡木、自由体操的顺序进行轮换。先团体预赛再团体决赛，随之比全能，最后是单项，赛期长则十余天，短则5～6天。所有这些井井有条的比赛都是竞赛组织机构在赛前精密、细致地设计安排，赛时按既定的计划严格地控制、执行的结果。体操竞赛的操作、运行是一项繁杂而有序的系统性工作，每场比赛的操作必须严格有序地进行，组织机构的各个部门必须各尽其职、协调工作和密切配合。

单场比赛主要包括以下环节：裁判员入场、运动员入场、运动员向裁判员致意、比赛、项目轮换、退场等。裁判员入场时应做到服装整齐、步调一致，且按项目远近的顺序依次入场或分组入场；运动员应在引导员的带领下按要求入场，如果比赛有赛台，引导员应同时带领同场各个项目的运动员登上赛台。单轮比赛结果公布以后，播音员宣告运动员开始轮换项目，进行下一轮项目的比赛。运动员赛完所有项目后，本场比赛结束，裁判员和运动员统一退场。

在单轮比赛中，运动员入场后、正式比赛前，每个项目上每名运动员都有30秒（男子双杠、女子高低杠50秒）的准备活动时间（国内外重大竞技体操比赛中，单项决赛运动员30

秒准备活动需在训练馆进行)。比赛开始后,D1裁判举绿旗或亮绿灯,示意运动员开始比赛,运动员要向裁判长举手示意并在30秒内开始做动作。各项目成套动作除自由体操(男子不超过70秒,女子不超过90秒)女子和平衡木(不超过90秒)外,均无时间限制;完成一套动作后,运动员应向D1裁判示意后方可退场。裁判员根据运动员的完成情况进行评分。本组运动员都做完动作后,D1裁判应在本项目的器械上挂上红旗或亮红灯,示意本项目此轮比赛结束。

二、竞技体操等级规定动作比赛与评分

(一)比赛内容

1. 体操等级规定动作比赛内容按照国家体育总局体操运动管理中心制定的《体操等级运动员规定动作及评分细则》执行,分为二级和三级。

2. 少儿等级规定动作比赛内容按照国家体育总局体操运动管理中心制定的《全国少年儿童体操训练教学大纲》执行,分为甲、乙、丙、丁四个级别。

3. 在基层进行体操教学比赛时,可自行规定项目或动作;制定规定动作时,应写明动作说明、动作分值、动作标准、动作错误及错误扣分标准。

(二)比赛项目

1. 体操等级规定动作比赛

(1)三级规定动作比赛:男子进行自由体操、跳山羊、双杠和单杠的比赛,女子进行跳山羊、单杠(低)、平衡木和自由体操的比赛。男、女比赛项目均任选三项。

(2)二级规定动作比赛:男子进行自由体操、鞍马(或山羊全旋)、吊环、跳马(跳箱或跳山羊)、双杠、单杠(低)的比赛(六项中任选四项),女子进行跳山羊、单杠(低)、平衡木、自由体操的比赛(四项中任选三项)。

2. 少儿等级规定动作比赛

少儿等级规定动作比赛项目分别是男子六项、女子四项,在目前的比赛中还增设男子蹦床、女子蹦床和舞蹈项目。由于此年龄阶段属于体操训练起步发展阶段,因此某些项目在器械或是动作的选择上与常规的竞技体操比赛有所不同。例如,鞍马比赛选择的器械是山羊和无环鞍马,而跳马比赛在乙、丙、丁三个组别不使用跳马器材,只使用弹跳板。

3. 体操教学比赛

体操教学比赛可自选任何一项或所有项目进行规定内容的比赛。

(三)比赛项目轮换

大型体操比赛大都采用男女分场的形式,而一般的体操比赛由于日程短、裁判员人数和场地有限，因此大都采用男女同场的形式，如全国少儿体操比赛、各省市的青少年体操锦标赛等。

在竞技体操比赛中，比赛项目需要按特定的顺序轮换，可分为男女分场轮换和男女同场轮换两种形式。参赛队伍多、裁判组和比赛场地有保证时，多采用男女分场轮换的比赛形式；参赛队伍不多、裁判人数和比赛时间有限时，采用男女同场轮换、进行上下半场比赛的形式。具体轮换形式如下。

1. 三级等级比赛项目轮换（表 13-3-1、表 13-3-2）

表 13-3-1　男女分场项目轮换表

| 队（组）别 | 自 | 跳 | 双 | 单 |
	跳	单	平	自
一	1	2	3	4
二	4	1	2	3
三	3	4	1	2
四	2	3	4	1

表 13-3-2　男女同场项目轮换表

| 队（组）别 | 上半场 | | 下半场 | |
| | 自 | 双 | 跳 | 单 |
	跳	单	平	自
一	1	2	3	4
二	2	1	4	3

2. 二级等级比赛项目轮换（表 13-3-3 至表 13-3-5）

表 13-3-3　男女分场女子项目轮换表

队（组）别	跳	高	平	自
一	1	2	3	4
二	4	1	2	3
三	3	4	1	2
四	2	3	4	1

表 13-3-4　男女分场男子项目轮换表

队(组)别	自	鞍	吊	跳	双	单
一	1	2	3	4	5	6
二	6	1	2	3	4	5
三	5	6	1	2	3	4
四	4	5	6	1	2	3
五	3	4	5	6	1	2
六	2	3	4	5	6	1

表 13-3-5　男女同场项目轮换表

队(组)别	上半场			下半场		
	自	鞍	吊	跳	双	单
	跳	高	空	平	自	空
一	1	2	3	4	5	6
二	3	1	2	6	4	5
三	2	3	1	5	6	4

3. 少儿比赛项目轮换

目前，我国少儿体操比赛中设有蹦床、舞蹈的比赛内容，如果这些比赛内容没有采取单场比赛的形式，而是与其他项目同时进行，那么项目轮换应与常规轮换有所不同，应将增设的比赛内容以项目的形式编入轮换表，如表13-3-6。

表 13-3-6　男女同场项目轮换表

队(组)别	上半场			下半场			
	自	鞍	吊	跳	双	单	蹦
	跳	高	蹦	平	自	空	空
一	1	2	3	4	5	6	7
二	3	1	2	7	4	5	6
三	2	3	1	6	7	4	5

(四)评分因素

二、三级等级规定动作与少儿规定动作的对象不同、比赛内容不同，所以评分标准也不尽相同。而且，动作组别不同，即使是同一动作，其评判标准也有差别。因此，等级规定动作评分首先要以对应的等级规定动作评分标准为评分依据，在等级规定动作评分标准中没有说明之处应以国际规则为评分依据。

等级规定动作评分除了对动作完成中的技术错误、姿态错误以及行为违规、器械违规进行扣分外，还应考虑如下扣分因素：

1. 漏做动作：扣掉漏做动作分值。

2. 附加动作：多出成套规定数量的所有动作均按附加动作扣分。

3. 动作顺序错误：应根据规则要求按附加动作和漏做动作评分。

4. 动作方向错误：除规则允许外，改变动作方向也应扣分。

5. 动作路线错误：同上。

6. 改变动作性质：无论是有意还是无意，改变动作性质的动作均不认可其难度价值。例如，双杠屈伸上成直角支撑做成双杠屈伸上成高直角支撑，那么双杠成直角支撑难度不算。

7. 比赛前与比赛后运动员应向裁判员示意或行注目礼，否则要扣分。

（五）评分方法

1. 二、三级等级规定动作评分

（1）裁判组成

二、三级等级规定动作裁判组应由一名裁判长、四名裁判员组成，其中要包括两名一级或一级以上的裁判员。

（2）体操等级运动员规定动作及评分细则（略）

（3）体操二、三级规定动作错误扣分表（表13-3-7）

表 13-3-7　体操二、三级规定动作错误扣分表

错误类型	扣0.1分	扣0.2分	扣0.3分	扣0.4分	扣0.5分
屈腿、分腿、勾脚尖	轻微	明显			
落地错误	一小步(跳)	一大步	单手撑地	双手撑地	坐地
动作中断、虚摆		虚摆			
静止动作	1～2秒	1秒	不到1秒(不认可)		
倒立爬行	每步				

（4）最后得分计算

　　　　最后得分＝10分－完成错误扣分－漏做动作分值－裁判长扣分

2. 少儿规定动作评分

（1）裁判组成

目前，全国少儿规定动作比赛裁判包括高级裁判组和裁判员，但一般省市比赛还是设总裁判长、副总裁判长、裁判员。裁判员人数没有严格规定，如果裁判员人数充足，预赛时每个裁判组可采用两名难度裁判和四名完成裁判进行评分，单项决赛时每个裁判组可采用两名难度裁判和五名完成裁判进行评分；裁判员人数不够时，可采用 D2 兼 E1 或者是一名难度裁判和四名完成裁判进行评分。

（2）少年儿童体操教学训练内容及评价标准（略）

（3）E 分起评分计算

$$E\ 分起评分＝5＋D\ 分$$

（4）最后得分计算

$$最后得分＝D\ 分＋E\ 分－裁判长扣分$$

三、竞技体操非等级规定动作比赛与评分

竞技体操比赛评分是一项非常复杂和严谨的工作。为了对每一名运动员所完成的动作做出公正、正确的评分，裁判员必须自始至终集中注意力进行观察、记录，尽可能对运动员的每一套动作做出恰如其分的评价。而衡量的尺度只有一个，就是体操评分规则。由于篇幅所限，此处难以对裁判工作过程做详细的阐述，只能对评分工作做简略的介绍。

（一）裁判组的构成与职责

竞技体操裁判主要包括高级裁判组与裁判员两部分，单项裁判组由一名高级裁判组人员、两名难度裁判、4～5 名完成裁判及辅助裁判构成，大型比赛还允许增加两名参考裁判。在实践中，我们习惯将难度裁判称为 D 裁，完成裁判称为 E 裁，参考裁判称为 R 裁。

1. 高级裁判组由业界有威望且能胜任的高水平裁判员组成，负责协助裁判员的选调、组织裁判员学习及考核、比赛监控、裁判员赛后评估及赛事总结等工作。

2. 难度裁判组由 D1 和 D2 组成，主要职责就是确定成套动作的 D 分即难度价值，涉及难度、组别、数量和连接加分等。D1 还要负责该组裁判评分尺度的统一、裁判组成员之间的协调、裁判组的运行以及赛后撰写单项比赛总结等工作。

3. 完成裁判组由 4～5 名裁判员组成，确定 E 分即成套动作的完成情况，涉及技术和身体姿势、编排要求等。

4. 辅助裁判和助手，包括自由体操和跳马司线裁判，自由体操、高低杠、平衡木和双杠热身与比赛时间的计时裁判员，以及根据比赛需要设置的各种辅助人员，如记分员、秘书、计算机操作员、跑分员等。

在所有场次比赛中（资格赛、团体决赛、个人全能决赛和个人单项决赛），单项裁判组的人数和组成基本一致。但是，单项决赛采用裁判员回避制度，凡与参赛运动员来自同一协会的裁判员不得执行该项目的裁判工作。

裁判员在场上执法时的座位按顺时针方向排列在器械周边。

(二)竞技体操裁判评分

在所有的项目上，成套动作最后得分包括 D 分、E 分和违纪扣分三部分内容。D 分包括运动员完成动作的难度分、完成动作组别加分和动作连接加分。男子 E 分包括运动员完成动作的技术、编排要求和身体姿势的扣分；女子 E 分包括运动员完成动作的一般错误、专项完成错误、技术/艺术性错误和完成情况的扣分。E 分的最高分数为 10.0 分。违纪扣分是指出界、超时和违反纪律扣分。

一般情况下，运动员完成一套动作后，首先由 D 组裁判出示 D 分，然后由 E 组裁判出示所扣错误 E 分，再根据是否有违纪扣分计算出运动员的最终得分。

1.D 组裁判评分

D 组裁判评分内容主要包括成套有效动作的难度价值分、动作组别分、动作连接加分，以及运动员违规和编排错误扣分等内容。其中成套有效动作的难度价值分、动作组别分、动作连接加分构成成套动作的 D 分。

(1)难度价值分：除跳马外，男子其他各项目计算十个(青少年为八个)难度动作的价值之和(每个组别不超过四个动作，加上下法的价值)，女子其他各项目计算八个动作。高低杠以完成七个最高难度价值的动作加上下法，平衡木、自由体操则需要完成至多五个技巧动作加上至少三个舞蹈动作。

所有男女竞技体操单个动作都尽可能地列入动作难度表中，动作难度已发展至 H 组。每个动作都有一个特定的难度价值和一个特定的编号。在所有项目中，除了男女跳马对单个难度动作赋值外，男子自由体操、鞍马、吊环、双杠、单杠和女子高低杠、平衡木、自由体操的成套动作的难度价值计算如下：

表 13-3-8　成套动作的难度价值

级别	A	B	C	D	E	F	G	H
分值	0.1	0.2	0.3	0.4	0.5	0.6	0.7	0.8

(2)动作组别分：除跳马外，男子自由体操、鞍马、吊环、双杠和单杠，女子高低杠、平衡木和自由体操，每个单项的成套动作被分为不同的动作组别，指定为第Ⅰ、Ⅱ、Ⅲ、Ⅳ动作组别，自由体操项目的结束动作(女子称为"最后一串技巧动作")为第Ⅳ动作组别，其他项目的下法动作被指定为第Ⅳ动作组别。每完成一个动作组别的动作可获得 0.5 分，完成四个动作组别的动作可获得 2.0 分的组别分。

关于下法动作组别的要求如下：

——A 或 B 组难度下法　　　0.0 分(没有完全满足要求)

——C组难度下法　　　　　　　+0.3分（部分满足要求）

——D组或以上难度下法　　　+0.5分（全部满足要求）

对于青少年的要求如下：

——A组难度下法　　　　　　　0.0分（没有完全满足要求）

——B组难度下法　　　　　　　+0.3分（部分满足要求）

——C组或以上难度下法　　　+0.5分（全部满足要求）

（3）动作连接加分：男子自由体操、单杠和女子高低杠、平衡、自由体操有连接加分。

将以上三部分的得分相加，即为D分。

2.E组裁判评分

E分从10分开始，以0.1分为单位进行扣分。去掉E组裁判评分中的最高扣分和最低扣分，剩下E组扣分的平均分为E组平均扣分。从10分中减去E组平均扣分，即为最后的E分。在世界体操锦标赛和奥运会体操比赛的单项决赛中，E组平均扣分的分差过大时，将启用两个R组裁判的分数平均，得出最后E组平均扣分。

E分最高分为10分，但如果成套动作数量不够，应从最后得分中减去相对应的扣分：

7个及以上动作　　　　　　　—0.0分

5～6个动作　　　　　　　　　—4.0分

3～4个动作　　　　　　　　　—6.0分

1～2个动作　　　　　　　　　—8.0分

没有动作　　　　　　　　　　—10.0分

3. 最后得分计算

$$最后得分＝D分＋E分－违纪扣分$$

（三）各单项介绍与主要扣分点

1. 男子自由体操

一套自由体操动作主要是由技巧动作组成，它们与其他体操动作如力量和平衡、柔韧动作、手倒立及舞蹈等连接组合，从而构成一套韵律和谐、节奏协调的动作。一套动作应充分利用整个场地（12米×12米）。成套自由体操动作应包含以下三个组别：

Ⅰ. 非技巧动作；

Ⅱ. 向前的技巧动作（空翻和手翻）及向前的鱼跃滚翻动作；

Ⅲ. 向后的技巧动作（空翻和手翻）及阿拉伯动作。

结束动作不能是第Ⅰ类的动作。

男子自由体操主要扣分点：

（1）空翻质量：空翻高度、转体角度、落地稳度与动作舒展度；

（2）动作姿态；

（3）力量静止动作的位置与时间；

（4）出界与超时。

2. 男子鞍马

一套现代鞍马动作是在鞍马所有部位以不同的姿势，用不同类型的单腿或双腿全旋、摆动、交叉、摆动经手倒立转体或不转体的动作。所有的动作必须用摆动完成，不能有丝毫的停顿，不允许有力量动作或静止动作。成套鞍马动作应包含以下四个组别：

Ⅰ．单腿摆越或交叉；

Ⅱ．全旋、托马斯、直角转出、俄式挺身转体、Flops 及组合动作等；

Ⅲ．移位类型动作；

Ⅳ．下法。

男子鞍马主要扣分点：

（1）全旋质量：全旋幅度、身体姿态、动作节奏；

（2）交叉和摆越动作的幅度；

（3）侧撑全旋和移位角度偏离；

（4）起倒立动作屈髋、用力、停顿等。

3. 男子吊环

一套吊环动作由比例大致相等的摆动、力量和静止部分组成。这些动作及组合是通过悬垂、经过或成支撑，经过或成手倒立来完成的，以直臂完成动作为主。由摆动到静止力量或由静止力量到摆动的过渡是当代体操的显著特点。环带不允许摆动和交叉。成套吊环动作应包含以下四个组别：

Ⅰ．屈伸上和摆动动作及摆动经倒立或成倒立（2 秒）；

Ⅱ．力量动作和静止动作（2 秒）；

Ⅲ．摆动至力量静止动作（2 秒）；

Ⅳ．下法。

男子吊环主要扣分点：

（1）静止力量动作时间、角度与位置；

（2）有无曲臂或深握，摆动动作的稳定性；

（3）摆动动作用力完成或力量动作用摆动完成；

（4）身体姿态；

（5）环带的控制等。

4. 男子跳马

由助跑开始，双脚并拢起跳（有或没有踺子上板），双手撑马完成动作。动作包括绕身体纵轴、横轴的一周或多周的转体或空翻。跳马动作组别包括：

Ⅰ．手翻类型动作；

Ⅱ．第一腾空加转体 90°或转体 180°类型动作；

Ⅲ．踺子上板类型动作；

Ⅳ．踺子上板第一腾空转体 180°类型动作；

Ⅴ．第一腾空谢尔博类型动作。

男子跳马主要扣分点：

(1)腾空高度；

(2)转体角度；

(3)空中姿态；

(4)落地稳定性；

(5)落地有无伸展；

(6)撑马时手的位置等。

5. 男子双杠

一套现代双杠动作主要由在众多不同的结构组中选择的摆动和飞行动作组成，并通过各种挂臂、支撑和悬垂动作的不断转换来反映运动员在这个项目上的能力。双杠动作组别包括：

Ⅰ．在两杠上支撑或经支撑完成的摆动动作；

Ⅱ．从挂臂支撑开始的动作；

Ⅲ．在一杠或两杠上悬垂大摆动作及短半径回环动作；

Ⅳ．下法。

男子双杠主要扣分点：

(1)直角支撑或倒立静止时间；

(2)空翻再握或空翻挂臂身体缺乏伸展；

(3)空翻再握有无控制；

(4)身体姿态和控制；

(5)下法稳定性等。

6. 男子单杠

一套现代单杠动作应由不同的握法交替完成的连续流畅的近杠和远杠的摆动、转体、飞行动作组成，以展示该项目的全部潜力。单杠动作组别包括：

Ⅰ.有或没有转体的悬垂摆动；

Ⅱ.飞行动作；

Ⅲ.近杠动作及阿德勒（中穿前上）动作；

Ⅳ.下法。

男子单杠主要扣分点：

（1）经倒立时的角度偏差；

（2）摆动动作偏离运动平面；

（3）空翻高度；

（4）身体姿态；

（5）空翻再握曲臂等。

7. 女子跳马

由助跑开始，双脚并拢起跳（有或没有踺子上板），双手撑马完成动作。动作包括绕身体纵轴、横轴的一周或多周的转体或空翻。跳马动作组别包括：

Ⅰ.不带空翻的跳马动作（前手翻、山下跳和踺子），在第一和/或第二腾空阶段带或不带纵轴转体；

Ⅱ.第一腾空阶段为带或不带纵轴转体360°的前手翻，第二腾空阶段为带或不带纵轴转体的前空翻或后空翻；

Ⅲ.第一腾空阶段为前手翻转体90°～180°（冢原），第二腾空阶段为带或不带纵轴转体的后空翻；

Ⅳ.第一腾空阶段为带或不带纵轴转体270°的踺子（尤尔钦科），第二腾空阶段为带或不带纵轴转体的后空翻；

Ⅴ.第一腾空阶段为踺子纵轴转体180°，第二腾空阶段为带或不带纵轴转体的前空翻或后空翻。

女子跳马主要扣分点：

（1）腾空高度；

（2）转体角度；

（3）空中姿态；

（4）落地稳定性；

（5）落地有无伸展；

（6）撑马时手的位置等。

8. 女子高低杠

一套高低杠动作应包括各种摆起、回环、屈伸上和倒立，各种沿身体纵轴的转体，各种空翻、绷杠、振浪、换握和腾空动作。全套动作要求充分利用高、低两杠，不能在一杠上做过多的动作。高低杠编排要求：

Ⅰ．高杠至低杠的飞行动作；

Ⅱ．同一杠上的飞行动作；

Ⅲ．不同的握法（不包括支撑后摆上法或下法）；

Ⅳ．至少转体360°的不是飞行动作（不是下法）。

女子高低杠主要扣分点：

(1)完成动作的角度；

(2)空翻高度及连接；

(3)落地稳定性；

(4)身体姿态；

(5)擦碰器械等。

9．女子平衡木

一套平衡木动作应包括转体、平衡、跳跃、翻腾、倒立及舞蹈等动作。好的平衡木成套动作编排不仅要以单动作、运动员的体操技巧和艺术性为基础，还需要较好的流畅性和整体性效果，要达到难度构成要素和艺术构成要素的平衡，并营造出强烈的节奏感和韵律感。成套编排要求：

Ⅰ．一个至少含两个不同的舞蹈动作的连接，其中一个是劈腿（纵劈腿或横劈腿）或屈体分腿180°的单脚起跳、双脚起跳或小跳；

Ⅱ．转体（第三组动作）；

Ⅲ．一个至少由两个腾空动作组成的技巧连接，其中一个是空翻（可以是相同的动作）；

Ⅳ．具有不同方向（前/侧和后）的技巧动作。

女子平衡木主要扣分点：

(1)空翻高度和连接；

(2)跳步的连接；

(3)动作节奏及连贯性；

(4)动作稳定性；

(5)身体姿态；

(6)舞蹈的创编等。

10．女子自由体操

女子自由体操是在无伴唱的音乐下完成的空翻和技巧动作。自由体操有严格的场地和时间的限制，要求运动员在90秒之内完成动作，并要求运动员的动作能和音乐很好地协调起来。运动员必须在动作中展示其强劲的流畅性、艺术性、表现力、乐感和完美的技术。

女子自由体操编排要求：

Ⅰ. 由两个不同的单脚跳或小跳舞蹈动作（选自规则中）直接或间接连接组成的舞蹈段落（其间带有跑步、小单脚跳、小跳、滑步、平转），其中一个是分腿180°的纵向/横向或屈体分腿姿势；

Ⅱ. 纵轴转体（至少360°）的空翻；

Ⅲ. 横轴两周的空翻；

Ⅳ. 在同一或不同技巧线路中的后空翻和前空翻（不是挺身）。

女子自由体操主要扣分点：

(1)空翻高度及落地稳定性；

(2)转体角度及稳定性；

(3)跳步的开度；

(4)舞蹈动作的创编；

(5)成套动作的音乐与节奏；

(6)动作姿态及表现力等。

第四节　快乐体操比赛与评分

快乐体操将身体锻炼、音乐熏陶、舞蹈舞姿和灵巧协调等有机结合起来，通过多种训练方法让孩子们在娱乐中锻炼，在玩耍中增强体质，同时为青少年塑造良好的形体和培养优雅的气质。快乐体操普及推广的目的着重于让孩子们快乐地参与体操活动，其教学内容注重趣味性和娱乐性；其教学方法体现灵活性和多样性；其锻炼过程讲究游戏化和自觉性；其器材设备确保安全性和多彩性；其教学结果以人为本，因人而异，量力而行。

一、快乐体操比赛介绍

快乐体操比赛是推广快乐体操的一个重要手段，也是让大家正确认识体操的一种方式。比赛的主要目的是培养孩子们参与体操的兴趣，提高孩子们的参与意识、竞争意识、规则意识，让家长们了解体操，让孩子们爱上体操。

(一)比赛项目设置

1. 垫上团体操赛。

2. 集体自由操赛。

3. 接力通关团体赛。

(二)竞赛办法

1. 赛制一般采用预决赛同场制。

2. 比赛出场顺序由组委会赛前抽签决定。

二、裁判组的组成

快乐体操比赛裁判组一般由裁判长、竞赛长兼记录长、裁判员、记录员、检录员、播音员、放音员、计时员等组成。

三、规定动作与评分方法

(一)规定动作

为了降低参与难度，让更多的小朋友参与快乐体操，快乐体操比赛一般设有规定难度或者规定成套动作，这些难度或成套动作中的基本动作来源于体操，也是体操动作里面最简单、最基础的一些动作。

1. **垫上团体操赛**

垫上团体操常选用的动作主要有纵劈叉、横劈叉、各种类型的踢腿、侧平衡、俯平衡、前滚翻、体前屈，还有一些滚、爬类的动作；较难的动作有扳腿平衡、后滚翻、肩肘倒立以及单肩后滚翻类的动作；还包括一些简单的舞蹈、跳跃类、转体类动作。

2. **集体自由操赛**

集体自由操的规定难度动作一般也是从上面的难度中选择，但成套动作还需满足一定的规定要求：

(1)音乐时间限制，一般为 1 分 30 秒左右；

(2)队形变化要求，一般不少于三次；

(3)服装统一，可使用道具，但禁止使用刀、剑等带有伤害性的道具；

(4)规程要求完成的规定动作不能少，缺少规定动作就要扣除相应的分值。

3. **接力通关团体赛**

接力通关团体赛是以参赛小组为单位，按照赛事组委会所设计的安全障碍赛道进行比赛。赛道障碍一般有路上海绵坑、"独木桥"、软梯、翻越路障、爬行路障、低单杠、低双杠等，运动员需要有较好的跳跃、爬行、翻越、翻滚、悬吊、协调能力，才能快速完成比赛项目。

（二）评分方法

1.垫上团体操赛

对单个动作进行评分，扣分标准没有严格的规定，一般根据完成情况分档进行扣分，扣分参考标准如表13-4-1。

表13-4-1　垫上团体操扣分参考标准

完成情况	完美	小错	中错	大错
扣分标准	0.0	0.2	0.4	0.6

2.集体自由操赛

集体自由操评分内容分完成分和艺术分两部分，每项各占5分，共10分。完成裁判根据运动员在比赛过程中出现的错误按标准进行扣分，扣分参考标准如表13-4-2。

表13-4-2　集体自由操完成情况扣分参考标准

完成情况	完美	小错	中错	大错
扣分标准	0.0	0.2	0.4	0.6

艺术裁判则根据运动员的成套编排（音乐选择、动作设计、成套难度、队形变化）及艺术表现等进行评分，评分参考标准如表13-4-3。

表13-4-3　集体自由操艺术得分参考标准

完成情况	优秀	良好	一般	较差或差
评分标准	5.0～4.5	4.4～4.0	3.9～3.5	3.4～3.0

3.接力通关团体赛

按照团队接力参赛方式，以第一名运动员从起点开始通关计时，往返回来之后与第二名运动员击掌，随即第二名运动员出发通关，以此类推，至最后一名运动员通关结束，计时即结束。以用时多少进行排名，用时少的排名靠前。

四、比赛计分方式

快乐体操比赛有计时赛和计分赛两种形式，接力通关团体赛采用计时赛，其他项目采用计分赛。计分赛一般按10分制进行评分，可以采用以0.2分为最小单位对错误进行扣分。最后得分的计算方法，通常采用平均分计分法。

1. 完成分去掉最高分和最低分，取中间分或中间得分的平均分为完成分的最后得分；

2. 艺术分去掉最高分和最低分，取中间分或中间得分的平均分为艺术分的最后得分；

3. 最后得分＝最后完成分＋最后艺术分－裁判长扣分。

思考与练习

1. 体操竞赛组织机构包括哪些部门？其各自主要职责是什么？

2. 体操比赛竞赛规程的主要内容有哪些？根据本年级实际情况，制定一份年级基本体操比赛竞赛规程。

3. 简述体操比赛的基本运行流程。

4. 简述基本体操裁判组的组成与基本体操比赛评分方法。

5. 简述竞技体操裁判的组成与要求。

6. 制作竞技体操比赛男女同场、男女分场项目轮换表。

7. 简述竞技体操各比赛项目主要扣分点。

8. 简述快乐体操比赛裁判组的组成与评分方法。

参考文献

[1]董进霞，何俊. 现代体操运动训练方法[M]. 北京：北京体育大学出版社，2005.

[2]公有才. 体操教学理论与方法[M]. 北京：高等教育出版社，1995.

[3]郭颂，姚鑫. 体操[M]. 北京：北京师范大学出版社，2015.

[4]国际体操联合会. 男子竞技体操评分规则[Z]. 2017—2020.

[5]国际体操联合会. 女子竞技体操评分规则[Z]. 2017—2020.

[6]国家体育总局体操运动管理中心. 体操等级运动员规定动作及评分细则[Z]. 2006.

[7]黄燊. 体操[M]. 3 版. 北京：高等教育出版社，2000.

[8]金宝玉，刘景刚，满庆寿，等. 民族民间体育[M]. 大连：大连理工大学出版社，2009.

[9]匡梨飞，龚卉. 竞技体操比赛男女同场竞赛项目轮换编排案例分析[J]. 科教导刊，2016(9)：158-159.

[10]吕万刚，胡建国，宋文利. 体操[M]. 北京：北京体育大学出版社，2017.

[11]全国体育学院教材委员会. 体操[M]. 北京：人民体育出版社，1999.

[12]全国体育院校教材委员会. 体操[M]. 北京：人民体育出版社，2014.

[13]《体操》编写组. 体操[M]. 北京：人民体育出版社，1979.

[14]田麦久，刘大庆. 运动训练学[M]. 北京：人民体育出版社，2012.

[15]童昭岗. 体操[M]. 2 版. 北京：高等教育出版社，2010.

[16]王奉涛. 花样跳绳初级教程[M]. 镇江：江苏大学出版社，2015.

[17]王晓彤. 幼儿基本体操教程：附微课视频[M]. 北京：人民邮电出版社，2017.

[18]肖涛，孔祥宁，王晨宇. 运动训练学[M]. 重庆：重庆大学出版社，2016.

[19]杨延秋. 幼儿基本体操教程[M]. 上海：复旦大学出版社，2016.

[20]杨延秋. 幼儿基本体操教程[M]. 2 版. 上海：复旦大学出版社，2017.

[21]易学，冉清泉. 体操与健康[M]. 重庆：西南师范大学出版社，2006.

[22]张涵劲. 体操[M]. 3 版. 北京：高等教育出版社，2015.

[23]张欣. 绳彩飞扬[M]. 沈阳：白山出版社，2010.

[24]张英波. 现代体能训练方法[M]. 北京：北京体育大学出版社，2016.

[25]张予南，高留红. 体操初级教程[M]. 北京：北京体育大学出版社，2011.

[26]中国关心下一代工作委员会，幼儿基本体操促进会. 幼儿基本体操评分规则[Z]. 2009.